全国交通运输行业职业技能鉴定培训教材

Qiche Keyun Fuwuyuan

汽车客运服务员

(初级·中级·高级)

交通专业人员资格评价中心
(交通部职业技能鉴定指导中心) 组织编写

人民交通出版社

内 容 提 要

本书为交通专业人员资格评价中心（交通部职业技能鉴定指导中心）组织编写的全国交通运输行业职业技能鉴定培训教材之一。内容涵盖了汽车客运服务员（初级）、汽车客运服务员（中级）和汽车客运服务员（高级）三个等级所要求的全部知识，共十六个单元。

本书主要用作汽车客运服务员（初级）、汽车客运服务员（中级）和汽车客运服务员（高级）技能鉴定的辅导用书，也可作为交通类职业院校相关专业的教学参考书，还可供汽车客运服务员从业人员继续教育和自学使用。

图书在版编目（CIP）数据

汽车客运服务员：初级·中级·高级／交通专业人员资格评价中心，交通部职业技能鉴定指导中心编．--北京：人民交通出版社，2010.5

全国交通运输行业职业技能鉴定培训教材

ISBN 978-7-114-08373-0

Ⅰ．①汽… Ⅱ．①交… ②交… Ⅲ．①公路运输：旅客运输－服务作业 Ⅳ．①U492.4

中国版本图书馆 CIP 数据核字（2010）第 077434 号

书　　名：汽车客运服务员（初级·中级·高级）
著 作 者：交通专业人员资格评价中心（交通部职业技能鉴定指导中心）
责任编辑：林宇峰
出版发行：人民交通出版社股份有限公司
地　　址：（100011）北京市朝阳区安定门外外馆斜街 3 号
网　　址：http://www.ccpress.com.cn
销售电话：（010）59757973
总 经 销：人民交通出版社股份有限公司发行部
经　　销：各地新华书店
印　　刷：北京市密东印刷有限公司
开　　本：787×1092　1/16
印　　张：17.25
字　　数：442 千
版　　次：2010 年 5 月 第 1 版
印　　次：2019 年 7 月 第 10 次印刷
书　　号：ISBN 978-7-114-08373-0
印　　数：21001–23000 册
定　　价：38.00 元

序 Xu

当前和今后一个时期,是我国改革发展的关键时期,也是推进交通科学发展,加快发展现代交通业的重要战略机遇期。加快建立一支与交通行业发展相适应的高技能人才队伍,提高交通行业广大从业人员服务交通、服务社会的能力和水平,迫切需要我们加快建立和实施职业资格制度,不断加强交通行业高技能人才评价工作。

交通专业人员资格评价中心自成立以来,特别是以 2007 年全国交通行业职业资格工作会议召开为标志,全面开展了交通行业职业资格工作,初步建立了交通行业关键专业技术岗位职业资格制度,交通行业职业技能鉴定工作也取得了实质性进展:形成了以国家职业标准、培训教材、试题库为主体的交通行业国家职业技能鉴定技术要素体系,为交通行业高技能人才建设打下了良好的基础,为开展交通行业职业技能鉴定工作提供了重要保障。

加强交通行业职业技能鉴定基础工作是做好技能人才评价工作的关键,交通行业职业技能鉴定教材的开发是这项基础工作的重要组成部分。交通专业人员资格评价中心在充分调研的基础上,根据国家职业标准,紧紧围绕交通行业发展实际需要,在部有关业务主管部门的指导下,充分发挥职业院校和有关企事业单位的专家作用,以职业活动为导向,以职业能力为核心,按照教材开发的科学性、先进性、适用性和实践性原则,组织编写了全国交通行业职业技能鉴定培训教材。衷心希望大家继续努力,加强协作,确保质量,在培训教材建设方面多出成果,多出精品,为做好交通行业职业技能培训和鉴定工作创造条件。我相信本套培训教材的出版将对交通行业广大从业人员和职业院校相关专业学生职业能力与技能水平的提高有所帮助,为推进交通运输事业又好又快发展发挥积极的作用。

交通运输部副部长:

汽车客运服务员(初级·中级·高级)编审人员

主　审： 李　善　郗恩崇

主　编： 陈　鹏

副主编： 曾艳英　吴毅洲　黎新华

参　编： 曾宪培　王　芳　李东亮　邹　勇　胡红玉　程小飞
王　龙

前　言 *Qianyan*

为做好交通运输行业特有职业技能培训及鉴定工作，在汽车客运服务员从业人员中推行国家职业资格证书制度，我们组织交通运输行业的有关专家编写了《全国交通运输行业职业技能鉴定培训教材——汽车客运服务员》。

本教材根据《国家职业标准——汽车客运服务员》（以下简称《标准》），以职业活动为导向，以职业能力为核心，突出职业特色。针对汽车客运服务员职业活动的领域，按照模块化的方式，分初级、中级、高级 3 个级别进行编写，各等级内容分别对应于《标准》中 3 个等级的“工作要求”。

本教材分汽车客运服务员（初级）、汽车客运服务员（中级）和汽车客运服务员（高级）三大部分，共十六个单元。

本教材主要用作汽车客运服务员（初级）、汽车客运服务员（中级）和汽车客运服务员（高级）技能鉴定的辅导用书，也可作为交通类职业院校相关专业的教学参考书，还可供相关从业人员继续教育和自学使用。

本教材在编写过程中，得到了交通运输部道路运输司、科技司等部门的指导，以及广东交通职业技术学院的大力支持，在此一并致以衷心感谢。

由于编写时间紧，内容多，加之编者水平有限，书中不足之处在所难免，恳请各位读者不吝指正。

交通专业人员资格评价中心（交通部职业技能鉴定指导中心）

二〇一〇年五月一日

目录 Mulu

第一部分 汽车客运服务员（初级）

第二部分　汽车客运服务员(中级)

第三部分　汽车客运服务员(高级)

第一部分

汽车客运服务员（初级）

单元一　职业道德

学习目标

本单元主要的学习内容是职业道德的基本知识及汽车客运服务员的职业守则。

知识要求

掌握职业道德的含义；掌握职业道德的特点、作用；了解职业道德的形成；掌握汽车客运服务员的基本条件、职业守则及规范。

技能要求

通过学习，掌握客运从业人员基本职业道德，成为一个具备职业操守的汽车客运服务员。

课题一　职业道德的基本知识

1. 职业

职业是有劳动能力的人谋生的工作。在人类社会的发展过程中，职业是伴随着社会分工出现的。人们对于职业的理解，因人而异、因时而异。职业常常被认为是一种创造物质和精神财富的活动，同时创造者获取合理的报酬（即满足物质需要和精神需要）。即职业是参与社会分工，利用专门的知识和技能为社会创造物质财富和精神财富，获取合理报酬作为物质生活来源，并满足精神需求的工作。职业与人类的需求和职业结构相关，强调社会分工；职业强调利用专门的知识和技能；职业与社会伦理相关，强调创造物质财富和精神财富，获得合理报酬；职业与个人生活相关，强调物质生活来源，并设计满足精神生活。

与职业有关的两个概念是工作、职位，其中工作是指由一系列相似的职位所组成的一个特定的专业领域。职位是指和分配给个人的一系列具体任务直接相关的地位。职位和参与工作的个人相对应，有多少参与工作的个人，就有多少个职位。而职业则在不同的专业领域中一系列相似的服务。例如，汽车客运服务员是一种职业。

2. 道德

中国人对道德的理解，是从道家思想的核心“道”开始的，“道”在这里是宇宙的本源，也是统治宇宙中一切运动的法则。但是道家思想常常走向极端，后来中国人的道德观添加进了儒家“仁”的思想，孔子认为“仁者爱人”，其所谓的“仁”包括了忠、恕、悌、智、勇、恭、宽、信、敏、惠等。后人将道、儒、释、法、墨、农等学说的精华融合到一起，形成了具有中国特色的传统道德观念。在现代社会，道德是一种社会形态，是以善恶为标准，依靠社会舆论、内心信念和传统习惯的力量，来调整人们之间的相互关系的原则和行为规范的总和。

3. 职业道德

人生三分之一以上的时光在职业生涯中度过：人生需要职业，职业需要道德；人生是短暂的，道德是永恒的。在我国，职业道德是社会主义道德建设的重要内容。职业道德是指从事一定正当职业的人们在履行本职工作过程中所应遵循的行为规范和准则的总和。对于企业管理来说，它不仅提供价值指导和行为规范，培养管理者和管理对象的道德品质，而且也具有直接的管理功能，具有“工具价值”。一个健全的市场经济体系，除了要有完善的法律和规范之外，道德的力量是不容忽视的。除了一般的道德——伦理道德的制约外，作为一种职业，强调职业道德还有更深层次的含义。通常职业道德的内容包括：职业观念、职业情感、职业理想、职业态度、职业技能、职业良心、职业作风等多方面的内容。

模块一　职业道德的含义

职业道德的含义包括以下八个方面：

(1)职业道德是一种职业规范，受社会普遍的认可；

(2)职业道德是长期以来自然形成的；

(3)职业道德没有确定形式，通常体现为观念、习惯、信念等；

(4)职业道德依靠文化、内心信念和习惯，通过员工的自律实现；

(5)职业道德大多没有实质的约束力和强制力；

(6)职业道德的主要内容是对员工义务的要求；

(7)职业道德标准多元化，代表了不同企业可能具有不同的价值观；

(8)职业道德承载着企业文化和凝聚力，影响深远。

模块二　职业道德的特点

职业道德不同于社会公德，它是对正在从事某种职业的人的特殊要求，也不同于家庭道德，它有以下几个特点：

1. 不同职业有不同的职业道德

职业道德是对从事某一种职业的人的要求，不同的职业，对从事这种职业的人要求不同。比如有的职业要求工作人员循规蹈矩，有的职业要求工作人员要多动脑子，多想点子。有多少种职业，就会有多少种职业道德。

2. 同一种职业道德形成后就比较稳定

职业道德是指导人们从事工作的行为规范，只要这种职业的性质不发生变化，职业道德的要求就不会发生太大的变化。一旦某种职业习惯、职业心理、职业品格形成，人们会形成一种比较稳定的心理惯性。

3. 职业道德的形式灵活多样

职业道德是为了适应各种职业活动的内容形成的。所以，职业道德和社会公德相比，在形式上比较灵活多样。有的职业道德以条文的方式向人们公布，比如我国的《道路旅客运输及客运站从业人员职业道德》；有的是以标语的方式公布，比如商店里的“顾客第一，热诚服务”，工地上的“质量就是生命”等；有的是彼此潜移默化形成的默契，如同事之间，师徒之间心照不宣。

4. 职业道德比较成熟实用

由于职业道德是人们每天都必须面对的行为规范，所以很容易发展成熟，只要经过一段时间的反复使用，职业道德就会形成并完善。在这一使用过程中形成的职业道德规范和其他道德规范相比就实用得多，而且人们在长期的职业生涯中，受职业道德的影响，就会在身上留下职业的痕迹，就是我们常说的职业习惯。

模块三 职业道德的作用

职业道德是社会道德体系的重要组成部分，它一方面具有社会道德的一般作用，另一方面它又具有自身的特殊作用，具体表现在：

1. 调节职业交往中从业人员内部以及从业人员与服务对象的关系

职业道德的基本职能是调节职能。它一方面可以调节从业人员内部的关系，即运用职业道德规范约束职业内部人员的行为，促进职业内部人员的团结与合作。如职业道德规范要求各行各业的从业人员都要团结、互助、爱岗、敬业、齐心协力地为发展本行业、本职业服务。另一方面，职业道德又可以调节从业人员和服务对象之间的关系。如职业道德规定了制造产品的工人要怎样对用户负责；站务人员怎样对乘客负责；医生怎样对病人负责；教师怎样对学生负责等。

2. 有助于维护和提高行业信誉

一个行业、一个企业的信誉，也就是它们的形象、信用和声誉，是指企业及其产品与服务在社会公众中的信任程度，提高企业的信誉主要靠产品质量和服务质量，而从业人员职业道德水平高是产品质量和服务质量的有效保证。若从业人员职业道德水平不高，很难生产出优质的产品和提供优质的服务。

3. 促进行业发展

行业、企业的发展有赖于良好的经济效益，而良好的经济效益源于良好的员工素质。员工素质主要包含知识、能力、责任心三个方面，其中责任心是最重要的。而职业道德水平高的从业人员其责任心是极强的，因此，职业道德能促进本行业的发展。

4. 有助于提高全社会的道德水平

职业道德是整个社会道德的主要内容。职业道德一方面涉及每个从业者如何对待职业，如何对待工作，同时也是一个从业人员的生活态度、价值观念的表现；是一个人的道德意识，道德行为发展的成熟阶段，具有较强的稳定性和连续性。另一方面，职业道德也是一个职业集体，甚至一个行业全体人员的行为表现，如果每个行业，每个职业集体都具备优良的道德，对整个社会道德水平的提高会发挥重要作用。

模块四 职业道德的形成

职业道德是随着社会分工的发展，并出现相对固定的职业集团时产生的。人们的生活实践是职业道德产生的基础。在原始社会末期，由于生产和交换的发展，出现了农业、手工业、畜牧业等职业分工，职业道德开始萌芽。进入阶级社会以后，又出现了商业、政治、军事、教育、医疗等职业。在一定社会的经济关系基础上，这些特定的职业，不但要求人们具备特定的知识和技能，而且要求人们具备特定的道德观念、情感和品质。各种职业集团，为了维护职业利益和信誉，适应社会的需要，从而在工作实践中，根据一般社会道德的基本要求，逐渐形成了职业道德规范。

在许多国家和地区，通过成立职业协会，制定协会章程，规范职业宗旨和职业道德。从而促进了职业道德的普及和发展、丰富和完善，如企业道德、商业道德、律师道德、科学道德、编辑道德、作家道德、画家道德、体育道德。我国的职业道德是适应社会主义物质文明和精神文明建设的需要，在共产主义道德原则的指导下，批判地继承历史上优秀的职业道德的基础上发展起来的。中国各行各业制定的职业公约,如商业和其他服务行业的"服务公约"、人民解放军的"军人誓词"、科技工作者的"科学道德规范"以及工厂企业的"职工条例"中的相关规定,都属于社会主义职业道德的内容,它们在职业生涯中发挥了巨大的作用。

课题二 职业守则

模块一 汽车客运服务员的职业道德

为加强汽车客运及客运站务管理,建立正常的运输秩序,合理组织旅客运输,充分发挥现有客运企业及汽车站的运输效能,保证全面均衡地完成旅客运输计划,更好地服务社会、服务人民。根据汽车客运的特点,结合交通行业的特点,体现道路客运服务工作的职业特色,本书从政治素质、业务素质、工作作风、身体素质四个方面分析汽车客运服务员的职业道德要求。

1. 政治素质

(1)热爱祖国,热爱人民;

(2)认真学习马列主义、毛泽东思想,高举邓小平理论伟大旗帜,努力实践"三个代表"重要思想,坚持科学发展观;

(3)有较强的事业心和责任感,能认真贯彻党和国家的方针、政策、遵守法律法规,服从统一指挥,执行上级决定;

(4)廉洁奉公,纪律严明,法制观念强,遵章守纪,秉公办事,不为利诱,不利用职权和工作方便谋求私利,不贪污受贿;

(5)热爱本职工作,刻苦钻研汽车客运业务知识,不断学习现代科学技术,掌握过硬本领,做到思想进步,作风正派、服从领导、团结同志、对客户态度和蔼,文明服务。

2. 业务素质

(1)具有一定政策理论水平,热爱客运事业,熟悉汽车运输客运管理的相关法规;

(2)熟悉汽车客运的业务知识;

(3)掌握有关汽车运输管理知识;

(4)了解现代信息技术在汽车客运工作中的应用。

3. 工作作风

客运工作是一项社会"窗口"工作,对社会有广泛的影响。因此,良好的工作作风和正确的工作方法是做好客运工作的重要条件。客运服务员管理工作应做到以下几点:

(1)严格执行客运班次计划,保证准点发车;

(2)耐心向乘客宣传解释有关汽车客运的法律法规;

(3)工作细致,一切从方便乘客和车主出发,工作踏实,办事认真,待人热情、礼貌;

(4)服从统一指挥,认真执行各项规章制度;

(5)严于律已,宽以待人,团结友爱,见危相助。

4. 身体素质

身体健康、五官端正、无色盲、口齿清楚,有较好的语言表达能力。

模块二 汽车客运服务员职业守则

职业守则是指某一社会组织或行业的所有成员,在自觉自愿的基础上,经过充分的讨论,达成一致的意见而制定的行为准则。职业守则具有概括性、针对性、准确性、可行性、通俗性。作为汽车客运服务员,其所应有的职业守则有以下内容:

1. 遵守法律、法规和有关规定

遵纪守法,是每一个客运从业人员必须具备的职业道德品质,是职业道德的重要内容。衡量一个从业人员的职业道德水平高低的尺度就在于看其对纪律和法律的态度如何,遵守的程度如何。

法是由国家制定或认可的、体现统治阶级意志、用国家强制力保证实施的行为规范的总和,包括法律、法令、条例、规定、决议、决定、命令等。我国的法律,是工人阶级和广大劳动人民意志的体现,是维护工人阶级和广大劳动人民的根本利益的保证。

纪律是社会各种组织、团体和企事业单位规定其所属人员共同遵守的行为准则,内容包括履行自己的职责、执行命令和决议、遵守制度、保守秘密等,以巩固组织,确立工作秩序,实现其目标。我国的纪律反映了广大劳动人民的利益,是执行党的路线的保证,是维护生产、工作和社会秩序所必需的。

政策是党和国家为实现一定历史时期的任务而规定的具体行动准则。它是党的路线和方针的具体体现,是国家和人民的根本利益所在。党对社会主义事业的领导,最重要的就是通过贯彻执行党的国家政策来实现的。我国的政策和法纪都是社会经济基础的客观反映和必然要求。从业人员无论触犯了法律,还是违反了政策和纪律,都会给我们的经济、政治、文化生活秩序造成混乱,妨碍国家的建设,损害党和人民的利益。因此,只有将党和国家的各项活动和工作纳入法治轨道,使从业人员懂法守法,严格依法办事,自觉地执行政策,遵守纪律,国家才能长治久安,人民才能安居乐业。

在职业活动中遵纪守法的实质就是从业人员个人服从社会整体和各行各业的集体,个人利益服从社会整体和各行各业的集体利益。不能自觉遵纪守法的人,多数是一些以"我"为中心、以个人利益为中心的人。这些人集体主义观念淡薄,不愿意受法律、政策和纪律的约束。所以,从业人员要提高遵纪守法的自觉性,努力学习法纪知识,主动接受法纪教育,加强世界观和人生观的改造,提高职业素质。在职业活动中,只有从遵纪守法的小事做起,从一点一滴做起,才能真正形成遵纪守法的行为习惯。

2. 爱岗敬业,忠于职守,自觉履行各项职责

爱岗敬业、忠于职守,指的是从业人员热爱自己的工作岗位,崇敬自己所从事的职业,干一行、爱一行。这是社会主义职业道德的最重要体现,也是客运服务人员的最基本要求,是其他职业道德规范的前提和基础,也是最基本的道德规范。

热爱本职是指人们对所从事的职业的好恶态度和内在感受。如果一个人不热爱自己所从事的职业,那么他就不会把整个身心用在工作上,这样,他的工作质量和效率都不会很高,也不会自觉钻研本职业务。如果一个人非常喜爱自己干的这一行,那他就肯定会全身心地投入工作,而且时刻有一种职业的自豪感、荣誉感,他的所思所想和一切都会融合到职业活动之中,就可能在平凡的岗位上做出不平凡的事业。

3. 工作认真负责,严于律己

工作认真负责,就是能够把自己职责范围内的工作做好,完成好自己所承担的任务。只有认真负责,才能尽职尽责。工作认真负责的关键是"认真"。所谓"认真",就是经过刻苦努力,无论遇到什么艰难险阻,无论面临什么坎坷道路,都始终如一地保持旺盛的工作热情,去完成工作任务。工作认真负责,这是我们国家对每个从业人员的最起码的职业道德要求。因为任

何一种职业都承担着一定的职业责任和义务,这种责任和义务就是:发挥本职业和岗位的职能,完成岗位任务;遵守职业规则程序,承担职权范围内的社会后果,实现和保持本岗位、本职业与其他岗位、其他职业的有序合作等。只有每一个职业劳动者认真履行了职业责任,整个社会生活才能有条不紊地进行。因此,社会主义的职业道德,要求人们忠实地履行自己的职业责任,把工作认真负责,严于律己作为一条主要的规范,坚决谴责任何不负责任、玩忽职守的工作态度和行为。每一个劳动者在职业活动中是否认真负责,不仅关系到自身的利益、他人的利益,而且关系到整个国家和社会的重大利益。擅自脱岗、玩忽职守、渎职失职的行为,不仅会影响单位的正常运转,而且会使公共财产、国家和人民的利益遭受损失,严重的还会构成渎职罪、玩忽职守罪、重大责任事故罪而受到法律的制裁。

4. 刻苦学习,钻研业务,努力提高思想和科学文化素质

精通业务、勇于创新是敬业精神的根本,它要求人们无论从事何种职业都要勤于钻研,讲究质量,讲究效率,具备良好的业务素质。精通业务、勇于创新是对每个社会劳动者的基本的职业道德要求,无论做什么工作、身在何种岗位,都要精通业务、勇于创新。

精通业务,提高业务水平,是完成本职工作、实现为人民服务宗旨的基本手段。做任何工作都要精通业务。教师如果光有满腔热情,课讲不清楚,学生听不懂,就会误人子弟;营业员算不好账,不仅影响服务,而且影响企业的经济效益;医生如果业务不精,不仅不能救死扶伤,而且会危害病人;理货员如果不懂理货知识,就会造成社会资源的浪费。

钻研业务,提高专业能力,改革创新,是现代社会的发展需要。21 世纪是一个科技腾飞的时代,社会的变化将越来越快,知识的更新,科技的突飞猛进,都要求人的素质全面提高。国家要发展,企业要提高效益,都要求劳动者迅速提高劳动技能。因此,钻研业务、改革创新已是当务之急,现代劳动者必须用科学技术武装自己。

敬业是千百年来职业道德中永恒的话题。只有敬业才能爱岗,才能忠于职守、乐于贡献。因此,我们要大力弘扬敬业精神,唤起全社会从业人员的高度社会责任感和强烈的进取精神。

5. 谦虚谨慎,团结协作

谦虚谨慎、团结协作是集体主义道德原则和新型人际关系在职业活动中的具体体现,它是调节从业人员之间、同行之间及各行业之间关系的重要道德规范和行为准则,是社会主义职业道德的基本规范。在社会主义社会,职业集体及其从业人员遵循平等团结、互助互爱规范的要求,不仅能调节好职业内部人与人之间、部门与部门之间的关系,而且还能调节好职业集体之间的关系,使职业活动在团结有序的和谐气氛中进行。同时,团结协作也是科学技术发展和生产社会化程度提高的需要。随着科学技术的发展,社会化程度越来越高,职业分工越来越细,劳动过程更加趋于专业化、社会化,其中任何一道工序出了差错,都会影响整个生产或建设项目。因此,在生产社会化程度日益提高的形势下,就更加需要从业人员之间以及协作单位之间的团结互助,以求实现最佳的经济效益和社会效益。现在,我国正处在新旧经济体制转轨的过程中,由于种种原因,还存在严重的消极腐败现象,因而,在激烈的竞争中,还屡屡出现使用不正当竞争手段的情况,从而影响团结协作,对此,作为公路运输经营人员必须有清醒的认识并自觉地进行抵制。

6. 严格执行工作流程,保证服务质量

质量是企业的生命线,是开拓市场的“通行证”。在改革开放的今天,市场的竞争,就是服务质量的竞争。质量与社会进步、经济发展、企业的兴衰有着密不可分的内在联系。要使企业在激烈的市场竞争中立于不败之地,就必须千方百计提高服务质量,想方设法满足市场需求。

加强服务质量对振兴我国经济具有非常重要的意义。当前,我国经济已进入一个新的发展阶段,主要商品已由卖方市场转为买方市场,在经济结构调整的关键时期,质量工作正是主攻方向。提高服务质量,既是满足市场需求、提高经济运行质量和效益的关键,也是实现新世纪宏伟目标、增强综合国力和国际竞争力的必要要求。没有质量就没有效益。尤其是我国客运行业服务质量的状况与经济发展要求和国际先进水平相比,仍有比较大的差距,重大事故时有发生,影响经济健康发展和人民生活质量的提高。作为公路运输经营企业要从改革和发展的全局出发,充分认识加强质量工作的重要性和紧迫性,增强做好质量工作、提高产品质量的使命感和责任感,牢固树立"质量第一"、"以质取胜"的观念,抓住当前国际国内经济结构调整和产业升级的有利时机,进一步加强产品质量工作,推动我国服务质量总体水平跃上新台阶。

7. 重视安全、环保,坚持文明运输生产

安全生产关系人民群众生命安全和国家财产安全,关系改革发展和社会的稳定。只有搞好安全生产工作,才能切实保障人民群众的生命财产安全,也才能实现广大人民群众的根本利益。

做好安全生产工作是企业生存发展的基本要求。我国目前尚处于社会主义初级阶段,要实现安全生产状况的根本好转,必须付出不断的努力。要把安全生产作为一项长期艰巨的任务,常抓不懈,从全面贯彻落实"三个代表"重要思想,建设"和谐社会"的高度,充分认识加强安全生产工作的重要意义和现实紧迫性,动员全社会力量,齐抓共管,全力推进。

【案例 1-1】

2009 年 3 月 20 号开始,某公路客运总站对各个分售票点的售票员进行了理论与实践的培训。通过两周时间对新售票员全方位、多角度的服务礼仪、售票知识理论、实际技能的培训,让他们基本了解了客运总站的发展史、企业概况、企业文化等企业基本知识,同时掌握了客运人员的基本职业道德规范、道路运输基本知识,而且让他们熟练掌握售票基本流程、售票实际操作等。使新售票员不仅掌握了基本的售票常识,还让他们掌握了售票操作技能。希望他们在未来的售票岗位上继承客运总站的优良传统,更好地把"五心"服务发扬光大,更好地为大众服务,为社会服务。

分析:岗前培训是新招聘的客运服务员在汽车客运企业正式上岗前的"必修课",其中,基本的职业道德规范,是客运服务员必须掌握的内容。

【案例 1-2】

近年来,某长途汽车客运站坚持以争创全国文明城市为契机,着力营造"快乐客运、和谐客运"的人文窗口环境,把提高优质服务、创建示范窗口与提升城市文明形象紧密结合起来,全面推行管理规范化,质量标准化,工作程序化的创建标准,形成了全方位、多层次的服务体系,先后获得省、市和国家级多项荣誉。

分析:某长途汽车客运站的"快乐客运、和谐客运",离不开该站多年来注重对员工进行职业道德和技术技能培训。正因为注重培训,提高了员工素质。该站的主要做法是:在生产淡季,车站抓住客源少、生产相对闲的时机,聘请专业老师对一线站务和内部执法人员开办职业道德讲座,并结合工作实际开展服务技能、服务礼仪等方面的培训,着力提高职工素质。全站成立了多个读书小组,经常开展读书征文及演讲活动。组织拓展训练,培养相互协作的团队精神,增加企业的凝聚力。近两年来,车站共举办 26 期政治理论、职业道德、职业技能等各类培训班,培训人数达 324 人次。通过系统培训,该站的客运服务得到了极大的提高,客运服务工作创新之举层出不穷。如车站成立“天使”服务班和客户服务中心，推出服务品牌，实行“温馨屋”服务，“零距离、零缺陷”服务，24 小时免费咨询、受理投诉服务，绿色通道服务、“一助一”志愿服务等。为旅客提供多项免费服务设施，根据旅客乘车要求，引导旅客购票、候车、上车。对老、弱、病、残、孕、母婴等旅客优先护送上车，设立“困难旅客救助基金”，由车站职工主动捐款，为一些遇到突发情况而无钱返乡的旅客救急。2008 年 5 月 12 日汶川地震发生后，车站全体干部职工捐款金额达 5 万余元。据不完全统计，两年来，该站职工为旅客做好事千余件，旅客满意率达到 97%。

1. 如何理解职业道德？
2. 职业道德是如何形成的？
3. 简述职业道德的作用。
4. 汽车客运服务人员应当具备哪些基本素质？
5. 汽车客运服务员职业守则的内容是什么？

单元二　基础知识

学习目标

本单元主要的学习内容是汽车客运站的结构，提供的服务，如何组织，计算其运价及实施管理的基本知识，还有涉及客运的相关法律、法规。

知识要求

掌握汽车客运站的概念、布局、功能以及站务作业基本程序；了解汽车客运服务的内容及岗位职责；掌握客流、班线、班次的概念；了解汽车运输过程及组织方法；掌握汽车运价费率、保险的概念及种类及其计算方法；了解汽车服务礼仪、客运运输质量标准、旅客运输“三优、三化”规范、旅客运输安全检查常识、节能减排基本知识；掌握“三品”的检查和处理、运输违约责任及违约赔偿的处理方法；熟悉当地旅游景点、乘车路线、运输线网布局及标志性建筑；了解与客运相关的法律、法规及行业规章知识。

技能要求

能履行客运服务的职责及站务作业；能协助客运站实行对汽车运输的组织；能计算汽车运价、保险费用；能处理好“三品”的检查和违约赔偿责任事务；能指引正确的旅客乘车路线，介绍相关景点；能根据客运相关法律实施工作。

课题一　汽车客运站基本知识

模块一　汽车客运站的概念

汽车客运站（或称公路客运车站、道路客运站、车站）是道路客运的基础设施之一，也是汽车客运企业组织运输生产、实现客运劳务交易的场所。车站在旅客运输工作中占有重要地位，担负着组织生产、为旅客服务、管理线路、传输信息等方面的任务。具体地说，其主要任务是：组织和调度车辆运行，安全、迅速、有序地组织旅客上下车，便利旅客办理一切旅行手续，为旅客提供舒适的候车条件。

因此，加强汽车客运站建设和站务管理，是道路旅客运输管理的一项重要内容。交通部制定的行业标准《汽车客运站级别划分和建设要求》（JT/T 200—2004），对我国汽车客运站的建设进行了统一规范，为促进我国道路客运的健康发展，提高服务质量奠定了物质基础。

模块二　汽车客运站的布局

客运站的主要任务是安全、迅速、有秩序地组织旅客乘车、下车，便利旅客办理一切旅行手续，为旅客提供舒适的候车条件。

根据《汽车客运站级别划分和建设要求》（JT/T 200—2004），按照车站设施和设备配置情况、地理位置和设计年度平均日旅客发送量（以下简称日发量）等因素，车站等级划分为五个级别以及简易车站和招呼站。

（1）一级车站。设施和设备符合 JT/T 200—2004 中一级车站必备各项，且具备下列条件之一：

①日发量在 10000 人次以上的车站；

②省、设区市人民政府所在地，如无 10000 人次以上的车站，可选择日发量在 5000 人次以上具有代表性的一个车站；

③位于国家级旅游区，日发量在 3000 人次以上的车站。

（2）二级车站。设施和设备符合 JT/T 200—2004 中二级车站必备各项，且具备下列条件之一：

①日发量在 5000 人次以上，不足 10000 人次的车站；

②县以上或相当于县人民政府所在地，如无 5000 人次以上的车站，可选择日发量在 3000 人次以上的具有代表性的一个车站；

③位于省级旅游区，日发量在 2000 人次以上的车站。

（3）三级车站。设施和设备符合 JT/T 200—2004 中三级车站必备各项，日发量在 2000 人次以上，不足 5000 人次的车站；

（4）四级车站。设施和设备符合 JT/T 200—2004 中四级车站必备各项，日发量在 300 人次以上，不足 2000 人次的车站；

（5）五级车站。设施和设备符合 JT/T 200—2004 中五级车站必备各项，日发量在 300 人次以下的车站；

（6）简易车站。达不到五级车站要求或以停车场为依托，具有集散旅客、停发客运班车功能的车站，并符合 JT/T 200—2004 中简易车站必备各项；

（7）招呼站。达不到五级车站要求，具有明显的等候标志和候车设施的车站。

车站的布局应有利于旅客上下车和车辆运行。旅客一般都是经过广场、售票厅、托运厅、候车厅、检票口、站台等多道工序，为避免各区旅客相互干扰，这条流线应力求便捷。客车的流线则是进站、下客、进入清洗台清洗、加油、停放、调车、上车、出站。为使车辆运行顺畅，应分设进出口，洗车台、加油站也应顺序布置。

客运站主体建筑平面主要由候车厅、售票厅两大部分构成。两者可沿道路布置成“一”字形，该种布局立面宏伟，但占用道路较长。根据旅客流线，临街部分可为售票及综合服务之用，而候车厅则可用单层伸入内院，从而形成“T”字形布置。在交叉路口设站时，为了与路口形式协调，可用“L”字形布局。

客运站选址既要考虑自然环境，又要考虑社会条件，要近期和远期综合考虑。

（1）符合城市规划的合理布局；

（2）与城市交通系统联系密切，车辆流向合理，出入方便；

（3）地点适中，方便旅客集散和换乘；

（4）远近期结合，近期建设有足够场地，远期有发展余地；

（5）有必要的水源、电源、消防、疏散及排污等条件；

（6）站址靠近江、河、湖、海或水库时，站区最低室外地坪设计标高应根据当地有关部门规定的最高水位计算；

(7)站址不应选择在低洼积水、有山洪、断层、滑坡、流沙、沼泽地段和泥石流扇积区。

除以上各点外，一般而言，汽车客运站与铁路客运站(或港口)靠近一些，方便旅客换乘。

【案例 2-1】

新客运站与公交无缝对接，不用出站就能乘公交

某市由于原有客运站都存在规模小、功能设施不齐全、对城市交通造成较大影响等诸多问题，因此，客运站的搬迁势在必行。按照规划，规划中的五大新客运站旁边都设置了公交车场，且客运站应与公交车场间形成无缝对接，以方便市民。

原有的客运站都是在市场需求的推动下自发形成的，不仅规模小，且十分散乱，缺乏总体规划和合理布局。因此，从解决交通拥堵和城市发展的角度来看，客运站的布局也必须作出合理的调整。按照规划，新建的南部、东部、北部、西部、西北部五大客运站将根据所在的位置辐射各个方向，解决过去对交通造成的不利影响。

分析：新客运站是按照一级站的标准建设的，与原有客运站相比，不仅规模、档次、配套等方面都有所改变，每天 8～10 万次的客流量也将很快带动周边商业的形成。按照规划，五大新客运站都设置公交车场，目的就是要实现客运站与公交之间的无缝对接。公共交通是客运站必须配备的，且公交线路的设置、公交换乘都必须全面地考虑。

实现公交与客运站无缝对接，不仅方便市民从各处乘车到客运站，而且到站后不用出站就能坐上公交车去自己想去的地方。例如，客运站应设置到主城中心、飞机场、火车站等多条公交线路，并在几大新客运站间开通环形公交线路，方便乘客在几个客运站间换乘。此外，按照规划，已经开工建设的轨道交通也途经几大新客运站，并设有站点。几年后，轨道交通的十字形路网建成后，不仅有为五大新客运站提供服务的公交，还将有快速轨道交通。

模块三　汽车客运站的功能

汽车客运站主要业务功能包括：

(1)旅客运输组织与管理；

(2)旅客中转与换乘；

(3)多式旅客联运；

(4)通信，信息；

(5)综合服务。

【案例 2-2】

“全功能”客运站

该“全功能”客运站由世界知名的澳大利亚杰克逊建筑设计公司的设计大师担纲设计，总投资 7 亿元。

扩建后的客运站，北面与交易市场隔路相对，南至市区主干道，西侧为客运公司的长途客货运站场，东、南面均为居民住宅，规划用地面积为 2.8 万平方米，是一个以“全功能”客运站场为主，兼顾商业、办公和居住公寓的大型综合性工程。建成后，年输送旅客能力可达 1400 万人次。

“全功能”客运站总建筑面积约 20 万平方米。建设项目分为三个部分，包括客货运站、商场和公寓住宅。客货运站和商场为一体建筑，该建筑为五层，其中，地下一层和地上一层为客货运站,其他楼层为商场,两栋能容纳900余户,高度20余层的公寓式住宅矗立在该建筑南边。

客运站建筑面积5.3万平方米,按国家一级站进行规划设计,车站由站前广场、站房、停车场、保修区及员工休息区等功能区所构成。建有地下和地上共两层停车场,可同时停放132台大型客运车辆。客运站与其他楼层(如商业市场)实现无障连接。

该工程在设计上充分考虑客运站多功能的特点及内部流线的复杂性,做到人车分流、旅客上下车分流、人货分流、进出车辆分流,彻底解决现有混乱状态。

新建"全功能"客运站最大的一个特点是,从售票到乘客登车的过程都将采用航空服务的模式。

考虑到附近交易市场客户相对零散,携带货物量不是很多,所以,售票和候车大厅将不会建得很大,主要还是显示其功能性,乘客甚至只需要打一个电话,预定乘车的时间、车次,在即将发车之前,就可以到车站取票登车。携带货物量比较多的乘客,也可以通过网络和电话预定专车。

试分析:"全功能"客运站的功能理念是否合理。

模块四 汽车客运站站务作业及其基本程序

1. 汽车客运站务作业的主要内容

客运站务作业的主要内容有售票、行包托运与提取、候车室服务、组织乘车。

1)售票

车票是旅客乘车的凭证和旅客支付客车运费的依据。车站的售票工作要做到准备充分,售票迅速、准确,满足不同旅客乘车的需要,因此,客票发售工作需采用不同的形式,符合一定的基本要求并遵循一定的程序。

(1)售票形式。

为满足不同旅客购票的需要,通常采用多种形式售票:窗口售票、预约售票、设点售票、车上售票、候车室售票、上门售票(站外流动售票)、网络售票等。其中窗口售票为最主要的售票形式。

(2)准备工作。

为使售票工作忙而不乱,做好售票前的准备工作十分必要。准备工作主要包括:

①制定售票计划。

按计划售票能使客车座位得到合理和充分利用。制定售票计划的主要依据是:

a. 线路班次数;

b. 班车定员;

c. 预售票额;

d. 合同单位预留票数;

e. 为中途站预留票数;

f. 乘务员占用座位数;

g. 为其他运输方式预留的中转座位数。

掌握以上情况后,并结合短途班车一般不预售车票,可按以下算式分别计算长、短途班车可售票数:

长途班车可售票数=班车额定座位-以上(c)至(g)的总数

短途班车可售票数=班车额定座位+批准站立人数-乘务员座位数

根据以上资料便可填制售票计划表,见表2-1,报负责人审核后才可售票。

售票计划表　　表2-1

_____站_____窗口　　年　月　日

班车线路	车次	车号	定员		预售(留)票(座)数					可售票数	
			坐	站	已经预售	留合同单位	留中途站	留联运中转	乘务员座位	坐	站

车站负责人:　　售票室负责人:　　售票员:

②准备车票。

准备车票可采用请领制和发用制。请领制是由售票员根据管理规定向有关部门(人员)请领,票款日清日结或日清月结。发用制是由车站指定专人(管理员)负责发放,且每日下班前结清票款。

③上岗前检查。

应检查所有售票用具、车票找补零钱等是否备齐,而且都要放在取用方便的位置。

④上岗。

进入工作岗位,接班人员必须问清前一班的有关情况。

⑤开窗售票。

按规定时间准时开窗售票。

车票共有三种,即全票、儿童票、残废军人票。票价是根据交通运输部发布的《汽车运价规则》,由各省、市、自治区自行制定的。

2)行李包裹托运和提取

(1)运输责任划分。

运输质量同时包括行包运输质量。行包运输工作的基本要求是安全、准确及时运达目的地。行包运输常出现不及时、不安全的因素有旅客和车站两方面的责任。

①旅客方面的责任。

a. 交运过迟。未按规定提前交托,行包来不及与旅客同行;

b. 包装不符要求。质量过重和体积过大;

c. 包装捆扎不牢固。行包在运输过程中松散而需重新捆扎以致延误旅行,甚至导致行包丢失;

d. 旅客违规夹带危险、易燃、易爆、违禁、易碎、易污等物品。

②车站方面的责任。

a. 仓库保管不慎;

b. 运输交接清单和标签填错;

c. 行李架防雨设备不全或简陋;

d. 行包交接手续混乱;

e. 责任心不强或提取手续不全;

f. 装运不慎或捆扎不牢。

(2)运输企业的工作。

由于以上责任会影响到旅客运输服务质量，为了使旅客和汽车客运企业免受经济损失，要求汽车客运企业抓好以下几方面的工作：

①加强对客运职工的教育，使每一位职工都深刻认识保证行包运输安全、及时的重要性；

②建立健全行包运输规章制度。认真办好入库、装卸、运输等过程中的交接手续，做到责任明确。认真清楚地填写行包运输票据；

③做好行包的收托宣传工作；

④搞好行包收托的组织工作。要注意观察候车旅客中是否携带危险物品、易燃品、易爆品或有应该托运而未进行托运的行包，及时督促旅客妥善处理和办理托运，以免影响正点发车和造成事故。

(3)收运操作程序。

为方便旅客，行包收托处应设在售票窗口或售票室附近，且应设有通向车场和通向车站外面的门。在行包收托工作开始前还应做好对衡器的校正以及票证、标签、业务工具等的准备。

①询问行包内容，检查行包的体积和质量，查看包装、捆扎是否牢固，有无爆炸品、危险品、违禁品、贵重物品、有(无)价证券的夹带。听取旅客对托运行包的要求，如轻放、忌压、忌挤、忌倒置等；

②查看车票是否有效，是否和行包托运的到达点相符；

③对行包进行点件、过磅、填写清单，同时向托运人交代件数及质量；

④计算运费，填写行包票。该项工作要求认真和仔细，最后要在车票上加盖“行包已托”字样的戳记，经办人要签章；

⑤将标签栓挂在行包上。标签的记载内容应逐一填写清楚，不要涂改。

(4)仓储要求。

仓库要注意防火、防盗、防鼠、防虫、防潮。应建立交接制度，有关人员要按点交接并签字负责，行包票存根、交接清单要按日装订成册，妥善保存以备查询。行包进仓后要分线、分班、分站堆码，且应留意行包外部标志和包装情况，注意标签朝外，合乎下重上轻、下大上小的要求。收运行包时要计算其全部质量，当达到400kg时，就要用满载标志牌显示出线别、班次、件数、总计质量，为下一道装车做准备，避免临装车时行包超重或质量不足而延误正点发车。

(5)装运要求。

装载行包时，应注意每件行包的长度和宽度都不应超过(行李舱)行包架，高度自地面起最高点不得超过4m。行包在装运时要软硬件搭配，轻轻放，捆扎牢固，盖好篷布，防止甩落、被雨淋湿。行包装载严禁超高超宽、超长和超载。

(6)行包到达与交付。

站务员应查对到达客车的行包件数与件重，与驾驶员、装卸工办好交接手续，在行包交接清单上签收，入库堆码，并及时通知托运人前来提取。

旅客提取行包时，工作人员要仔细核对提单和标签，查明件数，交付时要收回行包提取单，并加“行包提取”字样的戳记。收回的行包单要按班、日分装成册，以便保存及查询。

到达站应妥善免费保管无人认领的行包两天，超过两天的行包，每件核收保管费。逾期三个月仍无人领取的行包，视为无法交付行包，可由车站会同有关人员开启、查验和清点造册后，报请上级主管部门批准，然后向当地有关部门作有价移交。移交所获价款，扣除应付的费用外，在六个月内仍无人领取时，上缴国库。

（7）中途站行包托运与提取。

由于班车在中途站停车时间短，站务人员少，为了避免差错及事故，各中途站应提前与始发站或前一站取得联系，以便事先做好准备工作，待班车到达后，先卸后装，从而加快速度，节省时间。

3）候车室服务

候车室工作是汽车客运站务作业中的重要环节之一。旅客候车室应贴有旅客须知、客运班次表、票价表、中转换乘其他交通工具时刻表，应备有开水、凳子，另外，还应有报纸、意见簿、旅客留言牌等设施，客流较大的车站要设立问讯处和小件物品寄存处。

问讯处是为旅客解答询问的地方，应设置在候车室或车站入口的显著位置。问讯处工作人员必须业务熟悉、态度和蔼。小件寄存则是为旅客提供方便的一项措施。

候车室工作要求全面服务与重点照顾相结合。所谓全面服务是指候车室清洁、卫生、茶水供应、交通常识的宣传、旅行资料的提供等。这些是为了满足旅客的普遍性要求。但由于旅客人数众多，不同的旅客也有各自不同的要求，这就要求服务人员还应做好重点照顾。

为组织旅客有序上车，在候车室内按班次划定候车区域，甚至按售出车票座位号依次排队并由服务员引导上车。

检票工作是复查旅客有无乘车票证的必要手续，应认真查看票面日期、车次、到达地是否与车次相符。

发车是站务工作的最后一道程序。在较大的车站，发车前由值班站长和值班工作人员对车辆前后、左右、上下作最后检查，一切就绪后方能发出允许开行信号。客车驾驶员在得到信号后方可起步运行。较常采用的信号有电铃、旗和笛。班车离站时，负责引导旅客乘车的服务人员，应目送旅客出站。

【案例 2-3】

用微笑开创“劳模营销”新模式

从 1980 年至今，苏学芬已经在车站服务岗位上工作了近 30 年。从默默无闻，一心只想干好身边小事的普通车站服务员，成长为接受温家宝总理亲切接见的全国劳模；从每天站立行走十几个小时的迎门服务员，到亲自上街发传单，开创“劳模营销”新模式的营销处处长，苏学芬每一步都走得踏踏实实，为青岛交运集团“情满旅途”的品牌含义做了最好的注释。

在长途汽车站，苏学芬干得最长的工作是迎门服务员，每天迎来送往几千名旅客，需要过硬的服务技能和基本功，每天要站立和行走十几个小时，体力消耗和服务难度相当大。苏学芬认为：“为旅客服务心里要有情，心里没有情，微笑也是假的。”

1992 年苏学芬开始担任某长途汽车站迎门班班长，她带领全班同事们立足一个“情”字，视旅客为亲人，把交运的“三情”理念展现得淋漓尽致。在她身边工作的同事们常说，生活中你也许看不到我们班长的影子，但在车站只要看到需要帮助的人，就能看到她。正如她所说的，“我一不图名，二不图发财，三不想当官，我只希望做好平凡的小事，为旅客服好务，我感到这样过得有价值！”

一天晚上，一位农村打扮的老人走进候车室，苏学芬凭借多年的工作经验，觉察到老人可能身体不适，立刻扶他进了重点候车室。果然，老人称自己手脚麻木，头发晕，一天没吃饭了。

苏学芬赶紧为他倒上热水，买来饭菜。休息之后，老人执意要走，她又安排一位同事护送老人。途中，老人再次感到不舒服，被送到附近的医院，经检查为高血压中风，幸亏抢救及时，老人转危为安。

像送离家出走的老人、孩子回家，帮助车站上有困难的旅客，这样的事情真是太多太多了，用苏学芬自己的话说，长途客车有终点，为旅客的服务无止境。

她结合自己多年的工作体会，总结出了特色鲜明的"苏学芬工作法"，在全集团站务员中进行了宣传推广，提高了各长途汽车站的整体服务水平。

苏学芬与她的姐妹们一起，在为旅客服务的平凡工作中，默默坚守，风雨无阻，用自己的真情诠释着"比顾客的需求做得更好"的交运服务理念。她所在的团队，连续多年获得了某市"先进班组"、"女职工明星岗"、"青年文明号"和"省交通系统标杆班组"、"全国巾帼文明示范岗"、"全国质量信得过班组"、"全国质量管理优秀班组"等荣誉称号。

2004年，苏学芬在北京受到了温家宝总理的亲切接见，温总理握着她的手亲切地说："你们接待的很多客人，都是在一线劳动的工人、农民吧？所以你们的工作更辛苦，更需要对旅客有一种感情，你们要带着感情搞好服务。"

总理接见后，苏学芬把返程的飞机票改成了长途汽车票，乘坐长途客车连夜从北京返回。有人不解地问她为什么这样做，她说："下次再有到北京的乘客咨询时，我心里就有底了。"

从2005年4月起，苏学芬担任了车站新成立的营销处处长，负责车站"劳模营销"特色服务的具体实施。"劳模营销"是个新鲜事物，在全国范围内也没有成熟的模式可以借鉴，苏学芬只能从头做起，在摸索中想办法、找出路，这对只有中学文化水平的她来说是个不小的课题。

"要干就要干出个样来！"经过几天的思考，苏学芬决定从基本的营销活动——发传单开始，她带着几名年轻的服务员利用业余时间走街串巷，做起了车站旅游直通车的营销宣传员，不遗余力地向市民推销车站的旅游直通车线路，宣传"情满旅途"优质服务。

就在她忙得不亦乐乎时，一位市民的问题给了她新的思路，"你们有订票业务吗？"苏学芬心里一亮，这不就是营销书上讲的"顾客的需求"吗？一个上门送票的主意在她脑海中逐渐清晰起来，"营销入户，送票上门"特色服务项目应运而生。在日常走访中，她又从学校获知，由于假期前考试的缘故学生到车站购票极为不便，但学生市场却有很大的市场空间可挖，了解到这点后，苏学芬积极开展营销工作，使得"情满旅途"流动售票车开进了高校的校园，学校师生不出校门就可以买到长途汽车票，流动售票车受到了师生的欢迎。

分析：以微笑为招牌式服务的"苏学芬工作法"，赢得了乘客的赞誉。这为客运站提高服务质量，树立了很好的榜样。

4）接车工作

班车到站时，值班人员应指挥车辆停放在适当位置，然后查看路单、交接清单等有关资料，了解下车人数，清点到站的行包情况，通知有关人员进行各项站务作业。向车内旅客报告本站站名，照顾旅客下车，提醒下车旅客不要遗留物品在车内，检验车票，解答有关问题。在路单上填清班车到站时间，处理临时遇到的事项。对路过班车，同时还要组织本站旅客乘车，对终点班车，站务作业结束后，可将车辆调回车场或调放过夜地点。

2. 汽车客运站务作业的基本程序

汽车客运站务作业，除组织安排客运车辆调度和各客运经营者之间的协调工作外，对接送旅客方面，汽车客运站务基本作业程序如图2-1所示。

1）旅客购票、车站售票

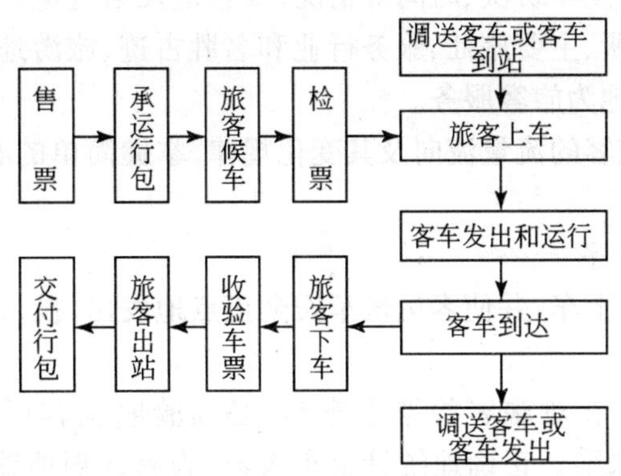

图 2-1　汽车客运站务基本作业程序

乘车购票是旅客的义务，也是旅客最关心的一件事。担心能否购到所需车次或有无座号的车票，它关系到能否按预订计划达到旅行的目的地。因此，旅客在乘车前必须按先后次序和有关规定到售票处购票。

为方便旅客购票乘车，应采取多种售票方式，如预约购票、团体送票、多点售票、流动售票、窗口售票、背袋售票和车上售票等。

2）行包托运和交付

所谓行包是指旅客随车携带的行李和包裹，如皮包、衣服、日常用品、零星土产和职业上需要的小工具以及少量书报杂志等物。这些行包随车同行，应保证安全运输。

旅客随身携带的行包，每一张成人客票（包括残废军人票）可以免费携带 10kg，每一儿童票可以免费携带 5kg。超过免费质量的部分，按行包运价计收运费。旅客随身携带的行李物品，不得占用座位，如占用座位时，还应按占用座位购票。

托运行李包裹应由托运人包装完整捆扎牢固，每件质量限在 30kg，体积限在 $0.12m^3$。危险品、禁运品、机密文件、贵重物品、易碎物品等，不得夹入行包内托运。

行包发送作业，包括承运、保管和装车作业。行包到达作业，包括卸车、保管和支付作业。行包自承运时起到交付时止，公路汽车客运部门，都承担安全运输的责任。

行包在运输过程中，需要经过许多环节，在每个环节中都应办清交接手续，分清责任，防止差错。汽车驾驶人员在行包装运和交付时，发现交付单与货物不符或发现异常，经确认后，应在交托单上注明现状，由交出方签字、备查。

3）候车室服务工作

搞好候车室的服务工作，是整个站务作业的重要组成部分，是保证站务工作正常进行的必要条件。为了给旅客创造一个良好的候车环境，做到热情周到的服务，除体现着客运服务员的良好素质，提高对旅行全程服务质量外，亦有助于纯洁社会风气，激发人们热爱群众和努力工作的热情。

作为候车室的服务人员，应经常保持候车室的清洁卫生、设备完整有效，保证旅客饮用开水，对老、弱、病、残、孕五种旅客进行重点照顾，使他们感受到祖国处处有亲人的温暖。

候车室服务工作人员，应熟悉公路客运业务，向旅客宣传交通常识和旅行安全知识，能正确地回答旅客的询问。候车室服务工作人员要树立全心全意为旅客服务的思想，并掌握一心为乘客服务的本领。要熟悉本站客运工作程序，熟悉有关客运管理规定、本站经营客运线路沿线情况、站名及运行时间、发车班次、时间等情况，及当地及附近地区的其他交通方式情况，重要厂、矿单位、学校、招待所、主要旅社、服务行业和名胜古迹、旅游地、风景区等。这样才能满足旅客的各种询问，更好地为旅客服务。

客运服务员要掌握旅客的流量流向及其变化规律，掌握简单的心理常识为旅客提供热情周到的服务。

4）组织好进站乘车秩序

使旅客有秩序地进站上车，并使客运班车安全正点地发出，投入正常的运行，是客运站站务作业的重要内容之一。

确保旅客准确乘车。在对旅客检票上车时，必须验明旅客所持车票的车次、日期、去向，确保旅客不错乘、不漏乘。正确地统计上车人数，为有计划地输送旅客提供可靠的数据和资料。

发车前的服务宣传。旅客检票上车后，驾驶员和乘务员，要利用发车前的短暂时间，向旅客做好服务宣传工作，使乘客了解本次班车到达的终点站、沿途停靠站、途中膳宿地点、正点发车时间、正点到达时间以及中途的注意事项等，这些都是保证安全行车的有效措施。

发车前的检查。班车发车之前，车站的值班站长或值班人，还要做最后的检查。确认各项工作已就绪，车辆各方面情况正常，才能发出允许放行信号。驾驶员在得到允许放行信号后方可启动车辆，出站运行。

5）客车到达接车

班车到达前，站务工作人员应提前做好接车准备，班车进站后值班员立即指挥进站停放地点，及时通知有关人员进行各项站务作业，包括报唱本站站名，提醒下车旅客不要将随带物品遗留在车上，照顾旅客下车，检验车票，准确卸下到达车站的行李包裹，核对交接清单，点收、点交运达本站的公文物件，填清路单上班车到达时间，并根据路单上的有关记录或驾驶员的反映，处理其他临时遇到的事项。

如果是路过班车，就应该按站务作业要求，组织本站旅客乘车和行李包裹装运等作业。

课题二　汽车客运服务基本知识

模块一　汽车客运服务的内容

汽车客运服务的对象为旅客和客运经营者（运输业户），包括客运站务（作业）服务和客运相关服务。客运站务（作业）服务（见本单元课题一的模块四），包括售票、行包托运与提取、候车室服务、组织乘车等。客运相关服务包括客运运营服务、客运安全服务、客运环境服务、客运信息服务等。

1. 客运运营服务

1）建立服务管理台账

汽车客运站应对持有下列运营手续和证件的客运经营者提供进站服务，办理进站手续并保留影印件、建立相关基础管理台账。

①政府颁发的工商营业和道路运输经营许可证件；

②客运车辆的技术等级评定、线路经营、客票价格及进城、入站许可等证件；

③客运车辆驾驶员的驾驶证、从业资格证；

④客运经营者在运营、服务方面的违规违约及重大投诉。

汽车客运站严禁无证经营的车辆进站从事经营活动，无正当理由不得拒绝合法客运车辆进站经营。

2）签订进站协议

汽车客运站应与客运经营者签订进站协议，协议应包括：

①明确“遵守法律法规、依法经营”、“旅客至上、服务第一”的宗旨和“汽车客运站统一对旅客售票、统一对旅客受理行包”的原则；

②运营线路、客运车辆（型号、等级、座位数）、途经站点、客票价格、发班时刻等具体事宜；

③汽车客运站对客运经营者的服务承诺和对其经营、服务行为的监督，对客运经营者误班、脱班、停班的管理及对客运车辆卫生状况的管理；

④汽车客运站对客运经营者的安全管理：安全教育、安全责任书签订及客运车辆安全例检等；

⑤汽车客运站对客运经营者的服务项目与收费标准、结算方式与时间等；

⑥客运经营者实现运营安排的责任、对经营和服务行为的承诺，不私自揽客、货和运输的应急保障措施及接受汽车客运站监督的意愿等；

⑦双方的违约责任。

【案例 2-4】

进站协议书

××省××县公路客运班车进站协议

甲方（站方）：××县长途汽车运输公司

乙方（运方）：

乙方的________至________的客运车辆进入甲方的________站（________级）营运，根据《中华人民共和国合同法》和交通部门客运管理有关规定，经双方商定，签订本协议，共同执行。

一、本协议约定如下：客运运费包括票款总额中的基本运价、直达和夜班加成（不含公建金，过路、桥、渡、洞等其他代收代付项）。客票票面额是指客票票面价格，包括运费、公建金、旅客站务费、过路费等所有通过客票收取的费用。

二、营运安排

1. 班车自________至________；开行________班。

2. 车型票价：乙方提供____座________客车________辆；客运运费、票价、走向及途中售票点按核价表执行。开行时间：班车自________年________月________日起正式运行；发车时间按“班车发车时间核定及变更审批表”核定执行，即为________时。

三、双方责任

1. 甲方提供《××省客运站工作职责》等有关规定的管理和服务。

2. 甲方除发售当天车票外，并预售次日起__一__天车票，乙方确有特殊原因需停班，应提前__一__

天向甲方提出，经确认后方准停班。

3. 乙方司乘人员必须服从甲方管理，严禁在站内私自带客、带货、发售自带票、站外揽客。

4. 乙方积极配合甲方的管理和站务作业，按照有关规定服从甲方的调度和指挥。

四、客运站收费及标准

客运站按《××省客运站工作职责》等有关规定提供服务，并根据《××省汽车客运站收费规则实施细则》及有关文件的规定，客运站收取如下费用：

1. 客运代理费（客车发班费）：乙方凭加盖门检检查章的小路单结算联与客票副联（缺一不可），向甲方财务部门办理运费结算（结算凭证遗失不补）。甲方根据省颁规定，按站级对客运代理费（或发班费）实行基数保底，双方商定每月保底基数为______元（______仟______佰______拾______元整）。若每月按实计算产生客运代理费（或发班费）不足保底基数的，必须补足；若超出，则根据站级按实计提____%的客运代理费（或发班费）。

2. 客运站按行包运输收入的____%收取行包运输代理费。

3. 其他服务项目费收，根据×价[1998]29号、×交[1998]11号文件规定，甲方按以下方式和标准收取费用：

(1)车辆清洗费：大型客车外部清洗____元/辆·次，小型客车____元/辆·次。

(2)车辆清洁费：大型客车内部清洁____元/辆·次，小型客车____元/辆·次。

(3)车辆停放费：大型客车____元/辆·日，小型客车____元/辆·日（当日22时以前离站不收费）。

(4)车辆安全服务费：____元/辆·次（短途车辆每天多次往返的，以每辆车每天检查一次计算）。

五、结算

1. 运费结算：甲方收取有关代理费后，在一天内将按实全部结算给乙方，也可按乙方提供的运费结算方式（乙方需提供运费结算协议），帮助乙方与其对开单位办理运费结算业务。

2. 甲方在接到运费、过路、过桥、过渡等费用调整通知后，三天内（除预售票）完成运价调整。因延误造成的损失由甲方按100%的实载率负责赔偿；因甲方责任发生坏账或错填票据造成的损失，甲方应向受损方负责赔偿。

3. 如遇里程、运价、费收等政策性调整，客运站应函告承运方或签订补充协议。相关文本作为本协议附件一并有效。

六、违约责任

1. 对乙方未按约定提供车辆，延误发车造成脱班的，甲方可向乙方收取班车脱班费；因甲方责任延误发车造成脱班的，甲方向乙方支付班车脱班费，如果导致放空，甲方还应再向乙方支付按核定座位70%实载率计算客运运费赔偿放空损失。脱班费按班车核定座位全部客票票面收入的15%支付，超过1仟元按1仟元计。如发生脱班，客运站应立即组织车辆顶班或用其他方式发送旅客，发生的费用由现任方全额负担。班车在规定发车时间40分钟内未发车的即为脱班，因公路中断、堵塞、交通事故等不可抗拒的自然因素发生的脱班，不收班车脱班费。

2. 甲方未按协定结算运费，延误解缴按每天1‰标准向乙方支付滞纳金。

七、其他

1. 双方的权利义务以本协议规定为准，未尽事宜，双方在第八部分补充增加。

2. 如发生纠纷，双方应通过协商解决或商请运政管理机构调解，也可直接按《中华人民共和国合同法》有关经济合同纠纷的调解和仲裁规定处理。

3. 本协议一式五份，甲乙双方各持二份，送线路最终核定运政机构一份报备，运政机构认为本协议无违反有关运输政策法规条款，同意核发线路核准证后协议生效，有效期自签订之日起计，暂定　年，期满若无异议，可继续执行。

八、补充

甲方代表：	乙方代表：
开户：	开户：
账号：	账号：
地址：	地址：
邮编：	邮编：
电话：	电话：
日期：	日期：

【案例2-5】

进站协议与春运证挂钩　十余辆运营客车遭到停运

某县一位车主由于没在当地客运站出具的《进站运行协议书》上签字，没有得到运管部门颁发的“春运证”，已被迫停运。

在该地运输管理所，看到14辆小客车分成两排停在门前。一刘姓车主称，客运站通知车主们签进站协议，不签协议就得不到“春运证”，不能正常营运。而车主认为，上面的条款大多是制约车主的，而且该协议纯属单方面的，没同他们商量；同时客运站要按二级站收取服务费用，但这站至多就是三级站。此外，车主认为过路车较多，随时都停车拉客，使客流量根本得不到保障。因此，该线路22辆运营车中仅有4辆车的车主签了协议，其余18辆车因此被迫停运，最多时有100余名旅客滞留。

据客运站介绍，协议是当地交通局定的，具体情况得问交通局和运管所，况且该协议得到大多数车主的认同，该处60台车有40多台签了字，至于22辆往返的客车中也有9辆已签了字，不签字就领不到运管所的“春运证”，没证就不允许进站和发车。该站为进站客车提供了很多服务设施，这需要车主提交一定的服务费用，该客运站定的是国家二级站，收费也是按的这个标准。

针对此情况，运管所表示，老客运站转制后一直在装修，就没要求车辆进站。如今装修完毕，又正值春运期间，运管部门就打算借此机会，对客车进行规范管理，要求客车必须进站。这样有助于站方进行“三品”检查，人员凭票上车也有利于管理。

有站方和车主意见达成一致，才能对合格的车辆颁发“春运证”。并称有5辆备用班车，已加入客运行列，不会出现滞留现象。

分析：进站协议是客运站务管理的一个重要内容，没有签订进站协议书的客车，不能够进入客运站经营，否则就算是非法经营。所以，车主认为进站协议书的条款是制约车主是没有道理的。该客运站点的等级应以当初核定的等级为准，收费也是按这个等级标准，这是没有疑义的。在春运期间，凡是营运手续不全，没有办理相关站照的客车不得进站经营。

3）运输组织

汽车客运站应坚持公平、公正原则，合理安排发车时间、发车位，公平售票且不售超员票。

①汽车客运站应按线路、班次、班点编制运输计划；在旅客高峰期，汽车客运站应根据客流预测制定调整发车时间、组织运力、增加班次的运输计划，签订加班备班协议后组织实施。

②客运车辆备齐相关证件报班后，应在发车前30min进站等待发车；汽车客运站应根据运输中出现的特殊情况及时调整作业计划，合理安排、疏导旅客。

③汽车客运站应调度客运车辆按时上位、退位；引导旅客识别所乘车辆顺序上车。

4）应班管理

①汽车客运站应对客运经营者进行应班管理，客运经营者不按时派车辆应班，1小时以内视为误班，1小时以上视为脱班。但因车辆维修、肇事、丢失或者交通堵塞等特殊原因不能按时应班、且已提前告知汽车客运站的除外。客运经营者因故不能发班的，应提前1日告知汽车客运站，双方以保证旅客运输为原则协商调度车辆顶班。

②汽车客运站对误班、脱班及不办理报停手续私自停班的客运经营者，按行业规定和进站协议执行，对无故停班3日以上的进站班车，应报告道路运输管理机构。

5）后勤保障

汽车客运站应为客运经营者提供以下保障：

①按月结算运费，提供结算细目；

②为应班客运车辆提供停放和垃圾弃放场所；

③为驻站人员、司乘人员提供临时休息场所等。

6）辅助服务

汽车客运站可根据条件提供停车、住宿、餐饮和购物等服务，为客运车辆提供清洁、消毒、维修、检测、配餐、卧具清洗等服务，但应取得相应的经营资质；应按规定收费，并在经营场所公示收费标准，严禁乱收费。

2. 客运安全服务

1）组织保障

汽车客运站应设置安全管理部门、安全管理专职人员和保安值勤人员。汽车客运站安全管理工作实行法人责任制。

2）设施设备安全

汽车客运站消防系统设置应符合JT/T 200要求，具备旅客安全通道和客运车辆安全通道，具备客运车辆安全检验台、室外消火栓和适用于扑灭汽油、柴油、燃气等易燃物质燃烧的消防设施设备。一、二级汽车客运站应具备治安室和行包安全检查设备，一、二、三级汽车客运站应安装图像信息管理系统，并按要求与公安、执法部门联网。汽车客运站安全设施、设备应完好有效。

3）运营安全

①汽车客运站应定期对驻站人员、司乘人员进行安全教育，并签订安全责任书。

②汽车客运站在客运经营者对客运车辆自检的基础上，应按客运车辆检验单的内容进行检查，合格后经双方签字、认可准予出站。严禁超载车辆或未经安全检查的车辆出站运营。

4）现场安全

①汽车客运站应建立健全消防安全、治安保卫、安全运营等规章制度，落实各项防范措施，

对站内交通安全、消防安全、治安安全进行控制,提供良好的安全乘车环境。

②汽车客运站应对旅客携带行包、小件寄存行包及托运行包进行安全检查,采取措施防止易燃、易爆、危险品及其他禁运品进站上车,保证安全生产。

5)应急预案和演练

①汽车客运站应制定《汽车客运站突发事件应急预案》,包括报告程序、应急指挥、应急设备的储备及处置措施等内容。

②汽车客运站应对所有应急预案定期进行演练,一年不少于两次,以保持预案中旅客和客运车辆在紧急情况下安全疏散的可操作性和有效性。

【案例 2-6】

客运站应急演练

为了检验汽车客运站各项应急预案的可操作性,进一步增强广大干部员工和全体驾乘人员熟练掌握旅客疏散和车辆灭火的程序,提高报警、灭火、疏散、救护等作战技能,2008 年 8 月 3 日,某地汽车客运集团有限公司迎奥运安全保卫应急演练在其汽车客运站举行。下午 4 点整,演练开始了,在汽车南站的旅客进口处的危险品检查处,两位装扮成旅客的演员上场了,两名“旅客”分别携带危险品和违禁品准备进站购票乘车,通过安检仪后,安检人员礼貌上前,微笑地说道“对不起,请你将包裹打开,我们需要进行开包检查,麻烦你了”,一名旅客积极配合危险人员检查,另一名旅客不服从安检人员,安检人员在耐心说服无效情况下,叫来派出所值班人员将其带到民警值班室进行处理。这时,对讲机里又传来消息,候车室巡查工作人员发现在二层候车室 29 号检票门座椅下面有一包裹,在向周围旅客询问无果情况下,马上进行了报告,车站站长立即下令控制包裹加以警戒,并宣布启动应急预案,通信联络组、疏散引导组、安全防护救护组等应急小组根据各自分工,采取有效措施疏散旅客和控制现场,公安“110”接警后马上派出防爆警察,现场排查了险情。正当大家准备缓口气时,二楼停车场内一辆开往昆山方向的客车准备开车,检票员在负责旗笛指挥的时候,发现车辆后部冒出烟雾,马上告知驾驶员情况。驾驶员立即停车、打开车门、关闭电源,同时组织旅客下车疏散,车站工作人员发现情况后立即用电话模拟报警“119、119,这里是南门汽车站,现在车站二楼停车场 29 号检票门前有一辆客车发生旅客行包自燃,我们正在自救,请赶紧派车救援,这里的电话是 ××,请保持联系”。车站义务消防队员手提灭火机,在停车场的消火栓箱内引出水带,与消防支队的消防员一起向着火车辆进行喷射。演练活动结束后,市交通局领导作了重要讲话,他高度赞扬了参加演练的工作人员精神饱满、认真操作,演练过程紧张有序,公安、消防特警人员全程参与,整个演练活动取得了圆满成功,达到了预期目的。同时,他还要求各单位一定要充分认清当前形势,将“迎奥运,保平安”作为当前的中心工作,居安思危,树立万一意识,进一步完善各项安保预案,切实提高综合保障工作水平,为“平安车站”、“平安交通”作出更大的贡献。

分析:客运站应急演练具有非常重要的意义,定期进行应急演练有助于客运站提升安全管理水平,更好地为广大乘客服务。

3. 客运环境服务

1)站容

①汽车客运站应划分责任区由专人负责管理。站前广场、车场净化美化绿化,卫生良好,树木花卉种植安排合理,设施美观大方,车辆停放有序整齐;

②站内环境应整齐明快,无垃圾、无杂草、无污水、无痰迹。室内门窗玻璃、墙壁地面、座椅设施等干净卫生,空气清新无异味;

③汽车客运站车场及售票、候车等室内禁止吸烟,一、二级汽车客运站应明确吸烟区。

2)车容

汽车客运站应对发班前的客运车辆卫生状况进行检查,合格后予以报班,合格的条件是:

①车辆装备(座椅、卧铺、卧具、车身漆皮、玻璃门窗、行李架、网绳、营运标志、警示标志等)齐全完好;

②车容清洁,车身外表、内壁地板、机器仪表干净;卧具套、座椅套等及时清洗、每班次更换且叠放整齐、无污迹。

3)消毒

①汽车客运站应引进专业消毒公司按卫生防病的要求和工作程序在发班前对客运车辆的门窗、座椅、扶手、地板等进行消毒,使用的消毒剂、消毒液应有卫生部门的检定核准证明;

②汽车客运站应委托消毒公司对站内的设施包括售票厅、候车厅的座椅、栏杆、地面、卫生间及旅客频繁接触的公共设施、设备等每日进行消毒。

【案例 2-7】

某客运站对预防甲型 H1N1 流感的各项准备。

某汽车站成立甲型 H1N1 流感防控应急领导小组,制订切实可行的应急预案,发现咳嗽、头痛、发烧等疑似感染甲型 H1N1 流感病毒症状人员,要按照预案做好应对工作。同时,做好甲型 H1N1 流感防控物资的准备工作,准备好相应的测温设备、防护设备、消毒物资以及隔离室等,按枢纽中心要求做好与防控工作有关的表格印制工作。另外,各客运站已经做好客运车辆及站内的清洁、消毒和通风工作,有效预防各类疾病的发生和传播。并开始执行日报告零报告制度,每天 14 时前报当地枢纽中心办公室。

该站首先采取的是体温检测,如果发现体温高的旅客,设有留观室,请旅客留观,然后打 120 电话,在 10 分钟之内 120 的车就能过来,这样 10 分钟之内就能把旅客送出车站。并提醒旅客,如果觉得自己的抵抗力稍微差一些,不妨把口罩戴上。候车大厅每天 8 次消毒,每一趟从城南客运站发出的车辆也都是消过毒的车。严格的安检和防控措施,虽然增加了程序,却给乘客带来了安全。

分析:我国近年来出现的流行疾病,为客运站服务提出了新的挑战。因为客运站南来北往人车混杂,而流行疾病以人为媒介,极容易在客运站这类公共场所传播。所以,在客运站进行对甲型 H1N1 流感等疾病的预防有其必要性。

4)疾病防控

①提供饮食等服务的汽车客运站,应遵守《食品卫生法》、严把食品卫生关;一、二级汽车客运站候车室内应设公共饮水处,供水设施及饮水水质应符合《生活饮用水卫生标准》(GB 5749)规定;

②汽车客运站应按卫生部《公共场所卫生管理条例实施细则》进行卫生管理,相关从业人员应取得"健康合格证";

③汽车客运站对突发的流行性传染疾病,应按照《公共卫生突发事件预案》和行业要求执行,并制定自己的预案与其对接。

5)环境保护

①汽车客运站的污水、噪声排放应达到国家卫生许可规定。

②一、二级汽车客运站候车室的卫生应符合公共交通等候室卫生标准(GB 9672—1996)的要求。

4. 客运信息服务

①各汽车客运站、代售票点之间应实现信息共享、联网售票，方便旅客购买各站、各线车票；

②汽车客运站应运用科技手段受理旅客行包托运、提取和中转业务，并在站内相关部门之间实现信息共享；

③汽车客运站应公布进站客运车辆的班车类别、类型等级、运输线路、起讫停靠站点、班次、发车时间、票价等信息，方便旅客出行；

④一、二级汽车客运站应安装智能系统设备，实时显示、发布各种服务信息。

模块二 汽车客运服务岗位设置及岗位职责

汽车客运站应以满足旅客需求为原则，以汽车客运站服务流程为依据，按照道路旅客运输“三优”、“三化”规范要求，设置相应的服务岗位并明确岗位职责。

1. 汽车客运站岗位设置

汽车客运站服务岗位应以旅客运输市场的需求和客运作业程序为依据，以最大限度地满足旅客旅行的需要为原则来设置。一般应设置以下16个服务岗位。

①值班站长；

②迎门服务员（依车站所在地的实际情况设置）；

③问事服务员；

④售票员；

⑤行包服务员；

⑥小件寄存服务员；

⑦候车室服务员；

⑧公安值勤（或保安稽查）服务员；

⑨广播服务员；

⑩检票服务员；

⑪出站验票服务员；

⑫车辆调度员；

⑬车场管理员；

⑭安全检查员；

⑮乘务员（公用型车站不设）；

⑯驾驶员（公用型车站不设）。

2. 岗位职责

1）值班站长岗位职责

①全面掌握旅客运输业务及国家有关道路客运政策和规定，讲究交通职业道德；

②检查各岗位人员到岗情况，督促、组织各班组召开班前会和班后会；

③掌握各岗位人员工作情况，协调各岗位之间的配合，指挥现场工作。加强站车联系，确保班车正班、正点；

④掌握本站旅客流量、流向、流时及道路、班次、天气变化情况，及时与有关部门交流信息，并制定相应对策；

⑤检查考核各岗位人员工作质量和岗位职责落实情况，及时制止和处理违章作业；

⑥认真听取旅客意见,帮助旅客解决困难,及时处理现场发生的问题;

⑦认真填写值班记录,做好交接班工作。

2)广播员岗位职责

①提前上岗,检查广播器材是否良好,做好开播前的准备工作,保证播音质量;

②广播期间必须使用普通话,做好《道路旅客运输及客运站管理规定》及旅客乘车常识的宣传,疏导旅客购票、托运行包和检票上车;

③介绍本站布局、服务设施及服务项目等情况;

④介绍本地交通情况、旅游景点,名胜古迹及城镇的政治、经济、文化概况;

⑤及时准确宣传车辆运行动态,提请旅客注意。督促各岗位人员做好工作;

⑥做好发车前广播宣传,指挥现场人员按工作程序标准正点发车;

⑦负责广播找人,在播音期间,适当安排播放好人好事和文娱节目,调节旅客情绪,活跃站内气氛。

3)迎门服务员岗位职责

①旅客进站要笑脸相迎,站姿端正、主动、热情;

②主动向旅客介绍售票、候车、行包托运、小件寄存等位置和办理程序;

③掌握车站班次变化及道路通阻情况,及时向旅客做好宣传;

④维持旅客进站秩序,做好旅客疏导工作;

⑤向售票、服务、检票等下道工序介绍重点旅客情况,主动帮助他们排忧解难;

⑥观察旅客情况,察看携带物品,制止违禁物品进站;

⑦虚心听取旅客意见,不断改进服务工作。

4)问事处服务员岗位职责

①文明服务,礼貌待客,态度和蔼,热情周到;

②接待旅客做到有问必答,百问不烦,准确迅速,为旅客乘车提供旅行咨询;

③掌握本站营运线路、班次、时间及其变化情况,增减班次及时向旅客发出公告;

④熟悉本地主要宾馆、医院、厂矿、学校及名胜古迹的地理位置和乘车路线,掌握本地和附近主要交通干线公、铁、水、航空站点及其营运班次、时刻;

⑤开设适合本岗位特点的多种服务项目,方便旅客;

⑥提供电话咨询服务,开办电话预订客票业务;

⑦虚心听取旅客意见,努力改进服务工作。

5)售票服务员岗位职责

①掌握车站班次时间、道路通阻及旅客流量、流向变化情况,经常与客运调度交流信息,增减班次及时向旅客发出公告;

②严格执行运价政策,售票细致、快速、准确;

③遵守操作规程,做到“一会、二清、三问、四唱、五不、六快”,减少错售、错款现象;

④票面填写要清晰、完整、准确;退票和签证改乘按规定签章;

⑤认真填写售票记录,准确反映售票情况;

⑥有问必答,百问不厌,对重点旅客重点照顾,帮助旅客选择经济线路;

⑦执行票据管理规定,实行日清日结,做到票、款、账相符。

6)小件寄存员岗位职责

①严格按照规定办理寄存业务,对有疑义的物品要同旅客当面检查,严禁寄存违禁物品;

②办理寄存业务时要准确、及时,认真做好存、取记录,标签、提取凭证要填写清楚、完整、相符,一件一签,按规定收费;

③寄存物品要摆放整齐,妥善保管;

④严格交付手续,对丢失凭证的旅客要取足证明,验证无讹,方可交付;

⑤发生物品丢失、损坏事故时,要认真做好记录,积极查找,及时向有关领导汇报,进行妥善处理;

⑥室内严禁烟火,禁止非工作人员入内;

⑦严格交接制度,做好交接班工作。

7)行包服务员岗位职责

①认真执行《道路旅客运输及客运站管理规定》有关托运物品的规定,严格执行托运行包的检查制度,杜绝禁运物品上车;

②了解当日车站班次变更及售票情况,在不超载情况下,合理调配行包托运;

③凭有效客票按规定受托,严格执行运价政策,计费准确;

④受托行包一件一签,填写清楚,包装完整,捆扎牢固,入库分线、分班摆放整齐;

⑤严格出、入库及装车手续,做好与司乘人员交接签字工作,做到"三留底,一见面";

⑥班车到达后,领取行包要收缴行包票。核对准确后方可交付,无法交付的行包要做好记录,妥善保管;

⑦严格装卸车操作规程,文明装卸,禁止违章作业,发生商务事故要做好记录,及时向有关领导报告处理。

8)候车室服务员岗位职责

①坚持"三听、六看、一分析"的服务方法,全心全意为旅客服务;

②向旅客做好有关业务、安全、卫生常识等方面的宣传,引导旅客分区候车;

③保持服务设施齐全有效、整洁卫生、摆放有序;

④根据旅客需求开展多项服务活动;

⑤态度和蔼,言语文明,耐心、准确解答旅客询问。做到"五勤"、"五心";

⑥全面服务好,重点照顾到。对老、弱、病、残、孕、幼等重点旅客进行特殊服务;

⑦搞好候车室卫生,维护好候车室秩序,严格执行交接班制度。

9)检票服务员岗位职责

①检票前,检查车辆到位情况,严格清车清场,做好准备工作;

②维持好检票秩序,按号排队,照顾老、弱、病、残、孕、幼等重点旅客优先上车;

③检票时,按规定程序做到"三看、一喝、四不检",同时注意超高儿童或非残废军人持半票乘车,注意旅客随身携带的行包是否超重,注意旅客是否随身携带违禁物品上车;

④检查核对行包件数,车内人数与售票记录是否相符,向驾、乘人员办理有关交接手续;

⑤做好过站车的接发工作和发车前的宣传工作,防止旅客错乘、漏乘、误乘;

⑥路单、报单(结算凭证)项目填写齐全,计算准确,字迹清楚;

⑦正点发车,礼貌送车,杜绝责任晚点。

10)车辆安全检查员岗位职责

①认真执行交通运输部《汽车运输业车辆技术管理规定》及相应的行业规章和技术标准;

②车辆进站、回场后,认真听取驾驶员对车辆使用和日常维护情况的汇报,及时进行技术检验;

③定期检查车辆灭火器等安全设备的配置情况以及车容、车貌完好情况,保障参营车辆技术性能完好;

④按有关规定和标准,对车辆的传动、转向、制动、灯光等涉及行车安全的装置进行认真检查,对松动的螺母、螺栓及时紧固,必要时进行简单的换件修理;

⑤对参营车辆的驾乘人员进行安全教育,制止超员和行包超载现象,防止车辆进出站时发生交通事故;

⑥认真填写车辆检验记录,做到内容准确、字迹清楚,并及时将车辆检验合格证送交车站调度室,作为安排车辆营运班次的依据;

⑦认真检查道路运输证的车辆二级强制维护记录,督促参营车辆进行技术维护的日常维修,提高车辆技术性能和完好率,确保车辆安全运营。

课题三　汽车客运组织基本知识

模块一　汽车客流的概念

1. 客流

客流是指乘客在一定时期内,沿着某一运输路线向一定方向的流动。客流由旅客及其流量、流向、流距、流时五个要素组成。旅客也叫乘客,不同层次和不同出行目的的旅客,是选择运输工具的确定服务方式的依据之一。旅客流动的数量(运量)叫做流量,单位为“人次”。旅客流动的方向叫做流向。某一线路的起讫地点之间,通常按流向分为上行和下行,或去(往)程和回(返)程。旅客流动的距离,即旅客乘车路段的距离,程为流距或运距,单位为千米。旅客流动的时间称为流时,通常一天分为24个客流小时。表示旅客运输的工作量的指标为客运量和旅客周转量。旅客周转量是客运量与平均运距的乘积,单位为“人千米”。不过,客流是一个向量,含有旅客运送的地理走向,单位为“人千米方向”。

2. 汽车客流

汽车客流,也叫公路客流、道路客流。是指汽车客运中旅客在是一定时间内某一运输路线路段上一定方向的流动,包含旅客及其流量、流向、流距、流时五个要素。汽车客流是合理规划公路运输网、配置汽车客运站点设施、配备道路旅客运输工具和编制其运行作业计划的基本依据。汽车客流决定于各种运输方式沿线地区的工农业发展水平、城镇规模、文化和游览设施的分布、城乡居民的生活和文化水平以及公路运输网的发达程度等因素。旅客乘车按其目的可分为生产性乘车和消费性乘车。前者如上下班、上下学和出差公务等乘车;后者如探亲、旅游、赴商店等乘车。

模块二　汽车客运班线及班次的概念

1. 汽车客运班线

汽车客运班线是指客运班车经过省级交通主管部门核发有效的“班车客运营运线路牌”指定的合法营运线路。汽车客运班线大致有往复式、环形式、汇集式三种类型,但是绝大多数属于往复式班线。

2. 汽车客运班次

是指依据客运调度的安排,由汽车客运站为进站经营客车签订“进站经营合同(协议)”的定线、定班、定点班车的始发次数。

模块三 汽车客运班线及班次的基本知识

1. 汽车客运班线

根据中华人民共和国交通运输部令2009年第4号《关于修改〈道路旅客运输及客运站管理规定〉的决定》中第二章第七条，客运班线根据经营区域和营运线路长度分为以下四种类型：

一类客运班线：地区所在地与地区所在地之间的客运班线或者营运线路长度在800km以上的客运班线；

二类客运班线：地区所在地与县之间的客运班线；

三类客运班线：非毗邻县之间的客运班线；

四类客运班线：毗邻县之间的客运班线或者县境内的客运班线。

《规定》所称地区所在地，是指设区的市、州、盟人民政府所在城市市区；《规定》所称县，包括县、旗、县级市和设区的市、州、盟下辖乡镇的区。县城城区与地区所在地城市市区相连或者重叠的，按起讫客运站所在地确定班线起讫点所属的行政区域。

经过多年的经营管理实践，目前，客运班线的管理已经有法可依。根据2009年1月1日起正式施行的《道路旅客运输班线经营权招标投标办法》(以下简称《办法》)，从客运班线招标项目的确定、招标方式、招标工作期限到招标公告以及招标文件的内容等，都作详细规定，具有很强的操作性和适用性，将为规范道路旅客运输班线经营权招标投标活动提供明确的法律依据。具体包括：

①投标将采用报名制。《办法》第十七条规定“招标人应当确定不少于10日的时间作为投标人的报名时间，该期间自招标公告发布之日起至报名截止日止。”

②资格预审制在出售标书前进行。《办法》第十八条、第二十四条规定，招标人在对投标人提交的材料进行审查后，对具备招标要求的，发售招标文件。资格预审材料则包括《道路旅客运输及客运站管理规定》要求的除可行性报告、进站方案、运输服务质量承诺书之外的其他申请客运班线许可的材料。

③客运班线经营者可以以联合体的方式进行投标。《办法》第二十二条、第二十三条规定，两个以上法人或其他组织可以组成一个联合体，以一个投标人的身份投标，联合体各方应当签订共同投标协议，约定各方拟承担的工作和责任，明确在中标后是否联合成立新的经营实体，并将协议与投标文件一并提交招标人。

④统一了投标人编制投标文件时间。《办法》第十九条规定，投标人编制投标文件所需要的时间将不少于30日。

⑤明确了标前分的项目和分值。《办法》第十六条、第二十四条、第三十三条明确规定客运班线招标投标评分标准总分为200分，包括标前分80分和评标分120分。其中企业质量信誉考核占40分。标前分评定材料包括最近两年企业客运质量信誉考核情况、自有营运客车数量、高级客车数量以及相关证明材料。

⑥对废标及产生废标后的处理作出了明确规定。在评标过程中评委将认定是否存在废标，《办法》第三十八条明确规定：投标文件不符合招标文件规定的实质性要求，或因缺乏相关内容而无法进行评标的；未按招标文件规定的要求正确署名与盖章的；附有招标人无法接受的条件的；内容及有关材料不是真实有效的；正、副本的内容不符，影响评标的视为废标。在排除废标后，投标人为3个以上的，继续进行招标投标工作；投标人不足3个的，招标人可以重新组

织招标投标或者按有关规定进行许可。

⑦将招标与质量信誉考核挂钩，督促企业提高服务质量和水平。《办法》不仅将企业质量信誉考核作为标前分的重要内容，占标前分分值的50%，还将经营者的投标行为设为企业质量信誉考核的一项内容，并赋予了分值。《办法》第五十三条规定：已经提交投标文件的投标人在提交投标文件截止时间后无正当理由放弃投标的，在评定当年客运质量信誉等级时，每发生一次从总分中扣除30分。如果投标人在异地投标的，招标人应当将此情况通报投标人所在地道路运输管理机构。

⑧明确了评标专家资格。《办法》第三十条对评标专家提高"门槛"，规定，省级道路运输管理机构应当建立客运班线招标投标评审专家库，公布并定期调整评审专家，评审专家应为"各级交通运输主管部门、道路运输管理机构从事客货运输、财务、安全、技术管理工作5年以上并具备大专以上学历的工作人员"或"道路运输企业、高等院校、科研机构和道路运输中介组织中从事道路运输领域的管理、财务、安全、技术或者研究工作8年以上，并具有相应专业高级职称或者具有同等专业水平的人员。"

⑨关于履约保证金作了详细规定。《办法》第四十四条规定，招标文件要求中标人缴纳履约保证金或者提交其开户银行出具的履约保函的，中标人应当于签订中标合同的同时予以缴纳或者提交。由于中标人原因逾期不签订中标合同或者不按要求缴纳履约保证金、提交履约保函的，视为自动放弃中标资格，其中标资格由替补中标人取得。同时规定，招标人向中标人收取的履约保证金不得超过中标人所投入车辆购置价格的3%，且中标人交纳履约保证金（不含履约保函）达到30万元之后，如果再次中标取得其他客运班线经营权，不再向该招标人交纳履约保证金。

2. 汽车客运班次

①客运班次必须按照规定的发车时刻，正班正点发车，依线运行，不得擅自脱班、晚点、提前发车或私自改线运行；

②正班车满员后需加班者，须凭路单及公路运输管理部门制发的统一加班标志运行；

③班次营运中必须随车携带和按规定悬挂，不得伪造、涂改和转卖转借。其他部门，无权扣留营运证和线路牌；

④经营业户临时报停或恢复营运班次，须经市地、县（市）两级公路运输管理部门批准。

模块四　汽车运输生产过程

1. 定义

汽车运输生产过程是为实现人和物的有目的的移动而进行的一系列逻辑相关的活动的有序集合。汽车运输生产过程，泛指客货运输对象的汽车运输过程。客货运输对象通过汽车运输实现其空间场所移动，需要经过许多作业环节才能完成。汽车运输企业的有效运行的一个显著特征，就是实现人流、物流、资金流和信息流的合理流动，按照一定的逻辑顺序，由一个阶段向另一个阶段转变。这种转变过程实际上是一种流程，所以，也将汽车运输生产过程及其管理称为汽车运输流程。汽车运输流程具有一切流程的共同性质，即：

①目的性：流程是为实现某一目标而设计和产生的；

②内在性：流程包含状态的时间变化和活动的空间转移，是系统的内在特征；

③整体性：流程是一系列活动通过一定方式的联系和组合，具有整体特性；

④动态性：流程通过活动（状态）的变化而实现某一目标，具有动态特性；

⑤层次性:流程包含不同层次的多种活动的投入,具有系统的层次性;

⑥结构性:组成流程的各种活动之间的相互联系和相互作用方式在结构上具有一定的规律性,都表现为串联结构、并联结构和反馈结构的不同组合。

2. 汽车运输生产过程的构成

汽车客货运输生产过程通常可划分为运输准备、运输生产和生产辅助等主要工作环节。

1)运输准备工作

运输准备工作,指运输客货之前所需进行的全部准备工作,主要包括:运输经济调查与运输工作量预测、营运线路开辟、营运作业站点设置、客货运输对象组织、运力配置、运输生产作业计划安排以及制定有关运输组织管理制度、规章等。其中有些准备工作需要在运输生产作业前进行较长时间准备,如运输经济调查等;有些准备工作则是日常持续进行准备的,如客货运输对象组织等。

2)运输生产工作

运输生产工作,指直接实现客货空间场所位移的车辆运输工作,主要包括乘客上下车及货物装卸车作业、车辆运送作业(即车辆在营运线路上运送旅客或货物工作)以及必须的车辆调空作业等。

3)运输生产辅助工作

运输生产辅助工作,指为运输生产及其准备工作提供后勤保障服务的各项工作的总称,主要包括车辆选择与技术运用的组织、运输生产消耗材料的组织供应与保管工作、运输劳动组织工作等。上述各项工作环节,是构成公路运输生产过程所必需的主要工作环节。其中又以运输生产工作为基本运输工作环节,即在运输生产经营中可获营运收入的有效运输工作环节。其余工作环节需围绕运输生产工作环节的各类需要,科学、及时地进行组织,以保证运输生产过程正常运行。

模块五 汽车旅客运输组织

汽车旅客运输的关键是客运车辆运行的组织和调度工作,主要内容是确定客运班次、编排行车路牌、编制单车运行作业计划和营运调度工作,保证安全正点运行等。

1. 确定客运班次

所谓客运班次主要包括行车路线、发车时间、起讫站点、途经站及停靠点等。

①安排客运班次,为旅客安排旅行提供了依据。旅客可以根据自己的旅行需要,按照车站公布的客运班次,确定自己的乘车路线和乘坐班次,确定购买车票;

②安排客运班次也是车站完成旅客运输任务和公路运输企业据以安排运输生产计划的一项重要的基础工作;

③科学合理的安排客运班次,可使旅客往返乘车方便,省时、省钱、省车,使客车运行不超载、不空驶,确保公路运输企业和生产计划的完成,并可以提高车辆生产效率及经济效益。因此,科学合理的确定客运班次有重要的意义;

④安排客运班次,必须是在深入进行客流调查,掌握各条线路、各个区段、区间的旅客流量、流向、流时及其变化规律的基础上,研究编排的;

⑤在确定编排客运班次时,要考虑客流变化规律,满足始发站和中途站的旅客乘车需求。根据始发站和中途站的客流量及其规律,确定直达班次和区间班次。要为中途旅客留有余量,为长途旅客减少换乘麻烦;

⑥对市郊客运班次，要考虑农村早进城晚归乡的习惯，以及经由其他线路，换成其他交通方式旅客的旅行衔接，减少中途滞留时间的因素，合理的安排客运班次时间，达到适应早进城、晚归乡和中转换车等旅客的需求，方便旅行；

⑦遇节假日或其他特殊情况时，要根据客流预测，组织安排加班车，预备车，临时增加客运班次，提供包车，从而疏导客流，解决燃眉之急；

⑧安排长途客运班次，要考虑车辆运行时间长短、中间休息、旅客膳宿地点、驾驶员作息时间和有关站务作业的适应条件的安排。

以上各项，不能尽善尽美，只能从具体情况出发，分清主次，统筹兼顾。客运班次经确定后由车站公布执行。一经公布，就要保证班次的稳定性和严肃性，除因季节性调整行车时刻外，平时无特殊情况应尽量避免临时变动，更不能任意停开班次、减少或变动行车时间。

2. 编排循环代号

所谓循环代号，就是路牌。确定的行车客运班次，必须保证实施。因此就要求全部参加营运的车辆和全部的客运班次相适应，进行科学合理的长短途搭配，周转时间的搭配。例如运行几百公里的班次，一辆客车每天只能安排一个班次；运行几十公里的区间客运班次，或旅客早进城晚归乡的客运班次，一辆客车每天要安排几个班次，又要考虑在时间周转上的交叉合理。这样就编排出许多个每天不同的线路、不同方向、不同班次数量的班车循环代号（要做到不漏班次和车辆运行中所需的时间交叉合理，并留有间歇、吃饭和车辆维护等时间的余地），然后把这些编制好的循环代号作为调度命令下达给每个单车。一个代号就是一辆客车在一天内的具体运行任务，运行指定的一个或几个班次。全部循环代号包括全部客运班次。有了循环代号，对编制单车运行作业计划和具体调度工作，提供了依据和方便条件。

编排循环代号，不仅要合理分配运行任务，使各个代号的当日行程大致相等，代号与代号要首尾相接，便于循环，使各单车均衡完成生产任务，调剂劳逸，而且还要根据季节的不同和节假日，如春运期间的客流变化不同和客运班次的增减，临时加车等编制出两套以上的循环代号。要组织一定的预备车辆和预备乘务人员等，以便适应变化的需要。

目前，各公路运输企业执行了各种不同形式的线路、小组和单车承包经营制度，在特定的条件下，也可按线路、小组定循环式或定车定线循环等编制方法，以适应形式的需求。

3. 单车运行作业计划和调度工作

循环代号编定以后，就布置各单车按循环代号运行。客运调度室要根据循环代号、现有车辆及其他完好车率并考虑一定机动车辆，以备补充掉班车辆和加班车、包车及其他临时用车。做到兼顾，平衡编制各单车运行作业计划。

一般编制月度计划、日旬计划、班次计划。但在执行计划时，会遇到各种不同因素的影响和干扰，还必须通过调度人员采取灵活措施，消除打乱计划因素，保证运行作业计划的执行。

客运调度室是代表企业执行生产指挥的职能机构，各级调度有权在计划范围内调度车辆运行，在特殊情况下实施计划外调度，以保证完整的运行组织工作不受干扰。

课题四　汽车客运运价基本知识

模块一　汽车运价及汽车客运运价

总体上讲，现阶段汽车运价实行政府定价、政府指导价格和市场调节价格三种形式。长期以来，我国汽车运价是政府管制的价格，即政府定价。社会主义市场经济要求打破这种严格的管制。1993 年后，汽车货运运价放开，随市场供需状况的变化而变化，即市场调节价格；汽车客运运价仍部分受到管制，即实行政府定价和政府指导价格。2009 年 6 月，为进一步规范道路运输价格管理，促进道路运输健康发展，交通运输部、国家发展和改革委员会制定了《汽车运价规则》和《道路运输价格管理规定》，汽车客运运价实行政府指导价，农村客运实行政府定价。它们是当前我国汽车旅客运价管理的两个主要规范。

1. 汽车运价

汽车运输价值是凝结在运输产品中的社会劳动。汽车运输产品的价值是由生产它所必需的劳动时间来决定的。

汽车运输价值用货币形式表现出来，就是汽车运输价格，简称汽车运价。

汽车运输价格包括汽车旅客运价和汽车货运运价，以及与运输密切关联的运输辅助业汽车客货运站收费、搬运装卸价格、车辆维修价格、汽车检测站收费价格等。

2. 汽车客运运价

汽车客运运价是汽车客运服务价值的货币表现，其直接构成了汽车客运服务购买者的成本和费用。汽车客运运价反映了汽车客运经营成本和市场的供求关系，根据不同运输条件实行差别运价，从而合理确定汽车客运的比价关系。

模块二 汽车客运运输保险的概念、种类及代办手续

汽车客运运输保险，主要包括针对车站、针对客运旅客、针对车方的保险。

1. 针对车站的保险

针对车站的保险主要是承运人责任险。所谓“承运人责任险”，是指客运经营者、危险货物运输经营者根据有关法律、行政法规和规章的规定，保险自己在运输过程中发生交通事故或者其他事故，致使旅客遭受人身伤亡和直接财产损失或者危险货物遭受损失，依法应当由被保险人对旅客或者危险货物货主承担的赔偿责任，由保险公司在保险责任限额内给予赔偿的法律制度。这是国家为了保护道路运输受害人能够得到及时救助或赔偿而采取的一项强制保险制度。现在强制推行的承运人责任保险，由客运企业出钱为旅客购买，保险时间较长，一般为一年期，赔付标准较高。

在托运货物时，针对不同的货种承托运双方也会有针对性的购买不同的运输保险。

2. 针对客运旅客的保险

针对客运旅客的保险主要有三类：

①在现行的客运票价中均含有 2% 的费用作为旅客意外险，旅客在购买车票时已支付保险费，但此类保险只在当次客车生效，保额较低，最高为 3 万 ~5 万元；

②供旅客自愿购买的保费 2 元的人身意外险，也是当次车生效，加上包含在客票中的意外险，保额约为 10 万元；

③现在强制推行的承运人责任保险，由客运企业出钱为旅客购买，保险时间较长，一般为 1 年期，赔付标准较高。

【案例 2-8】

车票本身已含强制性保险　买了车票还要加买保险吗？

车票本身已含强制性保险，其他保险可按自愿原则购买。购买汽车票时的保险费，属于自愿购买范围，汽车站不得强制捆绑销售。但是某些汽车站却违规操作。案例如下。

“买了车票为何还要另买保险?”省城一位市民乘车去外地,在汽车站购车票时被告知要加收1元保险费,“这是不是变相捆绑销售人身保险?”他将此事投诉至有关部门。经调查,果然发现不少购买了车票的乘客手中有一份1元保险单,售票员在乘客购买车票时,多数在并未询问乘客的情况下,就将保险卖给乘客,不少乘客是稀里糊涂的。以下是调查者和售票员的对话。

7月25日上午,调查者来到合肥市某汽车站。

当天上午9时左右,调查者来到售票大厅人较多的5号窗口。此时,一名乘客问售票员:“请问到扬州票多少钱?”“66元。”售票员回答。按照物价部门规定,合肥至扬州的车票价格是65元。乘客急忙付钱领票,调查者看到该乘客手中拿着两张票。此后,窗口不断重复类似对话,这其中,调查者并未听到售票员提醒乘客“人身意外险可自愿购买”。

加保险费是为方便找零?

随后,调查者来到1号售票窗口咨询票价。“去芜湖多少钱?”“40元。”“我不要保险。”“也是40。”

调查者又问:“去南京多少钱?”“45。”按照物价部门规定,实际票价应为44元。“为什么去南京要加保险费?”售票员说,40元、45元都是整数,方便找零。调查者忍不住问:“你为什么不告诉乘客票价中含有保险票,而且是自愿购买?”售票员称:“等你付钱买票时,我肯定告诉你。”

调查中,调查者注意到在各售票窗口最右侧贴有蓝底白字的提示语“代售人身意外伤害险(自愿购买)”。只是,这样的提示语并未引起多数乘客在意。“这和我手上的保险票应该不是一回事吧?售票员让买就买吧。”一位乘客的回答较具代表性。

调查者随机调查了售票大厅内十多位刚买车票的乘客,多数乘客称不清楚可自愿购买保险一事。

投诉此事的市民说,以前车票上都会备注:内含保险。可他在不少地方买的车票,常常找不到“内含保险”的字样,那是不是说车票已不含保险了呢?这位市民认为,这应该是造成乘客买车票“糊里糊涂”加买保险的原因之一。据了解,省城工商部门就此专门进行了调查。

根据《保险法》规定,除国家规定必须购买的强制保险以外,保险本着自愿的原则购买。昨天,车站方解释称,车站售票一直是本着自愿的原则进行,购票时,乘客只需提前说明“不买保险”就可以了。而且,有关部门昨天对售票情况的调查也并未发现问题。对目前乘客的疑问,车站方认为可能是个别售票员因工作疏忽,忘记提醒。

调查中,也有市民疑问,购买车票后再买保险,保险公司如何确定受益人?据业内人士介绍,保险单与车票是相对应的,一张车票若加购保险,将会在电脑数据库中留下记录。不存在已购保险,持车票却难获保险的情况。

车票内究竟含不含保险费?旅客有无必要另外购买保险?

分析:车票本身就是一种旅客运输合同,有强制性的保险条款。按照《民法》等现行法律的规定,不管车票票面上有无标志,每位旅客向承运人交付的票价中,都包含着一定比例的保险费,而车站另行销售的保险则是补充保险,乘客可自愿选择购买。而且,售票员在搭售时,应向乘客说明,征得同意后,才能出售。

3. 针对车方的保险

机动车交通事故责任强制保险(以下简称“交强险”),这是我国首个由国家法律规定实行的强制保险制度。《机动车交通事故责任强制保险条例》(以下简称《条例》)规定:交强险是由保险公司对被保险机动车发生道路交通事故造成受害人(不包括本车人员和被保险人)的人身伤亡、财产损失,在责任限额内予以赔偿的强制性责任保险。

此外,第三者责任险、车辆损失险、全车盗抢险、自燃损失险等强制的只有第三者责任险部分,而其他的均属于自愿的,即由投保人自主选择是否投保。

模块三 汽车客运运价执行标准及运费计算

1. 汽车客运运价计价标准

1)运价单位

(1)计程运价:元/人千米;

(2)计时运价:元/(座位·小时);

(3)行包运价:元/(千克·千米)。

(4)国际道路旅客运输设计其他货币时,在无法折算为人民币的情况下,可使用其他自由兑换货币为运价单位。

2)计费里程

(1)里程单位:旅客运输计费里程以千米为单位,尾数不足1千米的,四舍五入;

(2)里程确定:

①营运线路公路里程按交通运输部核定颁发的《中国公路营运里程图集》确定。《中国公路营运里程图集》中未标明的,由当地人民政府交通运输主管部门按照实际里程确定;

②城市市区里程按照实际里程计算,或者按照当地人民政府交通运输主管部门确定的市区平均营运里程计算,具体由各省、自治区、直辖市人民政府交通运输主管部门确定;

③国际道路旅客运输属于境内的计费里程以交通运输主管部门的里程为准,境外的里程按有关国际(地区)交通运输主管部门或者有权认定部门核定的里程确定。

(3)里程计算:

①班车客运的计费里程按旅客乘车出发地至到达地的区间里程计算;

②计程包车客运的计费里程,包括运输里程和调车里程。运输里程按客车驶抵载客地点起至下客地点止的实际载客里程计算;调车里程按客车由站(库)至载客点加下客点返回至站(库)的空驶里程的50%计算;

3)计费时间

计时保持客运计费时间以小时为单位,起码计费时间为2小时;使用时间超过2小时的,按实际包用时间计算。整日包车,每日按8小时计算;使用时间超过8小时的,按实际使用时间计算。时间尾数不足半小时的舍去,达到半小时的进整为1小时;

4)计费质量

行包计费质量以千克为单位。起码计费质量为10kg;计费质量超过10kg的按照实际质量计费,尾数不足1kg的,四舍五入。轻泡行包按0.003m^3折合1kg计重。

行包计费具体标准由省级人民政府价格、交通运输主管部门确定。

2. 汽车客运运价计价规定

(1)旅客运价依据车辆类别、等级、车型等计算。车辆类别的划分:

①座席客车按舒适程度和等级划分为:普通、中级、高一级、高二级、高三级五档;

②卧铺客车按舒适程度和等级划分:普通、中级、高级三档。

如需按客车大小分类及其他计价进行定价的,可参照《营运客车类型划分及等级评定》

(JT/T325),由省级人民政府价格、交通运输主管部门确定。

(2)国际道路旅客运价按照双边或者多边汽车运输协定,根据对等原则,由经授权的交通运输部门协商确定。

(3)客运车辆通过收费公路、渡口、桥梁、隧道所发生的通行费用,按营运车辆平均实载率测算计入票价。

(4)成人及身高超过1.5m的儿童乘车购买全票。身高1.2m以下、不单独占用座位的儿童乘车免票,身高1.2~1.5m的儿童乘车购买儿童票,革命伤残军人、因公致残的人民警察乘车分别凭《中华人民共和国残疾军人证》、《中华人民共和国伤残人民警察证》购买优待票。儿童票和优待票按照具体执行票价的50%计算。

3. 汽车客运运费(票价计算)

1)客运票价构成

客运票价=客运车型运价(含2%的旅客身体伤害赔偿责任保障金)×旅客计费里程(营运线路公路里程+城市市区里程)+旅客站务费+车辆通行费+燃油附加费+其他法定收费。

客运车型运价是指针对不同类型、等级的客运车辆所制定的每位旅客每千米的运输价格,由运输成本、合理利润、税金等构成。

实行政府定价或者政府指导价的客运车型运价,由县级以上地方人民政府及其价格、交通运输主管部门按照《道路运输价格管理规定》合理确定。

燃油附加费是指各地按照价格管理权限,建立道路客运价格与成品油价联动机制,用于补偿成品油价格上涨造成道路客运成本增支的费用。

2)运费单位

旅客票价单位:每张客票起码票价1元。票价1~10元的,尾数不足0.1元的四舍五入,尾数为0.1、0.2元的舍去,尾数为0.3、0.4、0.5、0.6、0.7元的变为0.5元,尾数为0.8、0.9元的进整为1元。票价超过10元的,尾数不足1元的,四舍五入。

行包运费单位:以元为单位,每张运单费用合计尾数不足1元的,四舍五入。

课题五　汽车客运质量管理和安全管理基本知识

模块一　汽车客运服务礼仪

礼仪是表现对人的理解、尊重之情的手段和过程:礼貌的谈吐、得体的举止、亲善的仪表、真诚的微笑……客运服务礼仪的最终目的是为旅客提供优质服务,树立良好的客运站形象。

旅客服务工作是企业面向社会的窗口,它直接和旅客交流,每位客运服务人员的礼仪表现、个人形象,便是客运站企业在社会公众中的形象。一位客运服务人员的言谈举止,与客运站企业的生存与发展有着必然联系。旅客服务工作中礼仪占有很重要的位置,它对提高服务质量,增强客运站企业竞争力有很重要的作用。

1. 客服工作礼仪原则

对于旅客服务工作来说,在工作时要遵守以下原则:

1)尊重原则

尊重他人的人格,这是礼仪的情感基础。

人与人是平等的，尊重旅客，关心旅客，不但不是自我卑下，反而是一种高尚的礼仪。特别是对待出言不逊的旅客，同样应给予尊重，友善对待。对旅客友善、尊敬，是处理与旅客关系的重要原则。礼仪以尊重为第一原则，通过提供热情、周到的服务来体现。

2）遵守原则

礼仪是社会交往中的行为规范和准则。旅客服务人员应身体力行，自觉遵守和执行，并养成良好的习惯。

3）适度原则

在交往中，理解、沟通是建立良好人际关系的重要条件，要善于把握尺度。旅客服务人员为旅客提供服务时，既要热情友好，尊重他人，又要自尊自爱，端庄稳重，落落大方，体现平等公正，不卑不亢；既要彬彬有礼，又不能低三下四；既热情大方，又不能轻浮、阿谀奉承。“适度”即掌握感情适度、举止适度、谈吐适度。

4）自律原则

严格按照礼仪标准规范自己的言行。在工作中，行动上不出格，仪态上不失态，言语上不失礼。

2. 客服工作礼仪的内容

1）礼貌的语言

礼貌的语言在内容、形式、行为上表现为：

礼貌的语言内容：真实友善，详尽通俗易懂，不粗俗，不低级趣味。

礼貌的语言形式：语言规范，使用服务用语，语音语调亲切柔和，语气温和委婉。

礼貌的语言行为：认真倾听，谈吐谦和得体，不强词夺理，不蛮横无理。

客运服务人员在工作中应掌握语言艺术，自觉使用文明礼貌用语。使用敬语是衡量客运服务人员道德修养的重要标准。敬语服务是反映客运服务人员心灵美的标志。言为心声，语言是人们心灵的表现。中国有句俗话叫“一言兴邦，一言误国”，充分说明语言表达的重要性。一句服务用语说得好坏，既可以令旅客欢喜，又可以使旅客大怒。所以，客运服务员语言表达是否艺术会直接影响旅客的情绪。

语言艺术具有服务交际的功能。客运服务员在服务中，与旅客进行沟通和联系，都是通过语言来进行的。无论是有声语言，还是无声语言同是信息载体，离开语言服务就成了一句空话。

语言艺术具有服务价值的功能。马克思说：“对于提供这些服务的生产者来说，服务就是商品。服务具有一定的使用价值和一定的交换价值。”根据这一理论，服务是劳动产品，服务劳动离不开语言，因为客运服务员的服务是需要与旅客进行沟通才能完成的。

语言艺术具有优质高效的功能。客运服务员可通过看、听、想、说四个方面提高语言艺术。即看旅客的情况，听旅客的语意，想旅客之所想，说出旅客的需要。细心揣摸，将心比心，满足旅客的要求，这样才能争取客源，赢得市场。

客运服务员实行敬语服务，可以表现出对旅客的尊重，赢得旅客的好感，与旅客建立起良好的关系。诚挚尊敬，适应需求，简明质朴是敬语服务的要求。诚挚尊重是指在全方位服务中，客运服务员通过敬语表现出对旅客的真诚，以礼敬人。“诚于中而形于外”，真诚的语言是从心底里发出来的，充满着热情，洋溢着友爱，可以得到旅客的信任，可以使一些本来无法消除的矛盾得到缓解。适应需求要求客运服务员正确使用服务敬语，语言要适应不同旅客的特定语境，要适应不同的旅客，要注意旅客的年龄、性别、籍贯、职业、文化素养、风俗习惯，掌握不同语境的个性语言，适应特定的环境。掌握适人、适时、适地、适度的适应语境，是做好敬语服务的根本途径。

简明质朴就是要抓住事物的本质和主要特点。“言简意赅”的语言服务，要求客运服务员头脑清醒，思维敏捷，善于表达。语言质朴平易，不是单调粗俗，而是独具匠心，做到平中见巧，淡中有味，语言明快不呆板，简约不多余。

当与旅客发生矛盾，特别是我们有理时，切忌声高、气盛，咄咄逼人，同样应心平气和地与旅客交谈。

自然、灵活地运用礼貌用语。

征询、商量的语气：“您看这样解决行吗?”“您还有什么要求?”以此得到旅客的理解，求得共识。“请把您的电话号码告诉我好吗?”将命令变为征询、请求，让旅客感到亲切、不生硬。

委婉的语气：“您先等一下好吗？我们会尽快解决。”“一旦可以办理，马上通知您好吗?”委婉的话语让人容易接受。

道歉语：“对不起，是我们的失误，谢谢您的提醒。”“对不起，麻烦您了！”真诚的道歉，可以缓和紧张气氛，换得旅客的谅解。

切忌对旅客说“不”、“不清楚”、“不知道”。切忌对旅客的感谢或道别置之不理。

总之，文雅的谈吐应该是真挚、热情、平易、礼貌的，而言语粗俗，甚至以训斥的口气“教育”旅客，则暴露了一个人缺乏修养的面目，也伤害了旅客的自尊心。

2）得体的举止

与人交往中的效果，20%取决于有声的语言，80%取决于无声的神态和动作。显然神态和动作是一种无声的语言。

说到得体的举止就要先说说优美的体态语。在服务活动中，客运服务员对旅客的手势、表情、体姿甚至是位置、距离都会表达出特定的含义。美国著名的人类学家霍尔说过：“一个成功的交际者，不但需要理解他人的有声语言，更重要的是能够观察他人的无声信号，并且能在不同场合正确使用这种信号。”因此，客运服务员要将文明敬语与优美的体态语成功地结合在一起，创造一种最佳的表达效果：优美的体态语言包括表情语言、手势语言、体姿语言。

（1）丰富的表情语言。

客运服务员通过眉毛、眼神、嘴唇、脸色变化构成丰富的面部表情语言。俗语道“喜在眉梢”。客运服务员要通过喜眉、扬眉、展眉给旅客以欢快和欣慰。通过明澈、坦荡的眼神给旅客以正直、热情。通过嘴唇的细腻变化给旅客以灵敏、轻松。通过笑容满面的面部表情给旅客以舒服安定的感觉。

（2）适度的手势语言。

手势语言是运用手的动作变化表达一种无声的语言。“心有所思，手有所指”意思是如果说眼睛是人心灵的窗户，手就是人心灵的触角，也可以说手是人的第二双眼睛。在旅客服务工作中恰当运用手势，可以体现对旅客的热情。如伸出右臂，掌心向上前倾45°欢迎旅客。另外，鼓掌表示赞扬或欢迎，以烘托热情的氛围。

（3）优美的肢体语言。

优美的肢体语言是通过身体姿态表达情意的。是对有声语言的强化和补充，直接反映内心情感的变化。客运服务员站姿要庄重平稳，坐姿要端庄平直，步姿要轻盈适速，点头要自然适度，起立要快慢适宜，欠身要尊敬得体。从各方面给旅客留下举止文明高雅的美好印象。

精神饱满、神态庄重，态度和颜悦色，面带微笑，目光柔和亲切，自然地注视着对方，认真倾听，这样与旅客交流，才能获得好的效果。反之，冷淡、漫不经心或极不耐烦的样子，显然是拒绝服务，拒旅客于千里之外。

客运服务员工作中举止稳重、端庄，落落大方，姿态优雅。交谈中用手势助于表达，但要适度，避免指指点点；递接物品用双手；修饰应避人。语言、语气、神态、举止应和谐一致，否则言不由衷，表里不一，更不用说让旅客满意了。

3）个人形象

在旅客服务工作中，一个人的形象不但可以体现他的文化修养，也可以反映他的审美趣味。穿着得体，不仅能赢得他人的信赖，给人留下良好的印象，而且还能够提高与人交往的能力。相反，穿着不当，举止不雅，往往会降低了客运服务员的身份，也有可能损害客运站的形象。由此可见，仪表是一门艺术，它既要讲究协调、色彩，也要注意场合、身份。同时它又是一种文化的体现。仪表包括仪容、服装、服饰。

（1）整洁的仪容。

这是仪表的基本要素。被誉为"推销之神"的日本人原一平说过："什么是魅力？它可能是指一个人具有声望与感化力而言，它不是一朝一夕之间可成，而是个人长期努力的结晶。妙就妙在它会首先显露在一个人的容貌上。"这里的"容貌"是指一个人的仪容。它是可以修饰、完善，自我塑造的。整洁的仪容可以产生魅力，是人际交往中取得成功的手段。客运服务员（指女士）应施淡妆上岗，给人以健康美的感觉，不可浓妆艳抹，以失去信任感。

（2）服装、服饰。

我们的仪表应注意根据不同的场合来进行着装，喜庆场合，庄重场合及悲伤场合应注意有不同的服装、服饰，要遵循不同的规范与风俗。统一着装，标志着企业规范化、标准化的服务，同时增强了工作人员的自豪感和责任感。任意着装，服饰不得体，将服务窗口当成服装服饰的展示台，给人一种轻佻、华而不实的感觉，降低了旅客对企业的依赖程度，也说明企业管理涣散。得体的仪表显示了客运服务员的自尊，由此也获得了旅客的尊重。

3. 礼仪与道德修养

礼仪的实质就是体现真诚的爱心、善良的道德情感和对他人的尊重。

礼仪与道德是"形于外而诚于中"的关系。礼仪是道德的外在表现形式，它显示出一个人的道德修养和文化素质，以礼待人，按礼行事，正是道德高尚的反映。同时礼仪能促使人们修身养性、完善自我。它是评价一个人道德修养水平的标准之一。

道德是礼仪的根本。人们所以讲究礼仪，并非只因为喜欢它的表面形式，而更看重其中所包含的道德内涵。有道德修养的人，才会有得体的礼仪形式。道德修养是根，礼仪是盛开的花，若是无本之木，花又能开多久？

礼仪和道德相辅相成。礼仪依赖于道德，又对道德品质的培养有很重要的作用。

良好的礼仪来自美德，来自丰富的精神宝库；良好的礼仪是一个人美德的具体展现，是高尚的美德闪烁出的绚丽光彩，是一个人的魅力所在。

加强道德修养，提高礼仪水平。首先应遵守社会公德，这是做人最基本的修养，再者作为客运服务员应具备职业道德，爱岗敬业，尽职尽责，具备"旅客至上"的服务意识，才能使礼仪自然、持久，魅力永恒。

良好的礼仪，高尚的道德修养，不是一朝一夕可以达到的，它需要不断学习，扩展视野，积累知识，日常潜心培养和训练。从点点滴滴做起，从小事着眼，于"细微处见精神"。这是持之以恒的结果，是"滴水穿石"的效应。

4. 礼仪是为旅客提供心理满足

服务是由心理服务和功能服务构成。良好的礼仪就是为旅客提供优质的心理服务,是优质服务的一个组成部分。在为旅客解决实际问题的同时,我们微笑待客,语气和蔼亲切,耐心解释,即使问题没有立即得到解决,旅客也能心悦诚服地接受,满意而归,给旅客留下很好的印象,让旅客得到心理上的满足。用良好的礼仪巧妙地处理与旅客的关系,减少冲突,缓和气氛,软化矛盾,有利于解决问题。可见良好的礼仪是提高服务质量必不可少的条件。

5. 良好的礼仪有助于树立企业形象

每位客运服务员都以良好的礼仪形象出现在旅客面前,便形成了一个企业整体的形象,通过完善个人形象,展示并塑造了一个企业在社会上的形象。每个客运服务员都是企业的"代言人",他的礼仪和服务体现了企业的经营管理水平。客运服务员以良好的礼仪和优质的服务为企业赢得声誉、赢得旅客、赢得市场、赢得效益。

以尊重为礼仪第一原则,加强道德修养,微笑服务,以良好的礼仪接待每一位旅客,从而达到优质服务这一目的,使企业在日益激烈的市场竞争中,以服务争高低、决胜负。市场的竞争是旅客的竞争,有了忠诚的旅客群体,加上强大的技术实力,企业在多方称雄的角逐中,就能发展壮大,稳如磐石。

【案例 2-9】

某客运站举办服务礼仪培训班

为进一步规范站务人员的服务礼仪标准,有效提升职业形象,努力发掘、培养服务礼仪内训员,6 月 16、17 日晚,某客运站邀请培训师对车站中层以上管理人员、内训骨干以及新进员工进行了服务礼仪培训。

此次培训,以"微笑服务"为主线,通过案例剖析,分享了服务工作中具有共性的服务细节与服务技巧。授课老师从人的基本姿势说起,讲解了日常生活和工作中一个人的站、立、坐、行的不妥之处和正确姿态,阐述了礼仪的概念、起源及演变历史。以理论与案例相结合的形式,详细讲述了客运员工仪表仪态规范、日常通用礼仪规范、服务用语规范及不同岗位服务礼仪规范等,内容涵盖着装、表情、称呼、问候、语言、沟通、介绍、行礼、电话、名片等方面。同时,还向大家传授了"咬根筷子练微笑"、"五点贴墙"、"双腿夹纸头顶书本"等微笑、形体练习方法。培训课上笑声不断,学员们踊跃分享学习心得,积极参与实操演练,达到了预期的培训效果。培训后各岗位的服务员纷纷表示,这次培训及时实用,内容的设置贴近服务岗位的实际,有助于解决一些在日常服务中遇到的问题,很多知识可以在岗位上学以致用。

分析:服务礼仪的培训是一项系统性工程。客运站应通过持之以恒、常态化的内训活动,力争在最短时间内把礼仪行为提高到习惯行为和自然行为,达到"知行统一"的效果。

模块二 汽车客运服务及客运质量标准

1. 汽车客运服务

汽车客运服务是指为顺利完成旅客运输全过程而提供的各种服务工作。主要包括客运站服务和旅客运输途中服务:

1)汽车客运站服务

它集中体现在为旅客服、为车主(参营者)服务以及与之相关的车站业务管理。车站旅客服务是指为旅客的各项服务工作,如迎门、售票、中转签证、广播、候车、检票、验票、小件寄存,行李托运、保管、领取以及商业饮食、订票通信等。为车主(参营者)服务是指为营运客车服务，如驾乘人员服务、车辆停放、维护，参营合同的签订与管理等。车站业务主要包括票据单证管理，营收报解，“三品”查处，车辆运行调度。客运统计。信息管理等。

2）运输途中服务

是指客车驾乘人员在运输途中为旅客服务，如途中指南，途中售票及上、下车验票、行包装卸、交付，生活及其他服务等。

客运服务贯穿于旅客运输全过程、全方位。是客运工作的生命线。为不断提高客运服务质量，交通运输部提出客运服务“三优”、“三化”规范，使客运服务管理统一化，规范化，标准化。

2. 客运质量标准

旅客运输质量标准，是对旅客运输各种质量应达到水平的定性表示或定量规定。在制定旅客运输质量标准时，必须坚持技术上可行，经济上合理原则，同时满足旅客对客运质量特性的要求。具体包括以下方面：

1）“三容”

“三容”即站容、车容和仪容

站容，车站环境要绿化，整洁；设备，设施齐全。如售票处，候车厅、行包托运处、营运线路图、班次时刻表、厕所、小件寄存、广播室、禁运物品宣传画、日历牌、问事处等，可根据站级和当地情况不同，加以适当增减。

2）售票

售票的方法要依据旅客的需要灵活多样。如窗口售票，车辆售票，代售票，车上售票等。售票员要做到五唱，票面齐全准确，秩序好。

3）候车服务

经常保持候车厅内卫生整洁，环境优美舒适；有良好的进站候车秩序，检查禁运限运危险品，经常对旅客宣传安全、卫生和旅客知识，介绍车站的有关部门规定，分析旅客心理，主动服务，热情服务，注意照顾重点旅客，帮助解决疑难问题。

4）检票、接车、验票

（1）检票　组织旅客排队上车，对号入座，注意防止无效车票。注意看清到站，车次，座号，日期，认真核对行包和交换手续；认真填写检票记录和行车路单，礼貌行车。

（2）接车　接车时，要向旅客宣传班车停开时间，开车前组织旅客上车，核对人数，防止错漏乘车，发现问题及时处理，填写好路单和班车进站记录表。

（3）验票　验票时要验清车票到过地点、日期等，如有问题及时按规定补罚票款；对于中转乘客要宣传换乘事宜；收回车票，撕毁角后统一销毁，及时填写车到站次表，方便接站。

5）行包托运

受托时要看行包是否符合托运条件，并认真填写计费单，分线分班次，按规定分隔存放，妥善保管。

6）驾驶人员的行车服务

（1）驾驶员。发车前座号安全检查，保证正班出发，按规定线路行驶，按规定靠停，服从调度指挥，接路单再开车；行驶中要集中精力，谨慎驾驶，遵守交通法规。组织好旅客上下车，做好行包交接工作。

（2）乘务员。发车前做好准备工作，正点发车；与检票点做好交接手续，向旅客宣传行车常识和本班次的有关注意事项；监督行包装卸，严格核对，交付行包时收回行包票，发现事故做好记录，及时报告处理；行车过程要求主动热情服务、做好售票工作。

模块三 道路旅客运输“三优、三化”规范

1996 年，交通部颁布实施《道路旅客运输“三优”、“三化”规范》，分述如下：

1. “三优”

“三优”是指：优质服务，优美环境，优良秩序。三者相互联系，相互影响，并以优质服务为核心以优美环境为条件，以优良秩序为保证，共同构成道路客运服务质量体系的总体框架，是客运企业，汽车客运站始终努力的方向和所要达到的目的。

2. “三化”

“三化”是指：服务过程程序化，服务管理规范化和服务质量标准化。

①服务过程程序化是指根据道路客运各项作业之间的内在联系和工艺流程，把整个服务过程分为若干个环节，并明确其服务内容，标准要求，工作程序，保证车站各项服务工作环环相扣，节节相连，顺利而有序地进行。

②服务管理规范化是指通过贯彻执行国家有关政策法规，制定并实施车站各项管理制度和工作标准，切实做到有规可依，有据可循，保证车站各项服务工作的质量。

③服务质量标准化是指根据道路客运服务安全，及时，方便，经济舒适的质量要求，结合车站各项服务工作的具体内容，制定各岗位各环节的服务质量标准，业务质量标准，确保客运质量的不断提高。

【案例 2-10】

新疆某汽车站“三优、三化”显成效

当您走进汽车站，一幅崭新的站容站貌展现在您面前。维修改造一新的公厕、安全有序的车辆出入通道、整齐划一的标示标牌、停放有序的前后车场、便民服务设施配备齐全的候车大厅……这一切的一切，无不显现出“三优、三化”带来的成效：使车站旅客投诉率降为零，售票差错率为 0.1‰，旅客意见处理率为 100%，优质服务率达 99%，前后车场秩序井然有序，车辆出入安全有序、服务标志齐全醒目、旅客如厕洁净舒畅。

汽车站努力创造以优质服务为核心，以优美环境为条件，以优良秩序为保证的“三优”，建立了以服务质量为内容的设施标准体系、环境标准体系、服务标准体系的“三化”，从服务设施入手，投资 1.5 万元在候车大厅重新制作了售票厅、旅客导示牌里程票价表、营运线路图、售票窗口告示牌、禁运限运物品宣传牌、公告牌、旅客意见簿、时钟等站牌；投资 7000 元在候车大厅进出口处和售票厅前制作安装了不锈钢防护栏；在后停车场划定了停车位标线，在前车场重新划定了长途旅客下客处、线路小轿车停放处、皮卡车停放处；投资 8 万多元在前后两个大门出口处制作了“车辆通道！广大旅客从正门出入”的告示牌；在后门修建了车辆安全检查室，坚决杜绝因车站进出口管理不严，人车无序流动，危险品查堵不严而引发安全生产事故；维修改造了公厕，方便广大旅客；在售票窗口增设了麦克风和制作了身高 1.1 米、1.4 米半票全票标线，避免旅客听不清而导致发生售票纠纷和方便广大儿童按照标线选择购买半票或全票；在后车场、调度室、候车厅、车站出口处增加安装了监控系统探头 4 个，24 小时监控车站站内外拉客等情况；安装了电子检票系统，可以使长途旅客通过电子检票系统顺利通过检票上车入座；打开了后门安全通道，封堵了 12 家门面房的后门，解决了车站内存在的安全隐患等问题；拆除了站区内不规范的广告牌 10 多个，美化了车站，给广大旅客创造出一种明快整洁舒适的服务环境。

分析：客运站通过“三优、三化”，给广大旅客提供舒适、便利的乘车环境，营造和谐、温馨的服务环境。

模块四 道路旅客运输安全检查常识

1. 客运站安全检查内容

客运站安全检查主要包括有安全例检、危险品检查、出站检查。

1）安全例检

安全例检指客运站对应班客运车辆报班前按照《汽车客运站营运客车安全例检项目要求》进行的安全例行检查。

2）危险品检查

危险品检查指客运站对进站旅客及携带行李物品、托运行包进行的安全检查。

3）出站检查

出站检查指客运站出站客车“安全例检合格通知单”、行驶证、《道路运输证》、客运标志牌、实载旅客人数及装卸行包货物情况和驾驶员的驾驶证、从业资格证件等情况进行的检查。

2. 客运站安全生产管理

（1）客运站的安全生产管理工作应坚持“安全第一，预防为主，综合治理”的方针，建立“管生产必须管安全，谁主管谁负责”的安全生产管理责任体制。

（2）客运站应设置安全生产管理机构，配备与安全生产管理工作相适应的专职管理人员。组织开展经常性的安全生产检查。

（3）客运站应按“三把关一监督”要求，即主要是指严把运输经营者市场准入关，不符合许可条件特别是安全生产不符合要求的运输企业，要被责令退出道路运输市场；严把营运车辆技术关，对客运车辆进行定期维护、检测，及行车记录进行全面检查，不符合技术标准的客运车辆要被强制退出道路运输市场；严把客运驾驶员资格关，对所有客运车辆驾驶员要进行安全教育，并进行严格考试，不符合资格的客运车辆驾驶员一律不得进入道路运输市场，驾照已被交警部门记满12分或发生重大交通事故负有主要责任的驾驶员，坚决不得从事客运车辆驾驶。

除此之外，交警及交通部门还将对客运车辆进行“一监督”，严格按照客运车辆排班制度发车，严禁售超员票，发超员车，确保客车不超员、不超速，确保客运车辆行驶400公里以上必须配备两名以上驾驶员。通过“三把关一监督”，对站内安全生产各环节实行全过程监督管理：

①做到“三不进站，五不出站”工作。即指危险品不进站、无关人员不进站（发车区），无关车辆不进站。超载客车不出站，安全例检不合格客车不出站、驾驶员资格不符合要求不出站、客车证件不齐全不出站、“出站登记表”未经审核签字不出站；

②驾驶员酒后和不按规定配备驾驶员的不发班；

③气候恶劣不宜行车时不发班。

此外，客运站应建立健全的消防工作制度，保证站内及营运车辆配备的消防设备设施齐全有效，摆放有序。客运站应定期对员工进行安全常识的宣传工作。

3. 设备安全

①三级以上客运站应具备完好有效的安全监控设施，实行24小时监控，确保站内及停车场安全；

②客运站消防系统应符合消防安全要求，具备旅客，汽车安全通道，安全消防设备和24小

时多方位防火监控系统等客运站应配备行包安全检查设备，对进站候车旅客的行包进行安全检查；

③客运站可根据自身的条件，在重要服务岗位配备具有同期在线录音的服务监控设施，并能按规定时间保存资料。

4. 营运安全

①客运站应与进站经营者签订安全责任书，并加强对进站经营者、司乘人员进行安全教育；

②客运站在进行经营者对营运车辆自检基础上，应严格执行车辆安全例检、合格报班、出站检查登记制度，检查车辆设施设备的配备完好情况，合格后准予报班，发班出站。

5. 现场安全

①客运站应按照有关规定和上级部门的要求，配合有关部门对进站旅客、行包进行安全检查，采取有效措施，防止三品及其他有碍公共安全的违禁、违限物品进站上车；

②客运站应采取措施对站内交通安全、消防安全、治安安全进行监控，提供良好的安全乘车环境。

6. 应急预案和演练

客运站应制定《客运站突发事件应急预案》，预案应包括突发事件定义、报告程序、应急指挥、应急设备的储备及处理措施等内容。客运站应定期对应急预案进行演练，以确保预案中旅客和车辆在紧急情况下安全疏散的有效性。

7. 客运站安全检查常识

安全检查是汽车客运站日常管理内容之一，是对进出车站场的车辆、登车人员及其携带或托运物品、可依流行疾病患者等履行一定的检查工作，是保障汽车运输安全特别是旅客人身财产安全的重要预防措施。

1）安全检查的内容主要

①进站营运车辆的安全检查，如检查车辆性能，车况，车貌是否符合安全运输的要求等；

②旅客及其行李物品的检查，如检查是否携带枪支、弹药，易爆、腐蚀、有毒放射性等危险物品，以确保运输车辆及乘客的安全；

③其他项目的安全检查，例如客运营运人员从业资格的检查、流行疾病的预防检查等。

2）入站营运车辆的安全检查

营运客车必须经车辆管理部门审验合格；保持良好的技术状况，制动、转向系统以及灯光、喇叭、刮水器齐全有效；保持车容整洁卫生，门窗、座椅、行李架（仓）、绳网、雨布符合使用要求；车外装置与营运方式、种类相符的标志，客运班车悬挂班车路线牌，旅客车悬挂旅游车标志牌。

为保证行车安全，日常的车辆安全状况检查工作主要采用“汽车行车安全检视”来进行。

3）旅客及其行李物品的检查

在旅客及物品的安全检查中，一般有四种检查方法：

①电视检测机，主要用于检查旅客的行李物品。通过检查后，工作人员可以在行李上贴有“行李安检”的不干胶条，然后办理托运手续或随身携带登车；

②探测检查门，用于对旅客的身体检查，主要检查旅客是否携带禁带物品；

③磁性探测器，也叫手提式探测器，主要用于对旅客进行近身检查；

④人工检查，即由安检工作人员对旅客行李手工翻查和男女检查员分别进行搜身检查等。

安全检查的程序主要有：

①行李物品检查，旅客进入客运站大厅时首先将行李物品放入电视检测机的传送带上，工作人员通过电视荧光屏检查后贴上“行李安全检查”的不干胶条；

②旅客证件检查，在汽车客运中，如有特殊需要，可以在旅客登车后，对旅客的个人有效证件进行检查并作出登记；

③手提行李物品检查，将随身携带的手提行李物品放在电视检测机的传送带上，由检查人员通过荧光屏检查。如发现有异物，须由检查人员开包检查；

④旅客身体检查，旅客通过特设的探测门，进行身体检查。如发现报警声，还需用探测器再查，或重新返回，将可能发出警报声的钥匙、香烟、打火机等金属物品掏出来，直到通过时不再发出报警声为止。

4）客运营运人员的安全检查要求

营运客车驾驶员必须持有相应准驾车类的驾驶证及营运资格证，乘务人应具备一定业务知识。驾乘、站务人员须遵守下列规定：

①严格遵守交通规则和操作规程，精心保养车辆，出车前、行车中、收车后，应认真做好车辆的安全检查；

②客车驾驶员应合理安排作息时间，保证充足睡眠，行车途中思想集中，每天驾驶时间不得过长。确保行车安全；

③遵守交通纪律，执行运行计划，服从调度和现场指挥，正点运行；

④客车行经险桥、渡口、危险路段和加油前，要组织旅客下车；中途就餐、停歇后均要核实人数，方能开车。途中遇非常情况或发生故事，应尽快呼救，抢救伤员，保护现场，必要时组织旅客疏散；

⑤讲究职业道德，文明服务，礼貌待客，重点照顾有困难的旅客；

⑥站务人员应具备一定业务知识，讲究职业道德，上岗时着标志服，衣帽整洁，佩戴服务标记，认真履行岗位职责，遵章守纪，待客热情，态度和蔼，服务周到，经常对旅客进行客运安全、卫生宣传。

模块五 “三品”的检查和处理

1.“三品”的定义

所谓“三品”就是指易燃、易爆、危险品。危险物品的范围很广泛，包括压缩气体，有毒物品，有腐蚀性的物品，管制刀具，枪支弹药及可能危害行车及乘客安全的物品。

具体说来，“三品”包括以下 10 大类物品：

①爆炸品，如雷管、导火索、炸药、鞭炮、烟花、发令纸（打火纸）等；

②易燃物品，如汽油、煤油、酒精、松节油、油漆等；

③易燃固体，如硫黄、油布及其制品等；

④压缩气体类，如打火机气体、液化石油气等；

⑤自燃物品，如黄磷等；

⑥毒害物品，如砒霜、敌敌畏等；

⑦腐蚀性物品，如硫酸、盐酸、臭氧水、苛性钠等；

⑧放射性物品；

⑨氧化剂类物品；

⑩遇水易燃烧物品，如金属镁粉、金属钠、铝粉等。

2. "三品"的检查

车站应在候车室入口处等关键环节设置"三品"检查岗，指定专人对进站旅客携带的行李物品和托运行包进行安全检查，对查获的危险品要如实填写《"三品"检查登记表》，并妥善保管或者按规定处理，确保危险品不进站、不上车，全面落实"三不进站"制度。

3. "三品"的处理

1)乘运前发现"三品"的处理

乘运前发现旅客携带或夹带违禁物品的，承运人可予以截留，不予运输；

旅客的行为触犯其他法律、行政法规的规定，承运人应将旅客和违禁物品交由有关机关处理；

旅客坚持携带或夹带违禁物品的，承运人可以解除合同，拒绝运输。

2)乘运后发现"三品"的处理

在乘运后发现旅客携带或夹带违禁物品的，承运人可以在任何时间、任何地点将违禁物品卸下、销毁或使之不能为害，或者送交有关部门处理，由此所产生的额外费用应由旅客承担。

【案例 2-11】

三品的处理案例和方法

2009 年 9 月 16 日上午 11:00，一名 40 岁左右女性携带一黑色手提包进入某市长途汽车站候车室准备进站乘车，当走近"三品"检测仪时，该妇女意图绕行进入车站，被"三品"检查人员阻拦，要求对其携带的提包进行检测，该妇女见势不妙，谎称外面还有行李让"三品"检测人员暂时看管手提包为由匆忙离去。三品检测人员久等该妇女未回，按规定对该手提包进行暂时保存。9 月 17 日上午，该妇女仍未来认领手提包，值班人员报告站长后，打开了手提包，发现有国家禁运物品盐酸哌替啶，站长及时向华龙区缉毒大队报案，缉毒人员对毒品进行了清点，共 813 支，为该市罕见的一起携带毒品案件，公安机关已立案侦查。

长途汽车站"三品"检测人员认真负责的工作态度，使该批"毒品"未能流入社会，为城市的和谐稳定做出了贡献。

分析："三品"检查是道路旅客运输安全生产及反恐工作的重要一环，客运站企业应认真开展道路旅客运输安全生产隐患排查治理专项活动，确保道路旅客运输安全、有序。严格落实"三不进站、五不出站"制度，杜绝危险品进站上车。

模块六　运输违约责任及违约赔偿

1. 旅客运输责任

1)车站应承担的责任

汽车客运过程中，发生下列情况，应由客运站承担责任：

①由于客运站在售票作业中填错发车日期、客运班次、开车时间，所造成的旅客误乘或漏乘的；

②由于客运站组织检票、发车和填写路单作业失误，而造成旅客误乘或漏乘，影响及时旅行的；

③由于车站在托运行包、承运各类货物或小件寄存等方面，在保管、装卸、交接过程中造成旅客寄存物品和承运的行李、包裹等受到损坏、丢失或错运所造成的损失；

④由于车站拖延检票时间，或不能及时调度车辆，而造成班车晚点运行时；

⑤由于车站方的原因而发生的其他商务纠纷问题。

2)公路客运承运方承担的责任

公路旅客运输过程中所发生的下列情况,应由公路客运经营者承担责任:

①因客运车辆的失保、失修、带病运转等技术状况和装配问题,造成旅客的人身伤害,以及行包、物品造成损坏或灭失的;

②由于客运车辆驾驶人员违章行车或操作所造成的人身伤害及行包损坏、灭失的;

③由于客车驾驶员擅自改变运行计划,如提前开车、改道或绕道行驶、越站甩客,致使旅客漏乘等,所造成的直接经济损失的;

④在旅客运送途中,发生旅客托运的行包丢失损坏的;

⑤公路客运经营者不按运行作业计划或背离合同、不能及时向车站提供完好的营运车辆,而使班车停开或缺班次的;

⑥由于运方原因发生的其他问题。

3)承运方不承担赔偿责任的事项

旅客运输过程中因下列情况造成的损失,经营者不负赔偿的责任:

①被有关部门查获处理的物品;

②行包包装完整无异,而内部缺损、变质的;

③旅客自行看管的物品,非经营者责任造成的损失;

④由于不可抗拒的灾害而造成的损失。

4)旅客自身承担的责任

旅客在运输过程中发生的下列情况,均由旅客承担责任:

①旅客无票乘车,或持无效客票和不符合规定的客票乘车的;

②隐瞒酒醉、恶性传染病乘车造成污染,危及其他旅客的;

③在行李包裹托运中,旅客捏报品名,夹带在行李包裹中的违禁品、危险品进行行包托运,或进站、携带上车的;

④损坏车站设备和客车上设备,或造成其他旅客受到伤害的;

⑤旅客自理的行李包裹和随身携带的物品发生丢失、损坏的;

⑥客车中途停靠、旅客不按时上车造成漏乘、错乘的;

⑦旅客乘车途中自身病害造成伤亡和损失;

⑧由于旅客自身原因发生的其他问题。

2. 违约违规的处理

(1)因车站或运方责任,造成旅客误乘或漏乘的按以下规定处理:

①发觉站以最近一次班车将旅客运至原车票指定的车站。

②旅客留在车上的自理行包和携带品如有灭失、损坏,由责任方赔偿。

③旅客的其他直接经济损失,由责任方赔偿,但赔偿金额最多不超过旅客车票价款的100%。

(2)因车站或运方责任造成的托运行包丢失、损坏的,按照"全部损失全部赔偿,部分损失部分赔偿"的原则,由责任方按下列规定赔偿:

①非保价行包按当时有关规定的,每千克最高赔偿限额赔偿。如失主持有证明物品内容和价格的凭证,可按国家定价或比照当地国有商店同类商品价格赔偿。

②损坏物品能修复者,按修理费加送修运费赔偿;不能修复,但尚能使用者,按损失程度所

减低的价值赔偿值赔偿。

③保价行包灭失，按托运时申明的价格赔偿。部分灭失，按申明价格赔偿灭失部分。

④灭失行包的运杂费要全额退还。

(3)因车站责任造成寄存物品损坏、灭失的，按当时有关规定每千克最多赔偿限额赔偿。

(4)因车站或运方责任，造成旅客人身伤害的，由责任方赔偿处理。

(5)车站和运方之间违反合同规定，造成对方经济损失的，由责任方按原合同约定赔偿，支付违约金。

(6)旅客无票或持无效客票、不符合规定的客票乘车，除补收始发站至到达站全程客票价款外，并处以100%的罚款。

(7)旅客损坏车站客运车辆设备和设施的，按实际损失负责赔偿。

(8)旅客在小件物品或行包中夹带隐瞒危险品或其他禁运物品进站、上车或办理寄存、托运按下列规定处理：

①未造成危害和损失的，没收其携带的全部危险品和禁运品，并视情节轻重处以规定的罚款。

②已造成危害和损失的，除移交公安、司法机关、追究治安、刑事责任外，还应赔偿全部经济损失。

(9)班车客运在发车前发生违规违约客运事故，由始发站负责处理，责任方赔偿；运行途中发生的，由就近站负责处理，责任方赔偿；到站后发生的，由到达站负责处理，责任方赔偿；

(10)旅游、出租车和包车客运由受理方负责处理，责任方赔偿。

(11)旅客运输过程发生事故后，有关方面应做好记录，受损一方应在事故发生之日起，在限定之日内，向责任方提出赔偿要求，责任方应在接到赔偿要求限期内，作出答复。

(12)旅客在提出规定范围内的各种赔偿要求时，应同时提交客票、行包票等有关凭证。

(13)违规违约所引起的纠纷，可由当事人自行协商解决；也可向当地交通主管部门申请调解；也可向人民法院提起诉讼。

(14)赔偿金或违约金应在明确责任之日起，限定期间内偿付。逾期偿付的，应按规定比率加付滞纳金。

模块七　节能减排基本知识

1. 节能减排定义

节能减排指的是减少能源浪费和降低废气排放。

中国“十一五”规划纲要提出，“十一五”期间单位国内生产总值能耗降低20%左右、主要污染物排放总量减少10%。这是贯彻落实科学发展观、构建社会主义和谐社会的重大举措；是建设资源节约型、环境友好型社会的必然选择；是推进经济结构调整，转变增长方式的必由之路；是维护中华民族长远利益的必然要求。

我国经济快速增长，各项建设取得巨大成就，但也付出了巨大的资源和环境代价，经济发展与资源环境的矛盾日趋尖锐，群众对环境污染问题反应强烈。这种状况与经济结构不合理、增长方式粗放直接相关。不加快调整经济结构、转变增长方式，资源支撑不住，环境容纳不下，社会承受不起，经济发展难以为继。只有坚持节约发展、清洁发展、安全发展，才能实现经济又好又快发展。同时，温室气体排放引起全球气候变暖，备受国际社会广泛关注。进一步加强节能减排工作，也是应对全球气候变化的迫切需要。

国务院印发的国家发展和改革委员会会同有关部门制定的《节能减排综合性工作方案》，明确了2010年中国实现节能减排的目标任务和总体要求。

《方案》指出，到2010年，中国万元国内生产总值能耗将由2005年的1.2吨标准煤下降到1吨标准煤以下，降低20%左右；单位工业增加值用水量降低30%。“十一五”期间，中国主要污染物排放总量减少10%，到2010年，二氧化硫排放量由2005年的2549万吨减少到2295万吨，化学需氧量(COD)由1414万吨减少到1273万吨；全国设市城市污水处理率不低于70%，工业固体废物综合利用率达到60%以上。

2. 汽车客运站节能减排

1)客运站节能减排

客运站企业可以通过围绕建设资源节约型、环境友好型社会，在职工中推动节能减排工作。如开展丰富多彩的节能减排达标竞赛活动，组织和引导职工开展“查、跑、冒、滴、漏”浪费现象，积极倡导节约一度电、一滴水、一滴油、一张纸，教育职工自觉养成节约与环保良好习惯。车站公共车场由原来的垃圾塑料袋化改为塑料桶装垃圾集中统一清除。汽车修理厂由原来使用汽油清洗汽车零部件，改为用洗洁剂清洗，既节能又安全环保。

2)客运车辆节能减排

加快车辆更新速度，淘汰老旧车辆，着力发展油耗低、污染小的中、高级客车。建立并实施包含车辆油耗在内的营运车辆准入与退出机制，达不到交通运输部规定油耗限值的新车不予进入营运市场，达不到油耗限值的在用车要淘汰出营运市场。更新客车原则上应使用新车，使用企业内部调配的车辆，必须符合或高于原许可的车型和等级。对所有车辆按规定进行强制维护，确定维护周期，降低综合成本。

模块八 旅客运输卫生管理常识

1. 垃圾处理

候车室有适量果皮箱且清洁有序，有清扫保洁制度，有专人清扫保洁室内地面清洁。后车场有密闭垃圾箱，有车辆清洗台，无污物，停车场清洁，无废弃物。

2. 厕所

数量(蹲位)够用，布局合理(计算方法：按候车平均聚集人数，男厕所每80人设大便器、小便器各一个，女厕所每50人设大便器一个)。厕所均为水冲式，有清扫保洁制度，有专人清扫保洁。有洗手设施，有通风设施。无蝇蛆，无明显臭味。

3. 空气质量

候车室内禁止吸烟，有明显禁止吸烟标志，设吸烟室，通风良好，无烟草广告及其标志，劝阻旅客吸烟制度落实，有禁止吸烟的管理人员。候车室二氧化碳、照度等检测结果符合国家标准，检测资料齐全。

4. 食品卫生和饮用水卫生

饮用水水质符合国家饮用水卫生标准，有符合卫生要求的旅客饮水处(水桶加锁)；随机抽查食品从业人员10名，均经卫生知识培训，并且卫生知识应答正确，均持有效健康证，个人卫生好，着装整洁；有有效的食品卫生许可证，包装食品有“两期”(生产日期和保质期)，符合国家技术监督局的有关规定；食品放置符合卫生要求，实行工具售货。

5. 环境卫生

候车室内外清洁无污物，候车室天花板、四壁无积尘、尘网，候车室灯具、玻璃洁净，凳、椅整洁，摆放整齐有序，候车室内基本无蝇；有固定卫生宣传栏，定期向旅客播放卫生知识，有资料和记录；随机抽查公共场所服务人员10名，均持有效健康证，均经卫生知识培训，卫生知识应答正确，有有效的公共场所卫生许可证；应绿化面积绿化率达90%以上，环境美化。

6. 创建卫生先进单位

获全国卫生先进单位称号、获省、部级卫生先进单位称号、获市、局级先进单位称号的均予以加分。

课题六　旅游地理基本知识

交通运输是构成旅游的三大要素之一，构成旅游的三大要素包括：旅游主体（旅游者）、旅游对象（风景名胜和娱乐活动等）和旅游手段或旅游媒介（旅游宣传、组织、运输和接待设施）。为提高客运服务质量，汽车客运服务员必须掌握基本的旅游地理知识。

模块一　当地主要名胜古迹地理位置及乘车线路

中国是世界上最古老的文明国家之一，全国各地名胜古迹众多。著名的有十大名胜古迹，它们分别是：万里长城、桂林山水、杭州西湖、北京故宫、苏州园林、安徽黄山、长江三峡、台湾日月潭、承德避暑山庄、秦始皇兵马俑。

随着人民生活水平的提高，对外交往的增多，到访各地名胜古迹的中外游客日渐增多。旅游部门对旅行线路的设计，是技术性与经验性非常强的问题，其中对旅游交通线路的规划和设计尤为重要。对客运服务来说，合理的旅游乘车线路能避免旅客的“漫游”，有利于发挥名胜古迹等旅游点的功能以及合理利用时间，节省费用等。

旅游者一般可分为周游型和逗留型两类，客运服务员可以根据其需求介绍相适应的旅游乘车线路，让旅客玩得尽兴，玩得舒心。

模块二　当地主要教育、宾馆、娱乐、休闲、购物场所及政府机关地理位置及乘车线路

客运站企业应该印制发放当地主要教育、宾馆、娱乐、休闲、购物场所及政府机关地理位置及乘车线路，客运服务员必要时要解答旅客的具体问题。如教育，则应熟悉本地主要学校的地理位置和乘车线路。

模块三　交通运输布局基本知识

指交通运输业的空间分布和地域组合。包括交通线网的布局和客、货流的布局两个相互有密切联系的部分。是整个生产布局的有机组成部分，其任务是通过合理布局，实现运输合理化，获得最大的经济效益和社会效益。

交通运输布局又称交通运输配置。指交通运输生产的空间分布与组合，即各种运输方式的线路和站点组成的交通运输网与客货流的地理分布。交通运输布局主要研究交通运输网分布的动态变化及其地域结构与类型；客货流分布的动态变化及其社会经济原因等。交通运输布局分为多种运输方式布局和地区交通运输布局，是生产布局的组成部分，从属于生产布局的总要求。由于交通运输生产过程的具体特点和独特要求，交通规划和管理部门在布局时主要应考虑以下因素：

①充分满足国民经济和社会发展对交通运输的要求。以客货流量、流向的分析预测为基

础。与工农业布局和人口分布相适应,使交通运输布局在地区分布、运输方向、能力形成的规模和建设时序上都能适应要求;

②充分考虑自然条件的影响。随着技术进步,交通运输建设对自然条件的依赖已大为缩小,但交通线网和站港枢纽都是建造在不同地表上的人工建筑物,或是经人工整治开挖的航道和运河,自然条件差异对交通运输工程的难易和运营影响甚大,为此,在交通运输方式和类型的选择上,应充分考虑自然条件对其影响的程度和各类运输方式的技术经济特点,因地制宜地选择交通运输方式;在交通线路的经路走向和港站选址上,要充分选取有利地形,避开不利地段,使选线和布点充分合理地利用自然条件。由于自然条件对交通工程投资和运营支出影响巨大,需进行工程运营费的综合比选;

③要全面发展和综合利用各种运输方式,使点(站、港)线(线路、航道、管道)相协调,逐步建成综合交通运输网,形成综合运输能力。各种交通方式具有不同的技术经济特征,各有一定的适宜范围,在综合运输网中都有一定地位。要结合各地区具体条件,在它们之间实行合理分工,以充分发挥各种方式的优势。在各种方式的衔接点布局上要密切配合,能力要相互协调;

④交通运输网布局要适应巩固国防、开发边远和落后地区的政治需要。交通运输布局对实现国家政治统一和巩固国防有重要作用,无论新线建设和旧线改造都要充分考虑这种政治因素。尽量使交通运输布局既能适应国防政治需要,又能充分满足经济要求。

模块四　当地运输枢纽布局

运输枢纽是运输网络的重要节点,通常位于一种或多种运输方式交通干线交叉与衔接之处,为旅客和货物的中转、集散活动服务。从实体结构上看,运输枢纽由多个中心站和若干辅助(专业化)站点组成,并以短途交通线相连接,是大量运输设施与设备组成的复杂有机体。从覆盖范围看,运输枢纽以城市为依托,范围可以扩展到城市郊县甚至相邻城市,从而与临近的设施设备和运输组织在分工上紧密联系而构成一个枢纽。

其中,道路运输枢纽是指具有一定的旅客流量、货物流量、车辆流量及客货信息流量,办理旅客和货物的发送、中转、到达、仓储、配送等业务,具有所需的设施和设备的公路运输网络的节点,处于两条以上的干线公路交汇处,由多个道路运输站场及其衔接与配套设施、设备构成。

按枢纽等级分,公路运输枢纽分为国际性枢纽、国家级枢纽、区域性枢纽、地域性枢纽等四种。

按运输对象分,可以分为道路旅客运输枢纽、道路货物运输枢纽、混合道路运输枢纽三类,客运服务员要熟悉当地道路旅客运输枢纽情况。

课题七　相关法律、法规及行业规章知识

模块一　《中华人民共和国劳动合同法》的相关知识

《中华人民共和国劳动合同法》是在2007年6月29日第十届全国人民代表大会常务委员会第二十八次会议通过,自2008年1月1日起施行。新劳动法共分8章98条,包括:总则、劳动合同的订立、劳动合同的履行和变更、劳动合同的解除和终止、特别规定、监督检查、法律责任和附则。

劳动合同法是规范劳动关系的一部重要法律,在中国特色社会主义法律体系中属于社会

法。劳动合同在明确劳动合同双方当事人的权利和义务的前提下，重在对劳动者合法权益的保护，为构建与发展和谐稳定的劳动关系提供法律保障。劳动合同法的颁布实施有着深远的意义。

这部重要法律在制定过程中经过广泛听取、认真吸收社会各方面的意见，合理地规范了劳动关系，是民主立法、科学立法的又一典范，为构建与发展和谐稳定的劳动关系提供了法律保障，必将对我国经济社会生活产生深远影响。

模块二 《中华人民共和国公路法》的相关知识

1997 年 7 月 3 日八届人大常委第二十六次会议通过的《中华人民共和国公路法》，已经过 1999、2004 年的两次修订，这是一个道路交通方面重要的法律文件，对公路规划、公路建设、公路养护、路政管理、收费公路、监督检查、法律责任进行全方位的规划和界定。其中，1999 年的修订规定：国务院在制定将公路和车辆收费改为征税的实施办法时，应当取消各种不合理收费，确定合理的征税幅度，并采取有效措施，防止增加农民负担；同时防止增加车辆用油以外的其他用油单位的负担。这个修订点，是对养路费征收方式重新规定。《公路法》第 36 条对公路养护制度作出明确规定，“国家采用依法征税的办法筹集公路的养护资金，具体实施办法和步骤由国务院规定。依法征税筹集的公路养护资金，必须专项用于公路的养护和改建。”这项规定清楚不过地表明了燃油税的征收范围和使用目的。自 1997 年全国人大通过《公路法》首次提出以“燃油附加费”替代“养路费”以来，11 年间，“燃油税”几经沉浮却一直未公开征取。2008 年年底，国务院决定自 2009 年 1 月 1 日起实施成品油税费改革，取消原在成品油价外征收的公路养路费、航道养护费、公路运输管理费、公路客货运附加费、水路运输管理费、水运客货运附加费等六项收费，逐步有序取消政府还贷二级公路收费。

模块三 《中华人民共和国安全生产法》的相关知识

九届全国人大常委会第二十八次会议 2002 年 6 月 29 日通过了《中华人民共和国安全生产法》。该法的出台，解决了目前安全生产面临的四大问题：

①现行的有关安全生产方面的法律、法规主要是针对国有企业和大型企业制定的，对非国有企业和中小型企业的安全生产条件和安全生产违法行为缺乏相应的法律规范和处罚依据。相当多的私营企业、集体企业、合伙企业和股份制企业不具备基本的安全生产条件，安全管理松弛，导致事故不断，死伤众多。而据统计，非国有企业的生产安全事故死亡人数占全国总数的 70% 左右。

②企业安全生产管理缺乏明确的法律法范，企业负责人的安全生产责任不明确，事故隐患大量存在，一触即发。

③安全生产投入严重不足，企业安全技术装备老化、落后，抗灾能力差，不能及时有效地预防和抵抗事故灾害。

④一些地方政府监管不到位，地方保护主义严重。有的官员甚至与违法者相互勾结，为不具备安全生产条件的企业开绿灯。

作为我国第一部安全生产大法，《安全生产法》确立了七项基本法律制度：安全生产监督管理制度，包括新闻媒体进行监督的权利和义务等；生产经营单位安全保障制度，包括从业人员安全资质和社会工作保险等；生产经营单位负责人安全责任制度；从业人员安全生产权利义务制度，从业人员有权了解其作业场所和工作岗位存在的危险因素、防范措施和事故应急措施，有权拒绝违章作业指挥，发现直接危及人身安全的紧急情况时，有权停止作业；安全中介服务制度，包括安全中介机构和专业人员的法律地位、任务和责任；安全生产责任追究制度；事故应急救援和处理制度。

该法针对近年来主要的安全生产违法行为，设定了严厉的法律责任，其范围之广、力度之大是空前的。该法规定，国家实行生产安全责任追究制度，依法追究生产安全事故责任人员的法律责任。生产经营单位的主要负责人对本单位的安全生产工作全面负责。

生产经营单位与从业人员订立协议，免除或者减轻其对从业人员因生产安全事故伤亡依法应承担的责任的，该协议无效；并对生产经营单位的主要负责人、个人经营的投资人处 2 万元以上 10 万元以下的罚款。

隐瞒、谎报或拖延不报安全生产事故的将受法律追究，发生生产安全事故，既要依法追究事故单位的责任，也要依法追究负有审批和监督职责的行政部门的责任，以体现“权责一致”的原则。

对使用国家明令淘汰的危及生产安全的落后工艺、落后设备的行为追究法律责任，造成严重后果，构成犯罪的，追究刑事责任。

生产经营单位发生生产安全事故造成人员伤亡、他人财产损失的，应当依法承担赔偿责任；拒不承担或者其负责人逃匿的，由人民法院依法强制执行。生产安全事故的责任人未依法承担赔偿责任，经人民法院依法采取执行措施后，仍不能对受害人给予足额赔偿的，应当继续履行赔偿责任，受害人发现责任人有其他财产的，可以随时请求人民法院执行。

模块四　《中华人民共和国道路交通安全法》及实施条例的相关知识

2003 年 10 月 28 日，十届全国人大常委会第五次会议通过《中华人民共和国道路交通安全法》，并于 2004 年 5 月 1 日起施行。

《道路交通安全法》给了行人安全的保障。该法规规定：行人在人行横道上有绝对优先权。机动车行经人行横道，应当减速行驶。遇行人通行，必须停车让行；此外，该法规还保护了无交通信号情况下的行人横过道路权。规定在没有交通信号的道路上，机动车要主动避让行人。

《道路交通安全法》没有采纳“撞了白撞”这一做法，对于机动车与非机动车驾驶人、行人之间发生交通事故的，法律规定由机动车一方承担责任。因此，此前个别地区实施的“撞了白撞”今后行不通了。

尽管机动车今后要让行人走，但违反交通规则还是要受到惩罚，交通法规定，对行人、乘车人、非机动车驾驶人违反道路交通安全法律、法规关于道路通行规定的，可以处 5 元以上 50 元以下罚款；非机动车驾驶人拒绝接受罚款处罚的，可以扣留其非机动车。

公安机关交通管理部门拖车不得向当事人收取费用，并应当及时告知当事人停放的地点。因采取不正确的方法拖车造成机动车损坏的，应当依法承担补偿责任。

造成交通事故后逃逸的，由公安机关交通管理部门吊销机动车驾驶证，且终生不得重新取得机动车驾驶证。对六个月内发生二次以上特大交通事故负有主要责任或者全部责任的专业运输单位，由公安机关交通管理部门责令消除安全隐患，未消除安全隐患的机动车，禁止上道路行驶。

交通法对于救助交通事故的伤者也有了人性化的规定，它规定事故车辆驾驶人应当立即抢救伤者，乘车人、过往车辆驾驶人、过往行人也应当予以协助；交通警察赶赴事故现场处理，应当先组织抢救受伤人员；医院应当及时抢救伤者，不得因抢救费用问题而拖延救治。

《道路交通安全法》中还规定了交通事故快速处理。按照规定，在道路上发生交通事故，未造成人员伤亡，当事人对事实及成因无争议的，可以即行撤离现场，恢复交通，自行协商处理损害赔偿事宜。

据有关部门统计，酒后驾车已经成为交通事故的一大因素。因此，交通法不仅将酒后驾车作为对法律的触犯，还加大了对饮酒、醉酒后驾车的处罚力度。按照规定，对饮酒后驾驶机动车的驾驶员，暂扣三个月的驾驶证，并处 200 元以上 500 元以下罚款；醉酒后驾驶机动车的，由公安机关交警部门约束至酒醒，处 15 日以下拘留和暂扣 6 个月的驾驶证，并处 500 元以上 2000 元以下罚款；酒后驾驶公交、出租等营运机动车的处罚力度则更大。而且，交通法还规定如果一年内醉酒后驾车被处罚两次以上的，将被吊销机动车驾驶证，五年内不得驾驶营运机动车。

《交通安全法》对机动车实行了第三者责任强制保险制度，并设立道路交通事故社会救助基金，用于支付交通事故受伤人员的抢救费用。

《道路交通安全法》规定了只有警车、消防车、救护车、工程救险车四种车辆，才属于“拥有道路优先通行权”的“特权车”，军车被排除在外。同时，这些“特权车”非执行紧急任务时，不得使用警报器、标志灯具，不享有相应的道路优先通行权。

道路交通安全法明确将电动自行车纳入了非机动车的范畴，但对于能否上路行驶未作明确规定。

机动车号牌应当按照规定悬挂并保持清晰、完整，不得故意遮挡、污损。故意遮挡、污损或者不按规定安装机动车号牌的，将处警告或者二十元以上二百元以下罚款。

任何地方在进行机动车安全技术检验时，只需提供机动车行驶证和机动车第三者责任强制保险，机动车安检机构应当予以检验，任何单位和个人不得附加其他条件。

模块五 《中华人民共和国环境保护法》的相关知识

《中华人民共和国环境保护法》于 1989 年在 1979 年颁布的《中华人民共和国环境保护法（试行）》的基础上修订颁布。该法删去了原试行法中“环境保护机构和职责”、“科学研究和宣传教育”、“奖励和惩罚”三章，新设了“环境监督管理”与“法律责任”两章。全法设总则、环境监督管理、保护和改善环境、防治环境污染和其他公害、法律责任及附则六章，共计四十七条，结构合理，内容较齐全，法律条文的语言也比较规范、严谨。该法确立了我国环境保护的基本原则和基本制度。

《环境保护法》在立法目的上采取了二元论，即保护环境资源和促进经济建设。但是这一立法目的并没有明确体现可持续发展的指导思想。

对于环境法意义上的“环境”的概念，该法在第二条以概括和列举相结合的方式阐明了其内涵，即影响人类生存和发展的各种天然的和经过人工改造的自然因素的总体，包括大气、水、海洋、土地、矿藏、森林、草原、野生生物、自然遗迹、人文遗迹、自然保护区、风景名胜区、城市和乡村等。

关于《环境保护法》的基本原则，该法第 4 条确立了环境与经济、社会协调发展原则；第 6 条确立了环境保护公众参与原则；第 13 条确立了环境保护预防为主，防治结合原则；第 24 条确立了环境治理污染者负担原则。

在《环境保护法》的基本制度方面，《环境保护法》第二章规定了环境标准制度（第 9、10

条）、环境监测制度（第 11 条）、环境规划制度（第 12 条）和环境影响评价制度（第 13 条），第四章规定了清洁生产制度（第 25、30、33、34 条）、“三同时”制度（第 26 条）、排污许可证制度（第 27 条）、排污收费制度（第 28 条）以及限期治理制度（第 29 条），确立了我国环境保护的基本法律制度框架。

关于环境保护法律责任，该法第五章专门规定了环境行政责任（第 35 - 40 条）、环境民事责任（第 41、42 条）和环境刑事责任（第 43、45 条）的内容。从而为落实各项环境保护原则和制度提供了保障。同时，该法在最后一章明确了《环境保护法》与有关国际公约的适用关系（第 46 条），体现了国际公约优先的原则。

为促进该法的实施，1992 年 1 月 31 日，全国人大常委会作出了《关于正确理解和执行（环境保护法）第四十一条第二款的答复》。1991 年 11 月 18 日，国家环保总局制定了《关于（环境保护法）第三十六条规定有关问题的复函》，1996 年 5 月 13 日制定了《关于（中华人民共和国环境保护法）第三十七条适用问题的复函》。

模块六 《中华人民共和国道路运输条例》的相关知识

2004 年 7 月 1 日，我国第一部全面规范道路运输的行政法规——《中华人民共和国道路运输条例》正式实施，《条例》对运输市场准入、营运驾驶员准入等方面作出了严格规定，加大了对旅客权益的保障力度，行政许可程序得到简化。

根据《中华人民共和国道路运输条例》第九条规定，3 年内无重大以上交通责任事故记录者，才可担任客运驾驶员。

条例第九条规定，从事客运经营的驾驶人员，应当符合下列条件：一是取得相应的机动车驾驶证；二是年龄不超过 60 周岁；三是 3 年内无重大以上交通责任事故记录。

条例第八条规定，申请从事客运经营的，应当具备下列条件：一是有与其经营业务相适应并经检测合格的车辆；二是有符合本条例第九条规定条件的驾驶人员；三是有健全的安全生产管理制度。申请从事班线客运经营的，还应当有明确的线路和站点方案。

《中华人民共和国道路运输条例》规定，车辆经营者擅自改装车辆将受到惩罚。这些规定，为从根本上治理超载提供了法律依据。

条例第七十一条规定，违反本条例的规定，客运经营者、货运经营者擅自改装已取得车辆营运证的车辆的，由县级以上道路运输管理机构责令改正，处 5000 元以上 2 万元以下的罚款。

条例第七十三条规定，违反本条例的规定，机动车维修经营者使用假冒伪劣配件维修机动车，承修已报废的机动车或者擅自改装机动车的，由县级以上道路运输管理机构责令改正；有违法所得的，没收违法所得，处违法所得 2 倍以上 10 倍以下的罚款；没有违法所得或者违法所得不足 1 万元的，处 2 万元以上 5 万元以下的罚款，没收假冒伪劣配件及报废车辆；情节严重的，由原许可机关吊销其经营许可；构成犯罪的，依法追究刑事责任。

《中华人民共和国道路运输条例》规定，从事危险货物运输的驾驶员，必须取得上岗资格证。

条例第二十四条规定，申请从事危险货物运输经营的，应当特别具备下列条件：一是有 5 辆以上经检测合格的危险货物运输专用车辆、设备；二是有经所在地设区的市级人民政府交通主管部门考试合格，取得上岗资格证的驾驶人员、装卸管理人员、押运人员；三是危险货物运输专用车辆配有必要的通讯工具；四是有健全的安全生产管理制度。

条例第二十七条规定，运输危险货物应当采取必要措施，防止危险货物燃烧、爆炸、辐射、泄漏等。第二十八条规定,运输危险货物应当配备必要的押运人员,保证危险货物处于押运人员的监管之下,并悬挂明显的危险货物运输标志。

托运危险货物的,应当向货运经营者说明危险货物的品名、性质、应急处置方法等情况,并严格按照国家有关规定包装,设置明显标志。

同一客运线路有3个以上申请人时,可以通过招标的形式作出许可决定。这是《中华人民共和国道路运输条例》做出的规定。

条例第十条规定,从事县级行政区域内客运经营的,向县级道路运输管理机构提出申请;从事省、自治区、直辖市行政区域内跨2个县级以上行政区域客运经营的,向其共同的上一级道路运输管理机构提出申请;从事跨省、自治区、直辖市行政区域客运经营的,向所在地的省、自治区、直辖市道路运输管理机构提出申请。

收到申请的道路运输管理机构,应当自受理申请之日起20日内审查完毕,作出许可或者不予许可的决定。

客运经营者应当持道路运输经营许可证依法向工商行政管理机关办理有关登记手续。

条例第十二条规定,县级以上道路运输管理机构在审查客运申请时,应当考虑客运市场的供求状况、普遍服务和方便群众等因素。同一线路有3个以上申请人时,可以通过招标的形式作出许可决定。

模块七 《危险化学品安全管理条例》的相关知识

在我国危险货物运输方面,具有机动、灵活、可实现"门到门"运输的道路运输业发挥了重要作用。据统计,截至2005年年底,全国共有道路危险货物运输业户6773个,专用车辆11.64万辆,从业人员21.46万人。为确保道路危险货物运输安全、规范、有序,交通部依据《危险化学品安全管理条例》、《道路运输条例》等有关法律、法规,重新修订了1993年发布的《道路危险货物运输管理规定》(以下简称《规定》),已正式颁布,于同年8月1日起正式实施。

为了保障道路危险货物运输安全,《规定》从以下几个方面进行了明确的规定:

1. 严格市场准入

《规定》要求危险货物运输企业必须建立完善的安全管理制度,并且自有车辆要达到5辆以上,车辆的技术等级必须达到一级,技术状况要符合相关国家强制标准,罐式车辆必须经过质量检验部门检验合格,同时要具备相应的停车场地和通信、安全防护、环境保护和消防等设施设备。通过严把市场准入关,坚决杜绝不具备安全条件的企业从事危险货物运输。

2. 严防违规车辆进入

一个时期以来,由于种种原因,一部分"大吨小标"、"小车大罐"车辆进入道路危险货物运输市场,导致超载超限运输,存在着很大的安全隐患,成为历次安全整顿的重点。张剑飞告诉记者,为防止新的"大吨小标"、"小车大罐"车辆从事危险货物运输,《规定》明确规定运输企业在申请准入时必须全面、如实、准确地申报车辆外廓尺寸、轴荷和质量的有关情况,凡是不符合国家强制标准《道路车辆外廓尺寸、轴荷和质量限值》的一律不予许可,从源头上杜绝此类车辆进入市场,既有利于治超工作的顺利开展,也有利于消除安全隐患。

另外,《规定》还明确规定了报废的、擅自改装的、检测不合格的、车辆技术等级达不到一级的和其他不符合国家规定的车辆不得从事危险货物运输,不得使用移动罐体运输危险货物等内容。

3. 建立分类管理制度

据介绍，原《规定》没有要求运管机构在实施危险货物运输许可时明确运输企业可承运的危险货物的种类。但事实上，由于危险货物种类繁多，危害程度差异很大，对运输的要求也不尽相同。因此，为确保运输安全，新《规定》对危险货物运输实行分类管理，要求运管机构根据被许可人的车辆和其他条件，明确其可承运危险货物的类别、项别。对从事剧毒、爆炸、易燃、放射性危险货物运输的，要求具备罐式车辆或厢式车辆、专用容器，并配备行驶记录仪或定位系统。

4. 引入"车辆损害管制"概念

为尽可能减小危险货物运输事故的危害，参照一些发达国家和地区的做法，《规定》对剧毒、爆炸、强腐蚀性危险货物运输车辆的最大载质量进行了明确限制。这样，万一发生运输安全事故，也可以将危害控制在一定程度之内。

5. 加强非经营性道路危货运输管理

由于《危险化学品安全管理条例》、《道路运输条例》把经营性和非经营性道路危险货物运输都纳入了交通部门的管理范畴，这与其他道路运输管理领域有很大的区别。因此，《规定》将经营性和非经营性的危险货物运输都纳入了调整范围。为确保非经营性危险货物运输的安全，《规定》将非经营性危险货物运输的准入条件、运输要求等同于经营性危险货物运输进行规范。

新《规定》规定可从事非经营性道路危险货物运输的单位有两类：一是省级以上安全生产监督管理部门批准设立的生产、使用、储存危险化学品的企业；二是有特殊需求的科研、军工、通用民航等企事业单位。张剑飞介绍，由于国内外的大型专业危险化学品生产企业技术力量雄厚、设备和运输条件好，同时他们对自己产品的性质最了解、安全制度最完善，这样我们把鼓励大型生产企业从事危险货物运输作为行业引导的一个方向。同时，考虑到非营业性危险货物运输只能承运本单位的危险货物，一般来讲危险货物性质比较特殊，运量较小，流向分散，很多情况下不需要 5 辆以上的车辆就能满足需要，因此放宽了对非经营性道路危险货物运输单位专用车辆数量的限制，以满足社会的特殊需求。

6. 统一《从业资格证》

当前，由于缺乏统一规范，各地交通部门对危险货物运输从业人员发放的上岗证件名称、形式不一，培训内容、考核要求不尽相同，既不利于保障运输安全，也不利于规范监督检查。《规定》要求，道路危险货物运输驾驶人员、装卸管理人员、押运人员都必须经设区的市级交通主管部门考试合格，发放统一的《从业资格证》，其他证件一律无效。从业人员的考试、发证和管理要求交通部将在其他的规章中予以明确。

7. 完善安全管理规定

新《规定》对运输安全管理做了细致的规定：一是要求道路危险货物运输企业或单位应当根据所运危险货物的性质，配备必需的应急处理器材和安全防护设备；二是要求危险货物运输从业人员必须熟悉有关安全生产的法规、技术标准和安全生产制度、安全操作规程，了解所装运危险货物的性质、危害特性、包装物或容器的使用要求和发生意外事故时的处置措施，严格按照有关规定进行操作，不得违章作业；三是要求在运输过程中，除驾驶人员外，必须另外配备押运人员对运输全过程进行监管。在发生燃烧、爆炸、污染、中毒或被盗、丢失、流散、泄漏等事故时，驾驶人员、押运人员要立即向当地公安部门和本单位报告，说明事故情况、危险货物品名、危害和应急措施，在现场采取一切可能的警示措施，并积极配合有关部门进行处置。运输企业要立即启动应急预案；四是不得使用危险货物运输车辆运输食品、生活用品、药品、医疗器具，不得使用罐式专用车辆或者运输有毒、腐蚀、放射性危险货物的运输车辆运输普通货物，其他危险货物运输车辆运输普通货物时，必须进行消除危险处理；五是要求危险货物运输企业必须为危险货物投保承运人责任险；六是对危险货物的储存、装卸提出了要求，禁止危险货物与普通货物混合存放。

8. 认真贯彻有关法规

当前，由于国务院及有关部门对危险品安全管理都高度重视，因此涉及危险货物运输的法律、法规也比较多，从不同的角度对危险货物运输安全提出了要求。但由于规定得比较分散，不利于基层运管机构和运输企业学习和执行。《规定》对相关法规进行了梳理，并依照这些法规进行了全面、系统的规定，对基层运管机构和运输企业进行有力的指导，操作性很强。

同时，《规定》也注重与相关法律、法规和规定的衔接与配套。比如规定运输企业不得运输法律、法规禁止运输的货物；运输禁、限运货物时，必须按有关法规的要求查验或办理相关手续。要求危险货物运输车辆不得超载超限运输，并按照有关部门规定的运输线路、时间和速度行驶。另外，鉴于《规定》是针对危险货物运输作出的特别规定，对《规定》没有界定的，要求按照或参照《道路货物运输及站场管理规定》执行。

9. 明晰法律责任

《规定》对《道路运输条例》、《危险化学品安全管理条例》等相关法律责任条款进行具体细化的规定。由于两个条例都分别设置了违规运输危险化学品行为和违规从事危险货物运输行为的处罚条款，但对同一违规行为的处罚幅度又不一致，给实际工作带来了困难。为解决这个矛盾，根据危险货物的范畴涵盖危险化学品的情况，《规定》针对违规车辆运输货物的性质，对各种违规行为的处罚作了细致、便于操作的规定，是化学危险品按照《危险化学品安全管理条例》处罚，不是化学危险品的危险货物按照《道路运输条例》进行处罚。同时为确保运输安全，明确规定对不具备安全条件、存在重大安全隐患的运输企业，可吊销其运输许可证。

模块八　《道路旅客运输及客运站管理规定》的相关知识

《道路旅客运输及客运站管理规定》于 2005 年 6 月 3 日经第 11 次交通运输部务会议通过，自 2005 年 8 月 1 日起施行。

1. 客运车内须公示票价

《规定》要求，客运经营者应当遵守有关运价规定，使用规定的票证，不得乱涨价、恶意压价、乱收费。在客运车辆外部的适当位置喷印企业名称或者标志，在车厢内显著位置公示道路运输管理机构监督电话、票价和里程表。而在长途、旅游等客运站，要在经营场所公示收费项目和标准。

2. 经营者应为旅客投保

同时，客运车辆经营者应当为旅客投保承运人责任险。在客运途中造成旅客人身伤亡，行李毁损、灭失，车辆经营当事人要按约定或国家规定进行赔偿。拒不投保的企业，将由原许可机关吊销《道路运输经营许可证》或者吊销相应的经营范围。

3. 载客额满可搭载儿童

《规定》严禁客运车辆超载运行，允许超载车辆出站的客运站经营者将被处 1 万元以上 3 万元以下的罚款。但在载客人数已满的情况下，可允许再搭乘不超过核定载客人数 10% 的免票儿童。此外，客运班车不按批准的客运站点停靠或者不按规定的线路、班次行驶，或者将旅客移交他人运输的将被处 1000 元以上 3000 元以下的罚款。情节严重的,将被吊销经营许可证。

4.《规定》中还鼓励使用配置下置行李舱的客车从事道路客运。没有下置行李舱或者行李舱容积不能满足需求的客运车辆,可在客车车厢内设立专门的行李堆放区。

2008 年 7 月 23 日,交通运输部决定对《道路旅客运输及客运站管理规定》作出修改,修改后的《道路旅客运输及客运站管理规定》重新发布。

修改的主要内容如下:

第五十条后增加一条为:客运经营者(含国际道路客运经营者)、客运站经营者及客运相关服务经营者应当按照国家有关规定缴纳道路运输管理费。

第八十八条后增加一条为:违反本规定,客运经营者(含国际道路客运经营者)、客运站经营者及客运相关服务经营者不按规定使用道路运输业专用票证或者转让、倒卖、伪造道路运输业专用票证的,由县级以上道路运输管理机构责令改正,处 1000 元以上 3000 元以下的罚款。

第九十五条后增加一条为:违反本规定,客运经营者(含国际道路客运经营者)、客运站经营者及客运相关服务经营者未按规定期限缴纳道路运输管理费的,由县级以上道路运输管理机构责令补交,按日收取道路运输管理费 1% 的滞纳金,并处 500 元以上 1000 元以下的罚款。违反本规定,客运经营者(含国际道路客运经营者)、客运站经营者及客运相关服务经营者使用伪造、转让、涂改道路运输管理费专用收据或者缴讫证的,由县级以上道路运输管理机构收缴其非法收据和缴讫证,处 500 元以上 1000 元以下的罚款。

2009 年 4 月 20 日,交通运输部决定对《道路旅客运输及客运站管理规定》(交通运输部 2008 年第 10 号令)作如下修改:

删除第五十一条、第九十八条。

此外,对条文的顺序作相应的调整。

模块九 《国际道路运输管理规定》的相关知识

改革开放以来,我国与周边国家间的国际道路运输发展非常迅速,国际道路运输管理工作也出现了许多新情况和新问题,特别是 2004 年颁布的《中华人民共和国道路运输条例》对国际道路运输作出了许多新的规定,因此交通部 1995 年颁布的《中华人民共和国出入境汽车运输管理规定》已不适应国际道路运输发展的需要。为了适应新形势的需要,交通部在深入调研和广泛征求意见的基础上,颁布了《国际道路运输管理规定》并于 2005 年 6 月 1 日正式实施。

1. 国际道路运输迎来发展良机

《规定》按照《中华人民共和国道路运输条例》和双边、多边汽车运输协定的规定,提高了进入国际道路运输市场的“门槛”,设立了行车许可证制度,明确了省级道路运输管理机构和口岸国际道路运输管理机构的职责。新的管理规定的实施,将有助于我国与周边国家加强双边道路运输合作和交流,从而为我国与周边国家的经贸合作创造更为便利的条件。

2. 对外交通合作范围不断扩大

据了解,目前我国已有黑龙江、吉林、辽宁、内蒙古、新疆、云南、广西、西藏 8 个省、自治区同周边国家开展了国际道路运输。截至 2004 年年底,我国与俄罗斯、蒙古、哈萨克斯坦、吉尔吉斯、塔吉克斯坦、巴基斯坦、乌兹别克、老挝、越南、尼泊尔签署了 10 个政府间双边汽车运输协定,与有关国家分别签署 3 个政府间多边汽车运输协定。

双边和多边运输协定的签署，多种交通合作机制的建立，使对外交通运输合作逐步走上制度化轨道，为与有关国家开展交通运输合作打下了良好的基础。据了解，近年来，在国家经济发展良好态势的背景下，我国建立或参与了中俄总理定期会晤委员会运输分委会、中哈交通运输分委会、大湄公河次区域便利运输合作、东盟“10 + 1”和上海合作组织交通部长会议等多个交通合作机制。

3. 口岸基础设施不断改善

近年来各级交通主管部门十分重视口岸交通基础设施工作，陆续修建或改造了一批口岸公路和客货运场站，为开展国际道路运输创造了良好的基础条件。据统计，自 1992 年以来，交通部陆续投资了 12 亿元用于边境口岸交通基础设施建设。据了解，黑龙江、新疆、广西、内蒙古、云南、吉林等省(区)交通厅也分别新建和改建了连接口岸的公路及客货运场站，从而改善了国际道路运输的硬件条件，提高了服务运输的能力。

国际道路运输近年来在促进我国周边省区与相邻国家发展贸易和人员往来发挥了越来越重要的作用，已成为这些省区对外经济联系的重要纽带。

4. 力促国际运输便利化

国际道路运输从无到有，与国外特别是欧洲国家相比，我们还处于学习阶段。10 多年来，各级交通主管部门认真摸索、大胆尝试，从设立机构、配备人员，到建立有关的办事制度和办事程序，逐步探索出了适合我国国际道路运输发展的路子，使我国国际道路运输管理工作逐步走上了规范化轨道。

国际道路运输牵涉面广，涉及部门多，管理难度较大。近年来，边境省份的交通主管部门和道路运输管理机构加强了同口岸相关部门的沟通与联系，通过召开协调会、座谈会等形式，加强协作，形成了工作合力，促进了国际道路运输的发展。此外，边境省份交通主管部门还利用与外方相关部门进行定期会晤的机会，就国际道路运输经营者反映的问题进行了沟通与协调。据悉，一些难点问题，如开辟新的运输线路、通关速度慢、不合理收费等正在逐步得到解决。

《规定》实施过程中可能会出现许多新情况、新问题，交通主管部门要积累更多的经验，了解和掌握国内外成熟的经验和做法，进一步完善有关法律、法规，使国际道路运输健康发展。同时，交通部将进一步与有关国家、国际组织及国内各部门合作，搞好便利运输工作，减少人为造成的运输时间损失及其他附加成本，为经贸发展和人员往来提供更好的服务。

1. 汽车客运站站级是如何划分的？
2. 汽车客运站布局选址需要考虑哪些因素？
3. 客运站具有哪些功能？
4. 如何区分汽车客运站站务作业内容和汽车客运服务内容？
5. 简述汽车客运站务作业的基本程序？
6. 什么是汽车运输(生产)过程，它具有哪些特点？
7. 熟悉国家关于汽车运价相关规定。
8. 客运站应从哪些方面提高客运服务质量？
9. 如何处理客运站安全检查中的“三品”问题？

单元三　汽车站内客运服务

学习目标

本单元主要的学习内容是迎门服务、咨询服务、候车服务、寄存服务、广播服务及检票服务。

知识要求

了解迎门服务内容、指引站内业务作业程序、站场各设备、场所位置各作业流程；掌握服务交流动作及言谈技巧；熟悉站内各项业务作业位置、本站营运线路、班次、时刻、票价及其变化情况以及本地名胜古迹、标志性建筑、乘车路线；掌握旅客反馈意见及建议的收集与方法；了解音像设备播放影视、调节候车室内温度和灯光亮度的方法；掌握紧急消防知识；了解小件寄存工作流程、分类、范围、收费标准、保管方法、注意事项及其他规定；掌握客运服务常用英语；熟悉使用广播器材进行广播向旅客发布班车动态及各种信息；掌握儿童、残疾军人旅客的收费标准。

技能要求

能指引旅客到站场相应的位置及解答相关站场作业的流程服务；能进行文明有力的交流动作和言谈技巧；能为旅客介绍当地的情况、景点、乘车路线；能使用音像设备播放影视、调节候车室内温度和灯光亮度设备；能实践操作紧急消防知识；能根据寄存物品类别，按价格收费，结算寄存款；能熟悉运用客运服务常用英语；

课题一　迎 门 服 务

模块一　迎门服务工作内容

①向旅客介绍车站服务项目与服务场所的位置；
②引导旅客购买、候车、托运行包；
③热情回答旅客的询问；
④宣传车站新开辟的线路和新增班车情况；
⑤宣传班次变更情况；
⑥宣传汽车客运法规的有关规定和车站卫生管理规定等。

模块二　迎门服务岗位职责

①旅客进站要笑脸相迎，站姿端正、主动、热情；
②主动向旅客介绍售票、候车、行包托运、小件寄存等位置和办理程序；

③掌握车站班次变化及道路通阻情况,及时向旅客做好宣传;

④维持旅客进站秩序,做好旅客疏导工作;

⑤向售票、服务、检票等下道工序介绍重点旅客情况,主动帮助他们排忧解难;

⑥观察旅客情况,察看携带物品,制止"违禁"物品进站;

⑦虚心听取旅客意见,不断改进服务工作。

【案例3-1】

某汽车站"温馨服务岗"为旅客排忧解难

5月28日上午8时许,上海籍旅客王先生来到某汽车站售票窗口欲买前往南通的车票,当售票员告知其该站无南通直达班车又无法确定端午节过境车辆是否进站时立刻急得满头大汗,在售票大厅团团转。当其看到车站"温馨服务岗位"工作人员时立刻迎了上去请求帮忙。当该岗位站务员小张得知王先生是急着赶往南通为公司一笔重要业务签约时立刻将其带到车站客运科,根据客运科所提供的过境车辆信息一连打了十几个电话,但都由于节日期间客流量较大无法预留座位。情急之下,小张又与新浦汽车总站、苏欣快客站的票务人员进行多次协商和联系,最终联系上了新浦至南通的一辆过境客车的车主,恳求其务必途经灌云并预留1个座位。

当9时20分王先生顺利坐上开往南通的客车时连声道谢,并深情地说:"你们真是帮了我的大忙了!否则,我们公司将失去一次重要的签约良机,我谨代表公司向你们表示衷心的感谢"。

分析:在细微处见精神,该站"温馨服务岗"通过温馨服务,为出行旅客排忧解难,无形中提升了企业的服务品牌,是企业最宝贵的精神财富。

模块三 指引站内业务作业位置及介绍作业程序

根据旅客的要求指引站内业务作业位置及介绍作业程序,如果需要进一步了解,则需要到咨询台咨询。

模块四 维持旅客进站秩序

客运站经营者在提供进站客车的班车类别、客车类型等级、运输线路、起讫停靠站点、班次、发车时间、票价等信息后,再疏导旅客,维持旅客进站秩序。客运服务员应提醒旅客遵守乘车秩序,文明礼貌,携带免票儿童的乘客应当在购票时声明。不得携带国家规定的危险物品及其他禁止携带的物品乘车。

模块五 引导旅客对随身携带物品进行安全检查

①汽车客运站对旅客随身携带的行李、包裹及托运的行李包裹都必须按要求进行安全检查。对经安检设备检测发现有可疑物品的箱(包),应当进行开箱(包)检查。开箱(包)检查时,可疑物品的托运人或者携带者应当在场。汽车客运站安检部门或安检人员对旅客申明所携物品不宜接受公开检查的,可根据情况在适当场所进行检查。

②根据汽车站公司内部管理规章制度,对进入候车室旅客行包和随身携带物品,无论大小全部实行"机"检;对重点可疑旅客,要用手持金属探测器进行安检,确认安全后方可放行进入候车室。

③完善经过行李房直接装车货物的检查机制。由客运站制定完善的检查机制,配备足够的安检力量,明确检查的人员组成、程序、方法和处置措施等。对不能当场打开检查的托运货

物，行李房又无安检设备的，装车前必须全部运抵固定式X射线安检仪实施“机”检。

【案例3-2】

9月12日，客运站工作人员按照惯例对乘客的随身行包进行安检，当为一位上虞乘客的行包进行安检时，发现该乘客行包中藏有一把2尺长的马刀，工作人员立即对其身份进行登记，并且将该刀具收缴。该车站已多次查缴刀具、煤气罐、农药等各种危险物品。

分析：为确保乘客的旅途安全，客运站应认真做好安全宣传教育工作，严格把关危险品、禁运品的查堵工作。

模块六 阻止旅客携带禁运物品进站

1. 安全检查方法

在旅客及物品的安全检查中，一般有四种检查方法：

①电视检测机，主要用于检查旅客的行李物品。通过检查后，工作人员可以在行李上贴有“行李安检”的不干胶条，然后办理托运手续或随身携带登车；

②探测检查门，用于对旅客的身体检查，主要检查旅客是否携带禁带物品；

③磁性探测器，也叫手提式探测器，主要用于对旅客进行近身检查；

④人工检查，即由安检工作人员对旅客行李手工翻查和男女检查员分别进行搜身检查等。

2. 安全检查的程序

①行李物品检查，旅客进入客运站大厅时首先将行李物品放入电视检测机的传送带上，工作人员通过电视荧光屏检查后贴上“行李安全检查”的不干胶条；

②旅客证件检查，在汽车客运中，如有特殊需要，可以在旅客登车后，对旅客的个人有效证件进行检查并作出登记；

③手提行李物品检查，将随身携带的手提行李物品放在电视检测机的传送带上，由检查人员通过荧光屏检查。如发现有异物，须由检查人员开包检查；

④旅客身体检查，旅客通过特设的探测门，进行身体检查。如发现报警声，还需用探测器再查，或重新返回，将可能发出警报声的钥匙、香烟、打火机等金属物品掏出来，直到通过时不再发出报警声为止。

模块七 服务交流动作及言谈技巧

迎门服务作为车站的形象岗位，常会遇到旅客询问各式各样的问题，面对旅客的询问，服务员应以耐心，周到为原则做好答复，总体来说就是要做到：

语言清晰简单具体，发音标准，语速音调适中；面带微笑，体姿端正，必要时使用手势，以手势说明方向时，应将手心朝上，不可漫不经心或随手一指。

迎门服务标准语言见表3-1。

迎门服务标准语言 表3-1

1	旅客进站时	您好！欢迎您来我站乘车。 您去什么地方？请到售票处×号窗口购票
2	需督促时	（称呼），您带的行包超过免费规定。为了使您按时乘车，请到××处办理托运手续
3	旅客焦急时	请您不要着急，有什么困难尽管讲，我们尽量帮助您解决
4	介绍时	各位旅客，为了方便您的旅行，我们设置的服务项目有××……. 请您使用

【案例 3-3】

语言与服务

汽车站是个窗口单位,服务单位。一般旅客到了一个陌生的地方时都会有很多时候感到很茫然。当他们想了解一些乘车信息时,就会向站务员进行咨询。一个问题可以有很多种回答的方法。同样是一句话,可以使人上天,也同样可以使人入地。

过去,公共汽车上告诫乘客不要吸烟,是这样说的:"不要在车厢内吸烟,违者罚款10元。"现在是这样提示的:"为了您和他人的健康,请不要在车厢内吸烟,谢谢合作!"从过去到现在,语言上的变化正是体现着一种社会的进步。虽然出发点都是为了吸烟者的健康着想,但前者是惩罚性的,后者是告诫,充满着对他人的关怀,同样的一句话,发生的效果却是不同的。

因为车站是个纯服务性的行业。只要我们坚持为他人服务的宗旨,设身处地去为他人着想,成功是能把握的。比如说,一个同志来到我们车站询问车子的情况,我们的员工面带着微笑,很热情的接待着他,始终保持着百问不烦的心态,那么,他一旦有坐车的需求便会首先到我们车站,一传十,十传百。这样的话,就形成了一个活的广告群。为他人着想,顾客就是上帝,一切为了顾客,这就是成功的秘诀。

分析:一叶知秋,一言能知冷暖。规范的服务语言如何应用于迎门服务工作是站务员应掌握的。坚持为他人服务,坚持去为他人着想,成功是能把握的。

课题二 咨询服务

模块一 咨询台工作的主要内容

问事员要熟悉车站的情况以及班次的开发车时间,及时掌握车站的情况变化,耐心热情地解答问题,并做到:

①熟记本站营运线路、班次、发车时间、沿途主要停靠站点、里程、票价、运行时间等及其他交通工具到开时刻,了解掌握当地风土人情、名胜古迹及当地主要单位的地址和电话号码等情况,提供旅客指南;

②负责接待旅客问事,有问必答,百问不烦;

③负责办理旅客签证、改乘、退票、订票和失物登记、广播找人等工作;

④认真做好各项服务工作的原始记录,并及时整理上报;

⑤管好公用电话,及时做好传呼工作;

⑥做好失物登记,及时公布失物招领启事;

⑦宣传汽车客运法规,乘车须知,安全常识;

⑧其他代办服务,如打电话、代售残疾人车票,售晕车药等其他服务。

模块二 咨询台员工仪容仪表要求

①头发整齐、不染发、无碎发遮盖眼睛;

②仪容整洁,化淡妆上班;

③牙齿清洁,口气清新,无异味;

④手保持清洁,指甲不涂彩色指甲油,指甲修剪整齐;

⑤干净整洁的工装,无明显皱纹,无缺纽扣等不雅现象;

⑥按要求佩戴工号牌，保持工号牌的干净、整洁；

⑦接待旅客保持自然、亲切的微笑、为旅客服务时应热情、友好、主动；

⑧工作中身体要直立、姿势要端正；不能靠岗、叉腰、驼背、双手前叉和后背、手不要放口袋内；

⑨养成良好的个人习惯，不对旅客咳嗽、打喷嚏、不随地吐痰等一些不雅行为；

⑩口齿清晰，语言标准流利，声音适中、柔和、一般采用标准的普通话。工作中礼貌用语，文明用语，主动与旅客打招呼。

模块三　解答旅客关于站内各项业务作业位置

对于部分不清楚的旅客，咨询台服务员需要继续解答站内各项业务作业位置，必要时，可以亲自引领旅客到达具体业务作业位置。

模块四　回答旅客关于本站营运线路、班次、时刻、票价及其变化情况

客运站营运线路、班次、时刻、票价会在 LED 显示屏上反复播放，对于部分仍不清楚的旅客要耐心解答，尤其是对有变动调整的情形。

模块五　提供换乘指引

对于中转换乘的旅客，要根据其实际情况介绍本站如何换乘，以免耽误乘车。

模块六　介绍本地宾馆、医院、重要单位、休闲娱乐场所、名胜古迹等及其乘车线路

熟记本地主要宾馆、医院、重要单位、休闲娱乐场所、名胜古迹等及其乘车线路，建议将全部乘车线路制作成册，分发给有需要的乘客使用。

模块七　旅客反馈意见及建议的收集与方法

①设立意见反馈公示栏，具体内容有旅客意见栏、处理意见栏，旅客建议栏、改进措施栏。车站将会不定期的把旅客反映的问题，提出的建议如实地张贴上墙，以便解答旅客的疑惑，以及感谢旅客提出的合理化建议；

②实行站长接待日制度。做到在任何时候与任何情况下以服务旅客为至上，全心全意为旅客服务。此外，还可以实行站长接待日制度，由原来的间接了解旅客到面对面直接零距离的接触旅客，帮助旅客解决各种问题，热情为旅客服务；

③定期开展满意度调查。为进一步提升服务质量，更好的听取旅客意见，根据客运站的情况，定期向旅客发放满意度调查表，了解旅客要求，听取旅客对客运站提出的意见和建议。制订工作计划。做到了有部署、有计划，将工作落到实处。

④重视旅客投诉，不断改进服务质量。指定专人及时收集旅客意见，对反馈的服务质量和旅客投诉，在 3 天内都予以答复，采取召开班前会的形式，将意见反馈到班组和个人，举一反三，及时总结，不断提高。

课题三　候 车 服 务

模块一　指引旅客分区候车、检票、上车

客运站设置长短途或专区候车区域候车，按照候车、乘车指示，指导指引旅客分区候车、检

票、上车。

模块二 维持候车室候车秩序和治安秩序

1. 出现旅客严重滞留时的候车秩序和治安秩序

当出现旅客严重滞留的现象，客运站现有管理力量难以维持公路客运站治安、交通秩序情况下，采取以下措施：

①向政府申请增派公安、武警执勤人员，维护客运站治安、交通秩序，增派执勤人数根据具体情况决定；

②向政府申请调配公路应急运力疏运旅客。调配客车数量根据各客运站旅客滞留情况决定。运管人员维护客运秩序。

2. 出现突发事件时的候车秩序和治安秩序

1）发生爆炸事件

①如发现可疑爆炸物品，现场执勤人员（包括公安、武警、交通、城管、卫生）要迅速疏散群众，控制现场，及时向政府有关部门报告。公安部门要立即组织力量赶赴现场进行处置；

②发生爆炸事件时，现场执勤人员要迅速组织旅客疏散和实施抢救，维持现场秩序，划定警戒区域，搜捕凶犯，同时立即向政府有关部门报告。公安、武警、交通、城管、卫生等部门要迅速调派力量前往现场处置，实施救护，当地医疗部门即时派出足够运力实行抢救，不足时可向邻近医疗单位增援；

③所在地公安部门要及时增派警力，确保客运站周边地区道路、隧道和天桥的畅通。如在隧道和天桥上发现爆炸物或发生爆炸事件，执勤民警应立即疏散隧道和天桥上的旅客，并临时对其封闭，及时进行处置。

【案例 3-4】

可疑爆炸物 3 分钟内被清除

一名“男性旅客”稀里糊涂地将打火机液体装进了包里带进某汽车客运站；一个戴着墨镜、穿着红色上衣的“中年乘客”将刀具装在了行李中，拒不接受开包检查；车站候车室座位边，一个可疑爆炸物行李包赫然出现；车辆在启动后发生自燃……昨天下午，汽车南站进行了一场安保演练，车站工作人员会同民警、消防队员，迅速将一幕幕“险情”排除，其出手之快，让众多围观乘客大开眼界。

演练场景 1：车站安检口有人“闯关”

下午 4:00，某汽车客运站入口处，长长的乘客队伍正在接受安检。扫描屏幕上，几位工作人员全神贯注地盯着“透明化”的箱包。突然，一位工作人员发现了什么，三步并作一步冲上前去，把一只黑色的公文包“拦截”下来，公文包的“主人”也被请到了一边。

“对不起，你包里装了罐装东西，我们需要开包检查，麻烦你了。”中年男子很配合地接受了检查。包裹里放着的衣服下面，检查人员发现了一瓶打火机液体。随后，工作人员将危险品没收处理。

不一会，一名戴着墨镜的“男旅客”大步走了过来，一边大声嚷嚷“我包里都是吃的穿的，用不着检查”，一边径直朝里走。被安检人员拦下来后，该男子很不情愿地将包放到了安检仪上。经检查，包内有一把长约 30cm 的管制刀具。然而该男子一直称那是一把水果刀，并且不愿开包检查。工作人员一边稳住旅客，一边向在场民警汇报。民警再三劝说无果，采取果断措施，实行“强制传唤”，将该男子请入民警值班室。

演练场景2:3分钟清除可疑爆炸物

下午4:20,该车站二楼候车室里人头攒动,巡查人员小庄握着对讲机在巡逻,某座位底下一个黑色的双肩包映入了她的眼帘。小庄立马提高了警惕,开始向周围旅客询问"包主";一圈下来询问无果,小庄赶紧用对讲机向值班室报告。一方面,工作人员开始控制包裹加以警戒;另一方面,迅速拨打"110"报警。此时,广播室人员也开始广播"人员疏散注意事项",检票人员分头带领候车室旅客进行疏散。

很快,在警笛呼啸声中,一辆警车迅速开到现场。多名防爆特警从车上跳下来,一名特警手牵着一条黑色警犬。身着防爆服的特警,利用先进仪器对可疑包裹进行检测,在确定里面装有爆炸物品后,特警用金属棒将可疑包裹装入排爆车辆并迅速撤离。从出警到清除可疑爆炸物,仅用了3分钟左右的时间。

演练场景3:车辆启动后发生自燃

"乘客都上客完毕,准备发车。"一辆从苏州开往昆山的车已经准备开车,检票员突然发现车辆后部冒出烟雾。于是立即通知了驾驶员。驾驶员迅速将车停稳,关闭电源并打开车门,组织旅客下车疏散。随后,车站人员一面拨打"119"报警,一面用干粉灭火器组织扑救。消防车赶到后,4名消防员在停车场的消火栓箱内引出水带,向着火车辆进行喷射。只花了几分钟,自燃车辆后面的烟雾就被迅速扑灭。

真实案例:2007年9月3日,××汽车客运中心广场附近发现疑似爆炸物,警方接警后及时赶到现场,使用排爆机器人成功将疑似爆炸物放进排爆球罐。

分析:从以上演练场景,有助于加强客运站的安全防范工作,有备无患。

2)发生恐怖袭击事件

①客运站、运输工具、运输道路(铁路、航道)、旅客等目标受到恐怖袭击威胁时,现场执勤人员要迅速疏散旅客远离袭击目标,维护现场秩序,及时向政府有关部门报告。公安、武警、交通、城管、卫生等部门迅速调派力量前往现场组织处置,实施救护。

②当发生危害国家安全的恐怖袭击事件时,要立即向政府报告,部队、武警、公安等部门迅速调集足够警力进行处置,尽快平息事件。

3)发生群体性骚乱事件

①如运输长时间受阻,滞留客运站旅客聚集闹事,现场执勤人员要及时做好劝导和秩序维护工作,并立即向政府有关部门报告。公安、武警、交通、城管等部门迅速增派力量前往现场组织处置。对"法轮功"闹事人员和其余故意破坏人员,要立即予以扣留,并移交有关部门审查处理。

②当出现不法分子趁乱进行打砸抢等违法犯罪活动时,现场执勤人员要坚决制止,公安干警应将首犯抓获并迅速带离现场。客运站所在地公安局负责对不法分子进行监控、取证,为事后依法处理提供依据。

③当发生危害国家安全的暴乱时,要立即向政府报告,部队、武警,公安等部门迅速调集足够警力进行处置,尽快平息事件。

4)发生火灾事故

当发生火灾事故时,现场执勤人员要迅速疏散群众,维持秩序,抢救伤员和财产,并立即向消防部门报告。消防部门要迅速派遣消防车辆和人员到达现场灭火,公安、武警、交通、城管等部门要增派力量维持现场及周边的治安秩序和交通秩序,医疗部门实施救护。

5)发生交通严重堵塞或重大交通事故

当发生交通严重堵塞或重大交通事故时,如交通堵塞在1小时以上,交警执勤人员迅速赶往现场进行处置，同时向上级部门报告。交警部门要尽快排除交通堵塞，做好事故处理，恢复交通。

6)发生突发公共卫生事件

当发生突发公共卫生事件时，卫生防疫、公安、武警等部门立即对疫病传播区域进行警戒、隔离，对被传染人群进行救护，做好防疫处理。如发现“非典”、“禽流感”病人或疑似病人后，应立即向当地卫生部门报告，并就近在当地及时隔离治疗，切实防止因病人跨地区求医或流动而导致疫情扩散。客运站要加强对旅客携带、托运的物品的检查，严禁旅客携带疫区的禽类及其产品乘车船出行。一旦发现来自疫区的禽类及其产品，要立即暂扣并请卫生防疫部门按规定进行处理。必须做到及时、迅速、高效、有序地处理疫情。

模块三 使用音像设备播放影视

为缓解旅客旅途劳累，以及宣传国家的政策方针，客运站通常在候车大厅等地安置音像设备，由专职的技术人员维护和管理。但是客运服务员要学会使用。

模块四 调节候车室内温度和灯光亮度

除了换气、供暖等配套设施外，站房内部还应设置中央空调，在各种采暖、空调设备的保障下，候车室、售票厅夏季温度在26~28℃之间，冬季也将保持在18 ~20℃。每天由专人负责对候车室的温度进行测量和监督，使空调一直保持在28℃左右的恒温。为保证空调处于良好的状态，负责安装的厂家，应做到随坏随修理，并对候车室、售票厅的设备进行定期彻底检查。夏季车站应为旅客准备了十滴水、仁丹、风油精等防暑药品，防止旅客中暑。

模块五 紧急消防知识

(1)预防火灾的措施。

①加强对可燃物的管理；

②管理和控制好各种火源；

③加强对电气设备及其线路的管理；

④易燃易爆场所应有足够的、适用的消防设施，并要经常检查，做到会用、有效。

(2)掌握正确的灭火方法。

①冷却灭火方法；

②隔离灭火方法；

③窒息灭火方法；

④抑制灭火方法。

(3)紧急情况逃生方法。

①自救逃生时，要熟悉周围环境，迅速撤离火场；

②紧急疏散时要保证通道不堵塞，确保逃生路线畅通；

③紧急疏散时要听从指挥，保证有秩序的尽快撤离；

④当发生意外时，要大声呼喊他人，不要拖延时间，不要贪恋财物，以便及时得救；

⑤要学会自我保护，尽量保持低姿势匍匐前进，用湿毛巾捂住嘴鼻；

⑥要保持镇定，就地取材，用窗帘、床单自制绳索，安全逃生；

⑦逃生时要直奔通道，不要进入电梯，防止被关在电梯内；

⑧当烟火封住逃生的道路时，要关紧门窗，用湿毛巾塞住门窗缝隙，防止烟雾侵入房间；

⑨当身上的衣物着火时，不要惊慌乱跑，就地打滚，将火苗压灭；

⑩当没有办法逃生时，要及时向外呼喊求救，以便迅速的逃离困境。

(4)正确的报警方法。

①大声呼喊报警；

②使用手动报警设备报警；

③拨打“119”火警电话报警。

(5)正确使用消防器材。拔掉保险销，握住喷管喷头，压下握把，对准火焰根部喷洒。

(6)有效利用火灾初期扑火。在扑灭火灾时，必须遵循：先控制后消灭，救人第一，先重点后一般的原则。

(7)正确组织人员疏散逃生。

①按疏散预案组织人员疏散；

②酌情通报情况，防止混乱；

③分组实施引导。

(8)紧急救护常识。

在我国，一旦发生火灾、中毒等灾害事故，救护工作通常依靠目前极其有限的政府的医疗力量。我们大多唯一能做的一件事情就是设法赶紧把危重伤员，尤其是昏迷及停止呼吸者送医院，而没有想过第一时间进行现场急救对挽救危重伤者的生命是多么重要。为此我们都有必要掌握一些紧急救援的基本知识，以便在紧急时刻出手拯救垂危的生命。

①伤者被救出火场后，火场中的被困者可能受到的伤害是：吸入浓烟造成中毒，呼吸道和肺部被炽热浓烟灼伤，一些被困者还可能直接被火烧伤。被抬出火场的伤者若已进入昏迷或半昏迷状态，我们要做三件事：

a. 解开伤者上衣，暴露胸部，松开皮带以散热；

b. 急救者把手插入伤者颈后将其向上托起，一手按压伤者前额让其头部后仰，使伤者的呼吸道尽量畅通(做人工呼吸时，务必使呼吸道保持畅通开放)；

c. 将耳贴近伤者口鼻倾听有无呼吸声，观察胸部是否起伏，瞳孔是否有放大，检查是否有心跳、脉搏，确认有没有出现心跳和呼吸停止。

②心跳和呼吸停止，马上进行人工呼吸，一秒钟也不能等。在常温下，心跳停止3s病人感到头昏；10～20s病人发现昏厥；30～40s瞳孔散大；40s左右出现抽搐；60s后呼吸停止。脑组织对血缺氧十分敏感，在呼吸循环停止4～6分钟后，脑组织即可发生不可改变性损害。复苏开始越早，存活率越高。大量资料证明：在心跳呼吸骤停4分钟内进行心肺复苏者可能有一半人被救活；4～6分钟开始心肺复苏者可能有10%被救活；超过6分钟开始心肺复苏者可能有4%被救活；10分钟以上开始心肺复苏者几乎无存活可能。心跳呼吸停止，是最紧迫的急症，心肺复苏(人工呼吸和胸外心脏按压)便是对这一急症所采取的急救措施。一旦确认伤者心跳、呼吸停止，必须争分夺秒进行急救，时间就是生命。

③掌握正确的急救方法，首先要懂心肺复苏术的原理。人的心跳停止后，全身血液循环即停止，脑组织及许多主要器官因得不到新鲜氧气和血液供给而将发生细胞坏死。此时，必须在病人肺内有新鲜氧气进行气体交换的情况下进行胸外心脏按压。因此实施心肺复苏时，首先要做人工呼吸，再进行胸外心脏按压。

人工呼吸的原理：正常人吸入的空气含氧量为21%，二氧化碳为0.04%；肺脏只吸收所吸入氧气的20%，其余80%的氧从肺脏呼出。因此，当正常人给病人吹气时，只要有较大的气量，则进入病人心跳肺内的氧气量是足够的。在病人心跳呼吸停止后，肺处于半萎缩状态，给病人做人工呼吸能在呼吸道畅通的情况下将新鲜空气吹入病人肺内以扩张肺组织，有利于气体交换。

胸外心脏按压的原理：胸外心脏按压是利用人体胸腔及心血管系统的特点来起作用的。当作胸外心脏按压时，由于是用外界的压力将心脏压在胸骨与脊柱之间，心脏内的血液自然向动脉流去，放松时，心脏恢复原状，静脉血被吸回心脏。

课题四　寄存服务

模块一　小件物品的保管常识

(1)客运站一般设立“小件物品寄存处”，为旅客提供小件物品的临时寄存服务；

(2)一般旅客小件物品寄存、保管和提取服务的营业时间为：每日5:30—18:00；寄存、保管期：最长不超过3个月；

(3)旅客寄存小件物品时，车站发给其寄存牌和收费票据，旅客凭寄存牌提取寄存物品。遗失物品寄存牌的，需凭有效证件，经验证无讹，方可提取行李；

(4)依据汽车客运站收费实施细则规定，旅客小件物品寄存的计费按每天每件规定金额收取；

(5)寄存小件物品的计件、计费和计重方法：以单件每10kg为一计费单位，不足10kg的尾数按10kg计算；每1kg小件物品的体积超过$0.003m^3$为轻泡物品，按体积每$0.003m^3$折合1kg的折算标准确定计费质量；

(6)禁止寄存的物品的：

①枪支、弹药、雷管；

②易燃品、易爆品、易碎品、鲜活品、腥腐品、毒品、放射性物质；

③文物、贵重物品、有(无)价证券；

④标有密级的文件、图纸和其他资料；

⑤可能危害公共安全和卫生的其他物品。

(7)为维护公共安全和卫生，车站寄存工作人员可要求旅客开包查验寄存物品，拒绝查验的物品可不予寄存；

(8)旅客寄存的小件物品应包装完好，破损的物品不予寄存；

(9)旅客应在约定的保存期内提取寄存物品，超过寄存、保管期限3个月无人领取的，由车站登记造册，移交当地公安机关处理；

(10)因车站责任造成寄存物品损坏、灭失的，按每千克最多不超过20元的金额赔偿。

模块二　小件寄存的范围、收费标准、保管方法、注意事项及相关规定

1. 小件物品寄存范围

小件物品寄存应捆扎牢固，包装完好，能锁的自行加锁，凡危险品、违禁品、易燃品、易爆品、易污品、贵重物品、武器弹药、鲜活物品、科学仪器，均不得办理寄存手续。机密文件、有(无)价证券、货币现金等不办理寄存手续，也不准夹在其他物品中寄存。

2. 收费标准

小件行李寄存的收费办法，由省级公路运输主管机关制定，具体标准如下：

(1)小件行李寄存，以单件每10kg(不足10kg的尾数按10kg计算)或体积在50cm×40cm×

30cm 以下为一个计费单位，按天计收；

(2) 每 1kg 小件行李的体积超过 $0.003m^3$ 为轻泡行李，按体积每 $0.003m^3$ 折合 1kg 的折算标准确定计费质量；

(3) 2 元/次(天)，超过质量、天数、体积，每档加收 100%。现金、各类票据证件、手机、摄像机、电脑、首饰、公文包、背包、重要资料等贵重物品、机械配件、精密仪器、超重物品、家禽、宠物等视情况计收；

(4) 行李寄存期间如发生损坏或灭失，予以修理或参照市场同类商品价格折旧，适应赔偿；如行李内夹有贵重物品、现金、相机、音响设备、证件、易碎、易损物品等，旅客如不事先声明，发生损坏或灭失的不给予赔偿。

3. 保管方法

寄存处为旅客寄存物品时，一方面应做到手续简便，旅客随时寄存，随时领取；另一方面还要搞好治安，以防止失窃事故发生。在接收小件行李时，应嘱咐旅客捆绑，码好行李包裹，保管员应爱护寄存物品，轻拿轻放，摆放合理、整齐，经常保持清洁卫生，检查存放状况，如发现异常情况，应做好现场记录，及时上报，查明原因，妥善处理。换班要当面清点物品存放件数、位置、收据、标签等，必须交接清楚，存取时间和了解上班遗留问题，而且收款项目要日清日结。

4. 注意事项及相关规定

(1) 车站对无法交付的行李、包裹、小件寄存物品，在保管期间内，要设法查明物主并催促旅客或收件人领取。超过保管期限仍无人领取时，应按以下规定处理：

①军用品、历史文物、违禁品应会同有关方面按有关规定妥善处理；

②一般物品经登记造表后作价处理；

③没有变卖价值或完全失去使用价值的物品，可由运输企业详细造表后适当处理。

作价处理的逾期无人认领的物品所得款项，应先付清保管费和因处理所需的各项费用，余款由运输企业代为保管。自作价值收入之日起，在规定时间内仍无人领取时，应按有关规定缴入财务。

(2) 因车站责任造成寄存物品损坏、灭失的，按当时有关规定每千克最多赔偿限额赔偿；

(3) 因车站或运方责任，造成旅客人身伤害的，由责任方赔偿处理；

(4) 行李寄存超过 30 日不领取的，按无人领取物品处理，小件物品寄存达 90 日仍无人认领的按无法交付的行包处理；

模块三　各类物品的划分细则

包括：小件工业品、农副产品、印刷品、药品、服装等，以及其他不危及客运车辆和旅客安全的物品。

模块四　小件寄存工作流程

①服务员准备工作，旅客申请寄存服务；

②检查验货，车站保管员逐一核查寄存行李有无危险品等禁存物品；

③填表，确认无禁存品后填写“小件行李保管记录表”；

④贴签收费，保管员在乘客行李物品上加贴相应标签，一件一签，按件按规定计量收费；

⑤向乘客交付对应提取凭证、存费收据等；

⑥存放物品，寄存物品摆放整齐，轻拿轻放，系好寄存牌；

⑦旅客提取寄存物品时，保管员认真查验提取凭证、点件核对，逐件交付，办理提取手续。

模块五　区分寄存物品类别，按价格收费

寄存物品应按照国家政策，经当地主管部门批准执行，按每天每件计收。

模块六　提示旅客，对贵重物品，不予寄存

参见模块二。

模块七　按照工作流程寄存物品，确保物品安全

参见模块四。

模块八　查验提取凭证、点件核对，进行交付

参见模块四。

课题五　广 播 服 务

模块一　广播宣传

广播室是汽车站进行政治、时事、业务知识宣传和通知有关运输事宜的处所。通过广播，可使旅客了解政治形势和旅行常识，活跃旅行生活，维持车站秩序，指导旅客办理业务手续，安全、及时地乘车。因此，车站应通过搞好广播宣传工作管理，使广播宣传工作既能做到及时宣传党和国家的方针、政策，又能紧密配合车站站务作业，使广播工作真正发挥其宣传作用。

模块二　掌握客运服务常用英语

以下是客运站务常用英语对话。

(1)关于买票时的车站英语情景会话一：

A：Excuse me，I want to buy two tickets to X today.（你好，我想要两张今天到 X 的票。）

B：OK，when do you want to travel? Morning，or afternoon?

（什么时候的？早上的，还是下午的?）

A：Morning，please? As soon as possible，please.

（早上。尽早的车。）

B：Seat or sleeper?

（要硬座还是卧铺?）

A：I think sleeper is ok.

（卧铺就行。）

B：One moment，please.

X yuan in total，please.

（稍等……，一共 X 元。）

A：Here you are.

（给你钱!）

B：Here are the tickets.

(拿好票。)

A:Thanks.(谢谢)

B:Next.(下一位。)

(2)关于买票时的车站英语情景会话二:

A:Excuse me. Is there any bus to X,please?(不好意思打扰了,请问有没有到X的车?)

B:When do you want to set out?(你什么时候出发?)

A:Ah,as soon as possible.(啊,尽快吧。)

B:The earliest you can get is at X'clock this afternoon.(最早的是今天下午X点的。)

A:That's a little bit too late. Isn't there any earlier?(那就有点晚了。没有早一点的吗?)

B:I'm sorry,but we're completely booked up this morning.(不好意思,上午的都订满了。)

A:OK,then. X'CLOCK would be all right. How much is the ticket?(好吧,那就下午两点的吧。请问票价多少?)

B:X Yuan.(X元)

A:Here it is.(给你)

B:Thank you. It's exactly X Yuan. And it's your ticket. Have a nice journey. Next please.(谢谢,刚好X块。这是您的票。下一位。)

(3)征求旅客意见

We will try our best to meet your needs. A passenger's book is available on the wall of the waiting room. Your valuable advice is most welcome. Please take a seat and we will notify you as soon as the time to be on board.

我们会尽力满足您的需求,在我们候车室墙壁上有旅客留言簿,欢迎您多提宝贵意见,请您安心休息,剪票进站时,我们会及时通知您。

模块三 宣传《旅客须知》、气象情况及介绍本地名胜古迹、经济、文化和其他稿件

客运服务员在广播中应随时提醒旅客注意气象情况,同时为有旅行需要的旅客介绍本地名胜古迹、经济、文化和其他稿件。宣传《旅客须知》,维持站务秩序。

以下是旅客须知范例:

①旅客乘车必须遵守公路客运法规,服从站务人员安排,维护乘车秩序,爱护车站设施,保持清洁卫生,讲究文明礼貌。为保障公众安全,本站拒绝下列人员乘车:不遵守汽车客运规章而不听劝告者;严重丧失社会公德者;可能影响行车安全或损害其他旅客合法权益者。

②旅客乘车须持本站的有效车票,按票面指定的日期和班次,经站务人员检票后上车、对号入座,车票遗失须另行购票。

③成人及身高超过1.50m的儿童乘车购买全票。身高1.20m以下,不单独占用座位的儿童乘车免票。身高1.20~1.50m的儿童乘车购买儿童票,儿童票按执行票价的50%计算。

④凡持有证明,执行防汛、抢险、救灾等紧急公务的人员,以及革命残疾军人、因公致残的人民警察、现役军人、两院院士、新闻记者,可优先购票。伤残军人,凭民政部颁发的《革命残废军人抚恤证》购买优待票,优待票享受半价票待遇。

⑤旅客随身携带乘车物品,每一张全票免费10kg,每一张儿童票免费5kg;物品体积不能超过0.02m^3,长度不能超过1.8m,并以能置放在车内行李架上或本人座位下为限,超过限额部分应购自理行包票或行包房办理托运手续,占用座位时,按实际占用座位数购客票。

⑥机密文件、贵重商品、易碎品、精密仪器、有价证券、电视机等物品均不能做行包托运,由旅客自行携带看管,超过免费携带限重,限体积的须办理行包手续。如占用座位,按实际占用座位数购客票,对座位有磨损的,由旅客自备垫物。

⑦醉酒或精神失常无人护送或虽有人护送仍可能危及其他旅客安全者,恶性传染病患者,以及不遵守汽车客运规章且不听劝告者,均不允许乘车。

⑧旅客应持有效车票,按票面日期、时间、车次,提前到站候车,依次检票上车,对号入座,下车验票出站。

⑨所有旅客都应无例外地按规定接受车站工作人员及当班驾、乘人员对违禁物品的检查,车辆行经险路、险渡口或加油站时,必须听从驾乘人员或其他指挥人员的指挥。

模块四 向旅客发布班车动态及各种信息

广播员反复播报班车信息,以及其他信息,比如创卫、创文明的宣传、寻物寻人等。

模块五 提醒各岗位工作人员做好工作准备、提醒旅客按时检票上车

按照每日计划提醒各岗位工作人员做好工作准备、提醒旅客按时检票上车。

课题六 检票服务

模块一 引导旅客按车次候车

导乘或咨询员引导旅客到售票窗购买车票后,按照票面上的候车卡位和客运站的路标指示,到相应的候车地点,在指定时间内按秩序排队候车,检票上车。遇到问题可咨询导乘、咨询、检票员或安检员等工作人员。

模块二 检查车辆是否停留在指定卡位

客运站一般设有备用卡位,检票员检查客运车辆是否停留在指定卡位,如果没有及时停留在指定卡位,需第一时间反馈给站场管理人员,弄清楚原因,作相应处理。

模块三 根据报班记录按时检票

客车进站,旅客下车后,驾驶员或相关乘务人员到调度室报班,把客车,旅客的相关情况报送车站,调度员核对填写客车的进站情况,确定开车时间。填写报班记录完毕后,检票员按时检票。短途旅客可在指定期间内验票上车,而长途旅客必须在规定时间到检票口检票上车,错过该班车要办理退票或换票手续。检票口根据调度室了解班车到站情况,也根据买票情况核实乘客的上车情况,报予驾驶员或相关乘务员。

模块四 核对车票,防止旅客错乘、漏乘、误乘

检票员须核对车票,防止旅客错乘、漏乘、误乘,一旦发现以上情况,需及时向旅客指出并作相应处理。

模块五 测量儿童身高,防止超高儿童无票或半票乘车

身高超过 1.5m 的儿童乘车购买全票。身高 1.2m 以下、不单独占用座位的儿童乘车免

票，身高1.2～1.5m的儿童乘车购买儿童票，儿童票按照具体执行票价的50%计算。

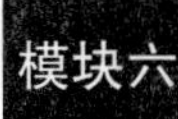

模块六 检查旅客所持的全票、儿童票、伤残军人、因公致残的人民警察票等车票票种与旅客身份是否一致

（1）购票须知

①身高超过1.5m，购全票，身高在1.2～1.5m的儿童只需购半票；

②对伤残军人或因公致残的人民警察予以票价优惠，凭民政部颁发的《革命残废军人抚恤证》、《人民警察伤残抚恤证》即可按全票的50%购买优待票；

③对执行防汛、抢险、救灾等紧急公务的人员，以及革命残疾军人、因公致残的人民警察、现役军人、两院院士、新闻记者，可凭有关证明优先购票；

④需要躺卧的伤、病旅客，按实际占用的座位购票。

（2）检查旅客所持的全票、儿童票、残疾军人票等车票票种与旅客身份是否一致，一致的话按照规定给予优惠，不一致的话要求补票。

模块七 发车前按报单核对人数，并在报单上签字盖章

通常来说，报班后开始检票，检票系统会显示已售票数和已检票数，当全部已售票检完发班前，驾驶员或驻站人员也可能是乘务员会在车上核查旅客人数，校对完毕之后需要在结算单上签字（一般都是签字），有条件的车站会在班车出站的时候由出站口的场管人员再次上车核查并再次签字（主要是为了防止车方偷客现象的发生）同时也可以防止超员出站。

模块八 提交结算单

检票结束后，刷卡或输入车牌号，系统将提取检票数据（在此也可扫描条码检票，检过的车票不能再检），结算单内容包括：车牌号、车属单位、车型、线路、车次、发车时间、结算日期、到各个下车站的名称、车票结算价、人数、金额、扣款项、扣款金额、合计人数、合计金额、操作员、结算单编号、结算类别等。

思考题

1. 迎门服务的工作内容？
2. 阻止旅客携带禁运物品进站安全检查方法有哪些？
3. 咨询台工作的主要内容有哪些？
4. 熟悉在不同情况下如何维持候车室候车秩序和治安秩序？
5. 实践演练紧急救护常识？
6. 了解小件物品的保管常识？
7. 熟悉小件物品寄存范围与收费标准？
8. 掌握客运服务常用英语？
9. 根据儿童的不同情况的购票标准？
10. 给予票价优惠的票种有哪些？

单元四 售票服务

学习目标

本单元主要的学习内容是票据发售、票据结算的基本知识。

知识要求

掌握售票系统使用基本知识、售票、补票、退票手续；掌握班车线路、班次、车型，解答旅客关于班次线路、时间等方面的问题；熟悉填制售出票据日报表、售票员交款凭证、交款封条；了解客运票据管理办法、报表统计、会计结算、报表。

技能要求

能熟练办理售票、补票、退票手续；能解答旅客关于班次线路、时间等方面的问题；能填制售出票据日报表、售票员交款凭证、交款封条。

课题一 票据发售

模块一 售票系统使用基本知识

当前，客运站售票基本都是采用微机售票系统进行售票，微机售票系统的应用突出"节约工资"和"业务处理速度"两效果，它适应公路汽车客运售票的劳动强度大、人员多、速度慢的改革工作，是道路运输信息化的重点。采用微机售票系统售票，彻底地解除了那种用手工操作取票、打车次、盖时间、填座号等杂乱的工作层次，做到全部手续一次输出，并在提高售票工作效率的情况下，将原来实行的定向窗口售票，改为全方位售票窗口。只要在售票厅里挂一个全站发车班次时间表和营运线路图，便于旅客查找和选择，旅客到任何一个售票窗口都可以买到自己所需的客票，方便了旅客，又精简了售票人员定额。微机售票可改善售票环境，简化票种，只使用一种统一的微机票，取消原来的多种定向定额票种，免去了票根回收、票根结算及审核手续，日报表也是从微机中一次性自动完成。

随着互联网技术的发展，客运售票更加灵活方便，客运售票一般包括预售票、退票、改乘、补票、废票、班车实时查询、售票员当日票款查询等功能，为售票员及乘客都提供最优质的服务。

【案例 4-1】

广州中运公司基于 BS 架构的售票系统简介

1. 系统说明

BS 架构，基于浏览器进行操作，使用更方便、管理维护更简单、后期维护成本更低；

在售票子系统中，售票员均有各处独立的工号与密码，并可随时更改密码。

售票时，计算机自动搜索数据库中的相应信息，自动生成条码，并实时打印带有条码符号的车票，座位号可根据实际的需要进行选择。

班车的不同状态(开班、停班、报班等)采用不同的颜色进行表示,班车按时间进行排列,最早的班车排列在最前面,使售票员对班车情况一目了然,最大可能的避免售错票。

进行预售票、退票、改乘、补票、废票、班车实时查询、售票员当日票款查询等,功能齐全,考虑十分周全,为售票员及乘客都提供最优质的服务。

2. 售票系统功能说明(表4-1)

售票系统功能 表4-1

功　能	说　明
界面	纯BS架构,基于浏览器操作,显示当前的时期、时间、操作员、票号、站点等信息。在售票系统中的操作全部采用快捷键的方式,操作简单,速度快。如图4-1、图4-2所示
售票	站点码、班次、助记码等多种售票方式,方便售票员使用。 售票系统可以发售不同的票种(全票、半票、免票、军人票、优惠票等)以及不同车次类型的票种(普通车次、流水车次)。 异地实时(远程)联网售票。乘客可在不同的地方购买不同车站的车票。 班车携带免票儿童数的限制。 在软件界面上保留上次售票信息,如收款、找零等。 支持银联、信用卡等多种支付方式
退票	符合各车站标准的退票处理过程(包括远程退票)
预售票	售票系统可以预售不同的票种(全票、半票、免票、军人票、优惠票等),以及不同车次类型的票种(普通车次、流水车次)。 异地实时(远程)联网预售票。乘客在不同的地方购买不同车站的车票
改签/乘	由于乘客因某种原因需由一车次改乘到另一车次时,对该乘客进行改签处理
补票	在未到发车时间,而正常售票已停售后,可按规定办理补票
废票	对由于发售错误或打印机故障造成的错票,系统提供作废处理
班车实时查询	实时查询当前的班车信息
售票员当日票款查询	售票员当日票款的统计、汇总、查询等
售票查询	对售票操作员可设定不同的查询权限及范围
密码修改	系统用户可修改本人登录密码

3. 系统界面(图4-1)

图4-1　系统界面

模块二 办理售票、补票、退票手续

1. 售票

1)售票准备

①售票前,客运站应开启实时售票显示屏,开启柜台对讲、显示和服务监督系统;

②应在售票处明显位置公示旅客乘车须知、班车时刻表、里程价格表、营运线路图、儿童身高标志等;

③售票室内应挂置日历牌和时钟;

④售票员检查售票主要设备(主要设备有储票柜,售票箱,日期机,保险柜,计算器(算盘),车次戳,剪刀等。如为电子售票还配有电子计算机及车票打印机等设备,并要有良好的通风和照明以及便于售票作业的专用桌子和转椅等)是否准备就绪,等所有售票前工作准备完毕后方可售票。

2)售票中

售票时,售票员应遵守操作规程,保证售票的公平性,严格按照旅客意愿、班次时间顺序及"三清三唱"的操作规范发售客票,按《汽车运价规则》发售优惠票,严禁出售超员票。

售票员售票时应提示购票人员主动申报是否带有符合规定的免票儿童。成人及身高超过1.50m的儿童乘车购买全票。身高1.20~1.50m的儿童购买半价儿童票。革命伤残军人和因公致残人民警察乘车凭民政部颁发的《革命伤残军人抚恤证》和人民警察伤残抚恤证》购买半价优待票。

售票人员售票时,应按照"八字"售票口诀售票。"八字"售票法,即:

①问:问清到站,日期,车次,座别,张数,经由,并告诉旅客票价和是否停车;

②收:点收票款,认清币种,将收款放在左方桌面上;

③取:抽取车票,确认到站,票种,票号上下是否连续,取够张数;

④做:制票,扎日期,盖车次,贴座号(或卧铺号),如发售非专用的减价票时,应在车票两端扎印日期,剪下票角;

⑤找:取出零钱,准确找补;

⑥核:复核票面票价,找零钱与已收票款是否相符,日期,车次,座号,卧号,到站张数是否正确;

⑦交:把票和找零款一并递交给旅客同时唱报到站,张数,做到一次一清,把好最后出票和找零钱关,然后将票款分类妥善存放;

⑧记:统计售出张数,落实计划售票。

3)售票结束

售票结束后,交接班清楚,收入日报表填写准确,票款收入日清日结,票、款、账相符,不羁押不挪用票款。

2. 补票

对无票乘车但在出站时主动补票的旅客,客运站除补收自班车始发站至旅客到达站的票价外,应另加收补票手续费。对出站时经检查发现无票或持无效客票乘车的旅客,除需办理上述补票手续外,还应按票面金额的50%~100%罚款。补票手续费、罚款收入归客运站。

3. 退票

(1)旅客因临时或其他原因不能乘坐已购买班次的车辆时,可以办理退票手续,客运站办理退票手续向旅客收取退票费。

(2)旅客退票时,客运站可收取退票费,退票费按下列标准收取:

①当次客运班车开车时间2小时前办理退票,按票面金额10%计收,不足0.5元按0.5元计算;

②当次客运班车开车前2小时以内办理退票,按票面金额20%计收,不足1元按1元计算;

③因旅客延误乘车,在当次客运班车发车后1小时内,按票面金额50%计收,不足1元按1元计算;

④开车1小时后不办理退票;

⑤旅游客车开车24小时前办理退票,按票面金额10%计收,不足1元按1元计算;

⑥旅游客车开车前24小时以内办理退票,按票面金额50%计收退票费,不足2元按2元计算。

(3)办理退票手续时,客运站工作人员应遵循"五字"退票法:

①看:看票面日期,车次,发到站,票价,有效期间,改签日期,有无"禁退","禁卖"字样事项,注意有无挂失,涂改,伪造,发现问题要问清客票来历,票价及退票原因;

②盖:在票面上盖"退"字章;

③填:确认无误后,填写退票报告;

④收:注意收回退票,防止误交旅客;

⑤核:按退票报告,净退票款,核清现款后将票款和退票报销凭证一起交给旅客,取退款时,按票面额从大到小,正反复点,交付旅客时唱报清楚。

客运站办理退票向旅客收取退票费。由于客运站或承运人的责任造成延误发车或脱班,应允许旅客退票,并免收退票费;开车后不办理退票。旅客因急病、伤或临产必须中途终止旅行时,凭医院诊断证明和原客票,退还未乘区段票款,免收退票费。

模块三　为旅客选择最佳的班车线路、班次、车型

客运站售票前应在相应位置设置旅游区线路图、旅游名胜简介,公布旅游车型、班次、线路等,方便旅客选择。售票时售票员应当问清旅客需要乘坐的班车线路,班次、时间,车型等,尊重旅客的选择,按旅客指定到达地点,选择最佳路线行驶,不得把自身意愿强加于旅客,更加不应故意向旅客出售兜圈绕道等远途多收费的线路班车,造成旅客误乘或误点。

总之,客运站售票员应全心全意为旅客服务,帮助旅客选择最佳的旅行线路,班次和车型,努力提高客运站的服务形象。

模块四　解答旅客关于班次线路、时间等方面的问题

售票员熟记本站营运线路、班次、发车时间、沿途停靠站点、里程、票价、运行时间及中转站换乘的班次时间。对待旅客应热情、礼貌,要耐心准确地解答旅客问事,遇到旅客询问班次线路、时间等方面更应详细解答,防止旅客误乘、漏乘等问题。

课题二　票据结算

模块一　客运票据管理办法

道路客运各种费收票证属有价证券,使用各省、自治区、直辖市交通主管部门核定、监制、

发放的统一票证，作为收取运杂费的合法凭证。任何单位和个人未经交通主管部门审查批准，不得擅自印制其他票证代替道路运输统一票据。汽车客运经营者应按照规定向交通主管部门请领票证（付规定的工本费），并建立健全企业内部严格的票证管理制度。大中型汽车运输企业一般实行车站和公司两级管理：

（1）公司票据管理。

公司设置票据管理机构和票据库房，其主要职责是：

①负责票据的请领、分发、保管，建立票据账，掌握所辖车站票据的领、销、存数量；

②制定公司票据管理制度；

③制定客、货营收报表、账册等格式，统一印刷分发；

④对车站的票据管理和营收报解工作进行辅导和检查。

（2）车站票据管理。车站设立票据管理机构和票据分库，其主要职责是：

①负责向公司票据管理机构和票据管理部门请领票据，向所属售票员、乘客员、行包员等发放，并做好票据的申请计划；

②领发票据，一律凭票据请领单领发，严禁用现金到票房购买票证。建立票据总账，分类登记领、发、销、存数，并按领用人员建立分户账，依据营收报表进行转账，冲销票款和销号；

③票库实行"月中盘点"制度，填制"票据结存月报表"，做到账、表、票证三相符；

④对所辖售票员、乘务员、行包员的票据领用、保管和营收报解进行辅导与检查。

模块二　报表统计的基本常识

1. 会计报表

会计报表是指用统一的货币计量单位，把日常财务核算资料，通过整理、分析、综合，使之成为一个完整的指标体系，总括地反映企业在一定时期内的经营活动成果、财务收支状况和理财过程的一种书面报告。

会计报表体系由三张主表和若干张附表组成。三张主表是：资产负债表、利润表和现金流量表。附表是对三张主表的有关项目进行详细的说明。

2. 报表统计分析

企业定期编制的各种会计报表，主要向企业领导层、投资人、债权人等进行决策提供财务信息。然而会计报表只能粗略地反映企业的财务状况和经营成果，为了充分地发挥会计报表的作用，还必须将会计报表上有关的财务指标有机地联系起来，通过统计计算、比较和分析，借以全面地评价企业财务状况的优劣，经营管理水平的高低，以及企业发展前景的好坏，以便正确地作出决策。

模块三　报表知识

1）报表分析的作用

会计报表分析是以会计报表为根据，对企业偿债能力，营运能力和获利能力所作出的分析。会计报表分析中最基本的指标有：资产负债率、流动比率、速动比率、存货周转率、应付账款周转率、资金利润率、成本利润率和销售利润率。

①评价企业的财务状况和经营成果，揭示企业在生产经营活动中存在的矛盾和问题，为改善经营管理提供方便和线索。

②预测企业未来的报酬和风险，为投资者、债权人、经营者的决策提供科学有效的帮助。

③检查企业预算完成情况,考察经营管理人员的业绩,为完善管理的经营机制提供帮助。

2)报表分析的内容

(1)偿债能力分析。

偿债能力包括企业偿还到期债务的能力。反应偿债能力的指标有以下几个:

①流动比率。

流动比率 = 流动资产/流动负债

一般认为,流动比率若达到 2 倍时,是最令人满意的。若流动比率过低,企业可能面临着到期偿还债务的困难。若流动比率过高,这又意味着企业持有较多的不能赢利的闲置流动资产。使用这一指标评价企业流动指标时,应同时结合企业的具体情况。

②速动比率。

速动比率又称酸性实验比例,是指速动资产占流动负债的比率,它反映企业短期内可变现资产偿还短期内到期债务的能力。速动比率是对流动比率的补充。计算公式如下:

速动比例 = 速动资产/流动负债

速动资产是企业在短期内可变现的资产,等于流动资产减去流动速度较慢的存货的余额,包括货币资金、短期投资和应收账款等。一般认为速动比率 1:1 是合理的,速动比率若大于1,企业短期偿债能力强,但获利能力将下降。速动比率若小于 1,企业将需要依赖出售存货或举借新债来偿还到期债务。

③现金比率。

现金比率是企业现金同流动负债的比率。这里说的现金,包括现金和现金等价物。这项比率可显示企业立即偿还到期债务的能力,其计算公式为:

现金比率 = 现金/流动负债

④资产负债率。

资产负债率,亦称负债比率、举债经营比率,是指负债总额对全部资产总额之比,用来衡量企业利用债权人提供资金进行经营活动的能力,反映债权人发放贷款的安全程度。计算公式为:

资产负债率 = (负债总额/资产总额) × 100%

一般认为,资产负债率应保持在 50% 左右,这说明企业有较好的偿债能力,又充分利用了负债经营能力。

(2)营运能力分析。

营运能力分析包括的指标有应收账款周转率、存货周转率和全部流动资产周转率三个指标。

①应收账款周转率。

这是反映应收账款周转速度的指标,有两种表示方法:

a. 应收账款周转次数。反映年度内应收账款平均变现的次数,计算公式为:

应收账款周转次数 = 销售收入净额/应收账款平均余额

应收账款平均余额 = (期初应收账款 + 期末应收账款)/2

b. 应收账款周转天数。反映年度内应收账款平均变现一次所需要的天数,计算公式为:

应收账款周转天数 = 360/应收账款周转次数 = 应收账款平均余额 × 360/销售收入净额

②存货周转率。

是反映存货周转速度的比率,有两种表示方法:

a. 存货周转次数。反映年度内存货平均周转的次数,计算公式为:

存货周转次数=销售成本/[(期初存货+期末存货)/2]

b. 存货周转天数。反应年度存货平均周转的一次所需要的天数,计算公式为:

存货周转天数=360/存货周转次数=平均存货×360/销售成本

③全部流动资产周转率。

这是反映企业拥有全部流动资产的周转速度的指标。同样有两种表示方法:

a. 全部流动资产周转次数。反映年度内全部流动资产平均周转的次数,计算公式为:

全部流动资产周转次数=销售收入总额/[(期初全部流动资产+期末全部流动资产)/2]

b. 全部流动资产周转天数。反映年度全部流动资产平均周转一次所需要的天数,计算公式为:

全部流动资产周转天数=360/全部流动资产周转次数=平均全部流动资产×360/销售收入总额

(3)获利能力分析。

获利能力分析包括的指标有资本金利润率、销售收入利润率和成本费用利润率。

①资本金利润率。

是衡量投资者投入企业资本的获利能力的指标。其计算公式为:

资本金利润率=利润总额/资本金总额×100%

企业资本金利润率越高,说明企业资本的获利能力越强。

②销售收入利润率。

是衡量企业销售收入的收益水平的指标,其计算公式是:

销售收入利润率=利润总额/销售收入净额×100%

销售收入利润率是反映企业获利能力的重要指标,这项指标越高,说明企业销售收入获取利润的能力越强。

③成本费用利润率。

是反映企业成本费用与利润的关系的指标。其计算公式为:

成本费用利润率=利润总额/成本费用总额×100%

成本费用是企业组织生产经营活动所需要花费的代价,利润总额则是这种代价花费后可以取得的收益。这一指标的比较是很必要的。

模块四 填制(打印)售出票据日报表、售票员交款凭证、交款封条

长期以来,汽车客运售票工作惯用的手工售票方法虽然经过多次改进和不断补充完善,但有些弊端还是难以控制的,总的表现在:

①管理难度大。手工售票需要安排的人员多,还要备齐车次戳、印台、日期戳、划号纸等,又脏又乱。个别售票人员在票款上作弊不容易发现和控制。站内还需要备有相当大的票库储存保管车票;

②售票员劳动强度大。每售一张客票都必须经过拿准票种、打日期、盖车次、写票号、记票款等手续,然后按格撕票,所有的零钱也需自己计算。因此,拿、撕错票、盖错戳、写重号、找错钱的现象时有发生,售票差错率也较高;

③结算手续烦琐。售票员每天需要领多种不同价格的客票,晚上逐本核票,分别作日报表,收款室也必须用手工逐本复审票根,审查日报,然后消账,最后还需把收回的票根整理好集

中回收,各种手续缺一不可;

④旅客买票不便。售票口是定班定向设置的,有的票口排队很长,旅客买票需要等候几十分钟,影响乘车,还有的未买到票班车就到发车时间了,既耽误了旅客的正点旅行,又耽误了正点发车,造成误乘漏乘的现象;

⑤在客运站参加营运的个体户车辆,有的个别车主为自己多售票,拉拢腐蚀专口售票人员,故意晚发车压点多拉客或指使旅客买短票乘长车,影响站内收入。

微机售票方式,彻底地解除了那种用手工操作取票、打车次、盖时间、填座号等杂乱的工作层次,做到全部手续一次输出,并在提高售票工作效率的情况下,将原来实行的定向窗口售票,改为全方位售票窗口。只要在售票大厅里挂一个全站发车班次时间表和营运线路图,便于旅客查找和选择,旅客到任何一个售票窗口都可以买到自己所需的客票,方便了旅客,又精简了售票人员定额。微机售票可改善售票环境,简化票种,只使用一种统一的微机票,取消原来的多种定向定额票种,免去了票根回收、票根结算及审核手续,日报表也是从微机中一次性自动完成。售票员结束当天工作后打印售票日报表。并可查询售票明细表。

模块五　依据发售车票的流量、流向汇总结算票款,做到日清日结,票款与结账报表相符

售票员根据管理规定向有关部门(人员)请领,日清日结或日清月结。或由车站指定专人(管理员)负责发放,且每日下班前结清票款。售票员票据报表做到日清日结,票、款、收三相符。客票满足储备,票款按时上缴;结算的处理与打印,旬、月、季、年度报表处理打印,完成日初始化工作。

①班次对账单内容为:班次号、车号、始发站、终到站、发车时间、总座位数、已售座位数、已售金额;

②售票员售票日报表内容为:售票员、售票张数、已售票金额、作废票数;

③客运每日/月销售额报表(班次别)内容为:班次号、车号、售票数、售票金额;

④客运每日/月销售额报表(车号别)内容为:车号、车主、班次数、售票数、售票金额;

⑤线路日客流量分析表(含统计图)内容为:线路、发车时间、客流量;

⑥线路月客流量分析表(含统计图)内容为:线路、客流量、月份。

售票员根据售票报表的内容编制售票报表,对车站售票票据等进行报表分析,并向上级汇报相关情况,努力促进客运站营运管理。

1. 客运售票一般包括哪些功能?
2. 什么叫做“八字”售票法?
3. 简述“五字”退票法?
4. 熟悉客运站收取退票费的收费标准。
5. 票据的管理方法有哪些?

单元五　行包托运

学习目标

本单元主要的学习内容是行包受理、计费收费、行包保管、配载装车、行包交接与交付的基本知识。

知识要求

熟悉行包托运规定、危险货物及违禁物品的处理方法；掌握托运单的内容、作用和填写方法；质量和体积测量设备的使用常识，测量货物质量或体积；熟悉货运价格，向旅客收取运价费用；掌握行包保管知识，按线路、班次、物品特性、体积、质量、分类存放物品；了解货物装卸基本知识及班车交接程序；熟悉行包提取程序、仓储物品保管知识。

技能要求

能处理好危险货物及违禁物品；能熟练填写托运单；能使用质量和体积测量设备，测量货物质量或体积；能根据不同货物技术计算出运价费用；能正确进行货物的装载、行包提取、仓储物品保管。

课题一　行 包 受 理

模块一　熟悉行包托运规定

(1)办理快件(行包)运输，由营业员填写《快件(行包)托运单》，内容必须真实，字迹清楚，保价运输应在托运单中注明，经承运方同意后，双方签章生效；

(2)符合国家和交通运输部门的规定和要求，不得夹带易燃、易爆、剧毒、放射性等危险品以及国家规定的禁运品。托运人匿报货物名称或夹带违禁物品，发现后送有关部门处理。承运人有权对行包进行检查，托运人应主动开包受检，否则不予办理托运手续；

(3)托运行包的包装必须完整牢固，适宜装卸，易破易碎物品应提出声明，并自行妥善处理好内外包装；

(4)快件托运和零担货物，以件计收，受理时根据起运站、中转站和到达站的装卸能力以及车辆的运输能力等条件而定，一般情况下单件体积在 $0.4m^3$ 范围内；单件质量一般不超过60kg，超大件货物加收50%的运费或不予办理；

(5)零担货物，行包质量的确定：超过规定尺码和质量的单件货物，一般按货物毛重计算；轻泡货物(1kg 重的货物，体积超过 $0.003m^3$ 或每立方米货物质量不足333kg)以货物包装的最高、长、宽计算体积，以 $0.003m^3$ 折算1kg或每立方米折算333kg质量计算；

(6)托运人自行通知收件人并预先约定的提领凭证(原件)，及时到终点站领取快件。行包到达站从行包提取通知发出或公告发布当日起计算，对超过3天提取行包的旅客可按件按时间核收行包保管费；

(7)旅客在行包起运前，要求取消或变更托运地点，客运站可按票次核收行包变更手续费。旅客要求中途停运时，不收行包变更手续费，不退行包运费；

(8)托运普通货物丢失、损毁按10元/kg的标准赔偿；

(9)凡下列原因造成事故时，承运人不负责赔偿：

①不可抗力、自然灾害；

②承运人对货物的件数和包装完好负责，不负内容责任，如货物内容发生变质、失效、损耗等，本站不作处理，交接之后的任何情况，不负任何赔偿责任；

③货物行包包装完整无损而内装货物短损、变质；

④货物行包的自然损坏和性质变化；

⑤托运人错报、匿报造成的损失；

⑥托运人因违反国家法令，货物被有关部门查扣，弃置或作其他处理；

⑦包装质量不符合标准而外部无法发现的；

⑧收货人逾期提取或不提取货物而造成的损失；

⑨其他经查属于托运人责任或托运人注明特约事项造成的损失。

行包托运和提取规定

(1)旅客托运的行包，要包装严密，捆扎牢固，标志明显，适宜装卸。每位旅客随车托运行包总质量一般不能超过40kg，行包单件质量不得超过30kg，体积不得超过0.12m^3。客运站为旅客装卸行包，可按每件每装或卸一次计收行包装卸费。单件行包质量超过30kg或行包体积超过0.12m^3的，行包装、卸费各加成50%计收；

(2)机密文件、贵重物品、易碎品、易污品、武器、精密仪器、有价证券等物品概不受理托运；

(3)严禁托运危险品及政府禁运物品，对有疑问的行包，由站方会同托运人开包检查。如拒检查的，可拒绝托运；

(4)托运的行包每件须办理相应班次的货票一张，并双方共同验证行包名称、件数、类别后，在《行包托运登记簿》上记录清楚，详细填写《行包托运单》和做好行包托运标签，开具《行包托运发票》，并将其中副联交予顾客；

(5)顾客提取行包时，须出具有效的身份证件并说明行包名称，行包员须认真核对《行包托运单》上和行包标签上的提取人姓名、身份证号码，以及行包名称，经双方核对无误，方可提取。

模块二 掌握托运单的内容、作用和填写方法(样式见表5-1、表5-2)

1. 托运单的内容

①托运人；收货人和承运人的名称(姓名)、地址(住所)、电话、邮政编码；

②货物名称、性质、质量、数量、体积；

③装货地点、卸货地点、运距；

④货物的包装方式；

⑤承运日期和运到期限；

⑥运输质量；

⑦装卸责任；

⑧货物价值，是否保价、保险；

⑨运输费用的结算方式；

⑩违约责任；

⑪解决争议的方法。

2. 托运单作用

托运单是托运人根据买卖合同、信用证的有关内容，向承运人办理货物运输的书面凭证。

3. 托运填写方法

①准确表明托运人和收货人的名称（姓名）和地址（住所）、电话、邮政编码；

②准确表明货物的名称、性质、件数、质量、体积以及包装方式；

③准确表明运单中的其他有关事项；

④一张运单托运的货物，必须是同一托运人、收货人；

⑤危险货物与普通货物以及性质相互抵触的货物不能用一张运单；

⑥托运人要求自行装卸的货物，经承运人确认后，在运单内注明；

⑦应使用钢笔或圆珠笔填写，字迹清楚，内容准确，需要更改时，必须在更改处签字盖章。

样式一：××客运站快件货物运输托运申请单　　表 5-1

<table>
<tr><td colspan="2">起运点：</td><td colspan="2">到达站：　市（县）　车站</td></tr>
<tr><td>快件名称：</td><td colspan="2">共件</td><td>是否贵重物品　□是　□否</td></tr>
<tr><td colspan="4">提取凭证：收件人身份证以及：本托运单/本托运单传真等</td></tr>
<tr><td colspan="4">①托运人已了解××站《快运货物托运须知》的全部条款。
②托运人对所填内容负责，保证物品中没有夹带本站禁止托运的物品。
③运费不含保险费，如发生商务事故按交通运输部《汽车旅客运输规则》办理</td></tr>
<tr><td colspan="4">托运人（签名）：　　联系电话：</td></tr>
<tr><td colspan="4">托运人身份证号码：　　保险金额：　　受理人：</td></tr>
</table>

样式二：　表 5-2

受理单位：________

受理人：________

托运人：________

托运日期：________

<table>
<tr><td>发运站</td><td></td><td>到达站</td><td></td><td>里程（km）</td><td></td><td colspan="2">发运班次</td><td></td><td>车号</td><td></td></tr>
<tr><td>托运人</td><td></td><td>联系地址</td><td colspan="4"></td><td colspan="2">联系电话</td><td colspan="2"></td></tr>
<tr><td>收货人</td><td></td><td>联系地址</td><td colspan="4"></td><td colspan="2">联系电话</td><td colspan="2"></td></tr>
<tr><td colspan="2">快件名称</td><td>件数</td><td>包装</td><td>质量（kg）</td><td colspan="2">体积折合质量（kg）</td><td colspan="2">声明价格（元）</td><td colspan="2">保险/保价（元）</td></tr>
<tr><td colspan="2"></td><td></td><td></td><td></td><td colspan="2"></td><td colspan="2"></td><td colspan="2" rowspan="2"></td></tr>
<tr><td colspan="2"></td><td></td><td></td><td></td><td colspan="2"></td><td colspan="2"></td></tr>
<tr><td colspan="4">金额：人民币（大写）　佰　拾　元
角　分</td><td colspan="7">付款方式：</td></tr>
<tr><td colspan="11">备注栏：</td></tr>
</table>

快件托运说明：托运人应认真阅读托运单背页“道路客运快件托运须知”，一经签字即为有效运输契约。

快件受理处地址：________________联系电话：__________________

说明：

①道路客运快件运输托运单，是受理方和托运方之间确立的运输合同，由双方共同填写完成，并经托运人签字和受理单位加盖戳记后生效。

②道路客运快件运输托运单，一式二联，第一联（存查联）白色，由受理单位留存；第二联（托运联）红色，由托运人留存。

③“道路客运快件运输托运单”的外廓尺寸为210mm×148.5mm；内框尺寸为180mm×80mm。

模块三 指导旅客填写行包托运单

①客运站办理托运工作人员接到旅客行包托运申请后，检查旅客行包是否有禁运物品；

②要求旅客出示车票，方便查看托运物品里程、到达站等事宜；

③然后逐一询问旅客或要求旅客详细填写托运单相关内容，双方共同验证行包名称、件数、类别后，工作人员在《行包托运登记本》上做好登记，按托运物品相关代号规定进行计算款项开具《行包托运发票》，填写完毕后要求托运旅客签名，将回馈单交还给旅客，指导旅客在乘车时出示托运单予车方审核人员，将相应货物进行托运；

④行包托运单一般一式三联，一份交由托运旅客，一份交由车方保管，另一份则客运站存档保留。

模块四 危险货物检查和处理基本知识

1. 危险货物的检查

凡托运的行包必须经过安全检查后方可办理托运，对拒检行包不办理托运。

按照国家相关规定应予以检查的托运的危险货物包括：

①爆炸性、易燃性、腐蚀性、毒性和放射性（包括同位素及容器）的各种危险物品，如火药、汽油等；具有强烈酸性或碱性的物品；

②国家法令禁止流通或寄递的物品，如武器、刀具、金银等；妨碍公共卫生的物品，如尸骨（包括骨灰）、动物器官、肢体或骨骼等；

③容易腐烂变质的物品，如鲜肉、鲜水果、蔬菜等；

④各种活的动物及有刺激性异味的物品；

⑤各种货币、有价证券、机密文件和贵重物品等，如国库券、邮票、机票、车票、身份证等；

⑥不适应托运条件的怕震易损物品，如电视机、灯泡、热水瓶、玻璃制品等；

⑦包装不妥、可能危害人身安全和污染、损毁其他行包的物品等本站不予托运。

2. 处理基本知识

对于托运人托运危险品及政府禁运物品有疑问的行包，站方工作人员应会同托运人开包检查，如托运人拒不检查的，客运站可拒绝托运该行包。对不能识别性质的物品，客运站工作人员应要求托运人提交有关部门出具的确非危险物品或非妨碍公共卫生物品的鉴定证明后，方能办理托运。凡托运人在货物中夹带上述禁止托运的物品，造成生命财产损失的按国家有关法律规定追究托运人责任。

模块五　识别“三品”，阻止“三品”进站上车

根据我国现行有关客运的法律法规规定，“三品”或“三危品”狭义指：“旅客随身携带或者在行李中夹带的易燃易爆、有毒有害、有放射性的危险物品”，广义指“旅客随身携带或者在行李中夹带的易燃易爆、有毒、有腐蚀性、有放射性等一切可能危及运输工具上人身和财产安全的物品。”

根据国际快递危险物品的分类，危险物品分为九类，其中有些类别又分为若干项。

第一类　爆炸品

1.1 项　具有整体爆炸危险性的物品或者物质；

1.2 项　具有抛射危险性而无整体爆炸危险性的物品或者物质；

1.3 项　具有起火危险性、较小的爆炸和（或）较小的抛射危险性而无整体爆炸危险的物品或者物质；

1.4 项　不存在显著危险性的物品和物质；

1.5 项　具有整体爆炸危险性而敏感度极低的物质；

1.6 项　无整体爆炸危险性且敏感度极低的物质。

第二类　气体

2.1 项　易燃气体

2.2 项　非易燃、非毒性气体；

2.3 项　毒性气体

第三类　易燃液体

第四类　易燃固体、自燃物质，遇水释放易燃气体的物质

4.1 项　易燃固体；

4.2 项　自燃物质；

4.3 项　遇水释放易燃气体的物质。

第五类　氧化剂和有机过氧化物

5.1 项　氧化剂；

5.2 项　有机过氧化物。

第六类　毒性（有毒的）物质和传染性物质

6.1 项　毒性物质；

6.2 项　传染性物质。

第七类　放射性物质

第八类　腐蚀品

第九类　杂项

危险物品易燃、易爆、危险品进站上车，将造成重大事故隐患，严重威胁行车安全。当前，客运站场的管理还存在一些薄弱环节和问题，各项安全管理制度还不能得到有效落实，尤其是在控制“三品”进站上车过程中，一些客运站场把关不严，缺乏有效的检测手段，造成“三品”管控工作存在漏洞。为此，客运站场在今后应该严抓问题，阻止“三品”物品上车。各站场应配备检测危险品和爆炸品等的相关设备，检查“三品”管控制度的落实情况，坚决杜绝“三品”进站上车。对措施不到位、责任不落实、隐患不消除的客运站场，坚决予以查处。

模块六　对违禁物品进行处理

安全是旅客运输的头等问题。各类违禁物品是引发安全事故的主要危险源。因旅客随身携带或者在行李中夹带违禁品导致重大安全事故,造成严重后果的例子屡见不鲜。为此,我国合同法第二百九十七条明确规定,“旅客不得随身携带或者在行李中夹带易燃、易爆、有毒、有腐蚀性、有放射性以及有可能危及运输工具上人身和财产安全的危险物品或者其他违禁物品”。法律还赋予承运人(车站)一定的权利:“旅客违反前款规定的,承运人可以将违禁物品卸下、销毁或者送交有关部门。旅客坚持携带或者夹带违禁物品的,承运人应当拒绝运输。”此外,安全检查义务还包括承运人不得运输拒绝接受安全检查的旅客,也不得将危险品和其他违禁品当作行李托运等。

综上,旅客违反规定携带或在行李中夹带违禁物品的,车站有权根据不同情况分别作出处理:一是在乘运前发现旅客携带或夹带违禁物品的,车站可予以截留,不予运输;旅客的行为触犯其他法律、行政法规的规定,车站应将旅客和违禁物品交由有关机关处理;旅客坚持携带或夹带违禁物品的,车站可以解除合同,拒绝运输。二是在乘运后发现旅客携带或夹带违禁物品的,车站人员可以在任何时间、任何地点将违禁物品卸下、销毁或者送交有关部门处理,由此所产生的额外费用应由旅客承担。

附:禁止托运物品

①有爆炸性、易燃性、腐蚀性、毒性和放射性(包括同位素及容器)的各种危险物品,如火药、汽油、生发水、生漆、可卡因、具有强烈酸性或碱性的物品;

②国家法令禁止流通或寄递的物品,如武器、刀具、金银等;

③妨碍公共卫生的物品,如尸骨(包括骨灰)、动物器官等;

④容易腐烂变质的物品,如鲜肉、鲜水果、蔬菜等;

⑤反动报刊、书籍、宣传品和淫秽物品;

⑥各种活的动植物及有刺激性异味的物品;

⑦各种货币、有价证券、机密文件和贵重物品(价值人民币1000元以上的)等,如国库券、邮票、机票、车票、身份证、护照等;

⑧包装不易确保内件安全,不适应托运条件的怕震易损物品,如电视机、电脑配件、灯泡、热水瓶、玻璃制品等;

⑨包装不妥,可能危害人身安全和污染或损毁其他行包或资财的物品;

⑩单件行包质量超过60kg的;

⑪对不能识别性质的物品,将要求托运人提交有关部门出具的确非危险物品或非妨碍公共卫生物品的鉴定证明后,方能办理托运。

课题二　计 费 收 费

模块一　货物质量和体积测量方法

行包计费质量以kg为单位。起码计费质量为10kg;计费质量超过10kg的按照实际质量计费,尾数不足1kg的,四舍五入。轻泡行包按$3m^3$折合1kg计质量。

行包计费具体标准由省级人民政府价格、交通运输主管部门确定。

模块二 货物运价计算方法

行包运费单位:以元为单位、每张运单费用合计尾数不足1元的,四舍五入。

通过客运车辆运输的小件货物运费,参照零担货物运输收费。国际道路货物运输价格按双边或者多边汽车运输协定,根据对等原则,由经授权的交通运输主管部门协商确定。

模块三 挂贴标签、填写托运记录的方法

1. 挂贴标签

①办理行包寄存时,须双方当面验证,确认寄存物品名称,在《行李寄存登记簿》上记录清楚,在行李上挂贴编号记录标签,仔细核对行包标签上的提取人姓名、身份证号码以及行包名称,经双方核对无误后,把提取行李核对标签交予旅客;

②提取行包时,旅客须交回行李核对标签和寄存发票,经行包员再次核对标签编号,双方确认无误后,方可提取行包。

2. 托运记录

①由营业员填写《快件(行包)托运单》,内容必须真实,字迹清楚,保价运输应在托运单中注明,经承运方同意后,双方签章生效;

②填写《行包托运单》和做好行包托运标签后,开具《行包托运发票》,并将其中副联交予顾客。

课题三 行包保管

模块一 行包保管知识

①行包分为自理行包和托运行包,托运行包包括随旅客同行行包和非旅客同行行包;

②自理行包是指旅客按规定可以免费随车携带的物品;

③随旅客同行行包是指由客运站受理的超出旅客随车携带的规定质量和体积的物品;

④非旅客同行行包是指由客运站受理,按与托运人约定时间、地点送达的无携带人的物品。

模块二 按线路、班次分类存放物品

托运行包需按照线路、班次分类存放物品。

模块三 根据物品特性、体积、质量,顺序摆放

托运行包需根据物品特性、体积、质量,顺序摆放。检查行包是否摆放牢固,长、宽、高及质量是否符合规定。

课题四 配载装车

模块一 货物装卸基本知识

①装车员准备好作业所需的各类装卸工具;

②与理货员交接后，认真核对交接清单的内容和快件货物是否相符，并确认安全标签等标志是否齐全；

③按操作程序进行装货，注意合理配载，避免意外损坏；与承运人员办理交接手续，禁止信用交接。

模块二 班车交接程序

①行包卸车时应按交接记录认真清点，并签字盖章；

②旅客提取行包时应收验行包票，内容要核对、件数要相符；

③如遇行包灭失、损坏、差错时要做好记录，并按《汽车旅客运输规则》规定处理；

④行包必须由工作人员负责装卸，并由乘务员或驾驶员监装监卸，不得由旅客自己上车装卸。

模块三 与乘务员或驾驶员在班车现场办理交接手续

卸车前，必须与乘务员或驾驶员在班车现场办理交接手续。乘务员或驾驶员指出监装监卸过程中存在的问题，并得到及时改正，并在交接记录中完整记录。

课题五 行包交接与交付

模块一 行包提取程序

①提领人凭公安机关核发的有效证件提领行包；

②按发件人指定的方式提领行包，如凭身份证、电话、公司证明或托运单原件、传真件提领行包；

③当天提领收取装卸费，如按 1 元/件收取，一张托运单超过 10 件行包，按 10 件收取装卸费，如按 2 元/件收取；

④行包自到达之日超计，超过 15 天无人提领，本站将行包退回起运站。

模块二 仓储物品保管知识

①仓储员上岗前准备好所需的用具，检查理货器械；

②看清交接清单，检查货物与单据所填内容是否相符，确保无差错；

③对货物进行安全检查，查获的危险品必须登记在册、扣留，并妥善保管，危险性特别大的要及时向站领导汇报，确保安全；

④按操作规程、分班线堆放货物；对包装和保护层不符合要求的快件，应及时实施再处理，保证顾客财产不受损失；

⑤装卸交接时逐一认真核对相关内容，做到责任明确，确保无误。

模块三 根据交接单对行包核对验收

到达卸货时，应会同收货人验看篷布、苫盖、网绳捆扎，装载状态有无异常，再按运输凭证或通知所到件数、质量、在入库入堆前点交清楚，并由收货人签章验收。如发现货物质量、件数短少、货物遭受雨淋、污染等情况，应会同收货人共同鉴定，做出商务记录。

模块四　对乘运过程中行包溢、残、缺失等进行登记、上报并反馈

对乘运过程中行包溢、残、缺失等进行登记、上报并反馈。应及时和行包所有人取得联系，说明原委，取得谅解。

1. 熟知行包托运的管理规定？
2. 行包托运单的内容包括有哪些？填写托运单有什么要求？
3. 什么是三危物品？如何对禁带物品进行处理？
4. 如何对托运物品进行计费收费？
5. 简述行包提取程序？

单元六 乘务服务

学习目标

本单元主要的学习内容是如何引导乘客上车、途中、车厢行包服务、运行安全应急处理方法。

知识要求

熟悉运输安全管理规章制度、"三品"检查、行李物品的摆放、班线行程;掌握乘务服务操作技能、填写沿途各项表单、记录的方法;了解行包票据基本知识、行包交接流程;掌握客运车辆运输安全知识、客运车辆安全设备的使用知识;熟悉灭火器材、急救包使用知识,使用车内医疗急救设施进行紧急救助。

技能要求

能熟练填写沿途各项表单、记录;能指引旅客选择最优班线行程、正确摆放行李物品;能实践操作灭火器材、急救包使用,使用车内医疗急救设施进行紧急救助。

课题一 引导乘客上车

模块一 乘务及乘务工作的特点

1. 乘务

乘务员在客车运行过程中为旅客提供的一系列营运作业和各种服务活动叫做乘务工作。

2. 乘务工作的特点

旅客乘坐公路客运汽车旅行的过程主要有:进站候车、乘车行进、到达下车三个步骤。

乘车行进是旅客旅行活动的主要环节。乘务工作贯穿旅行的始终。乘务工作既无固定的站房和设施比较齐全的服务处所,也没有众多分工明确的工作人员,其工作活动的空间只是客车的车厢内外,售票、服务及行包业务等往往由乘务员一人办理。总之,乘务工作主要有下述特点:

①流动性强。乘务员需要离开车站在车上进行服务,有时还要经常变更作业客车和营运线路。

②局限性大。客车上空间和服务设施有限,乘务员只能根据实际情况,因车制宜、因时制宜地工作。

③情况复杂。由于乘客有着不同的旅行目的和要求,身体状况和对乘车的适应情况都不相同,所以,需要不同的关心照顾;此外,由于客车运行过程中线路上的情况经常会发生变化并遇到各种各样的问题,还应协同驾驶员迅速、果断地处理事故,照顾好旅客。

④多工种服务。乘务员要进行售票,办理行包,组织旅客上、下车,回答问询,安全宣传,保

持清洁等工作，还要随时了解旅客旅行情况。

⑤工作条件较艰苦。乘务员不但劳动强度较高，有些班车夜宿农村基层单位或规模很小的乡村旅社，吃、住条件较差。

上述的一些特点，决定了乘务员在完成任务过程中既要主动，又要灵活，而且要与驾驶员紧密配合、相互协作。

模块二　乘务工作的组织

1. 组织形式

1）定线包乘制

乘务员定线、定车、定班，与驾驶员组成包乘小组，即在营运区域内相对固定的线路上往返工作。该形式便于乘务员和驾驶员掌握车况、路况、客流情况及变化规律，有针对性地改进乘务工作。

2）循环包乘制

乘务员定车，与驾驶员组成包乘小组，按照编定的客车运行周期表（运行作业计划）的安排，在营运区域内各条线路上循环工作，其中，又可分大循环（即依次跑完所有应配备乘务员的线路）、小循环（即在部分线路组成的小运行周期，该种循环周期短）。这种包乘制的好处是各包乘组工作量大体平衡，能使乘务员和驾驶员较好地了解不同线路上的营运情况，适应较大范围内的乘务工作。缺点是由于包乘的线路经常变化，不易将情况摸深摸透并掌握其变化规律，对提高服务质量有一定的不利之处。

3）循环轮乘制

乘务员不固定客车和线路，按车站乘务室（股）排定的次序，在车站（队）配属的客车上轮流工作，并根据客车运行作业计划的安排，在营运区域内各条线路上循环进行乘客作业。这种形式的好处是，能使乘务员了解不同客车的性能，不同驾驶员的情况，不同营运线路的情况，有助于提高业务技能，培养较强的适应能力。缺点是，由于客车及线路经常变动，且循环周期长，不利于深入了解，掌握客流、车况、路况等情况。同时，由于经常变换作业车辆，对协调驾驶员与乘务员之间的关系，密切配合工作也有一定的影响。

2. 乘务工作作业要求

乘务员要根据旅客需要及车上的条件做好工作，尽可能为旅客提供较多的方便，优质办好售票、行包等具体业务，积极完成上级下达的营收计划。对乘务员工作的主要要求有：

1）做好执行乘务任务前的准备工作

执行乘务任务前，要做好必要的准备工作，以便能够保证乘务员在工作时方便、迅速地进行各项乘务作业，提高工作效益。如备好车票及有关票据，适量的找补零用钱，旅客意见簿，以备急用的药品，插好班车线路牌，准确掌握客车车型、车座情况，检查车厢内清洁卫生及座椅等设备完好状况，领取签发的行车路单。

2）组织旅客乘车

根据车站填写的行车路单，清查实到人数；办好行包交接手续，掌握托运行包到达站点。开车前的安全宣传，向旅客介绍注意事项及沿途停靠的站点；关好车门，向车站值班站长或发车指挥人员以及本车驾驶员报告出车准备工作，等待发车。

3）途中照料旅客

乘务员应在乘车旅行途中照料旅客。在途中停车休息就餐时，不得强迫购买物品或就餐。

4)发售补售车票

对未及时购票的乘客应发售补售车票,并收取相关费用。

5)办理好行包手续

在清点完毕后,办理行包手续。

3. 中途站的服务工作

①客车到达前方站前,乘务员要向旅客预报到达站站名,并做安全宣传;

②如在自办站或代办站停靠,应将行车路单及时交给车站,填好上客人数、起讫站点、行包装运等情况后带回客车上;

③如需在途中停车休息以便旅客住宿时,乘务员在旅客下车前要讲清开车时间。开车前要清点人数,防止旅客漏乘;

④班车到站下客完毕后,招呼候车旅客上车时,要认真清点上车人数,不能超载,以保证安全;查禁三品(危险品、易燃品、易爆品),并及时进行处理;关闭车门,通知驾驶员开车;向刚上车旅客发售车票。

4. 到达终点站的工作

到站前要及时告知旅客做好下车准备,客车停稳后,开车门引导旅客下车,向有关人员办理行包交接手续,送交行车路单,向乘务室(股)汇报途中情况并联系下次出车时间、运行线路、班次等事宜。到票据(财务)室或票据管理员办公处(所)结算票、款,做到日结、日缴、日清,并办好票据请领手续。收车后待班时间要认真搞好车厢内清洁卫生。

模块三 乘务员的管理工作

实践证明,驾、乘分设,各司其职,也有利于安全运行,使驾驶员集中精力驾驶客车,减少因精力分散而发生事故的可能性。所以,除长途直达班车和包车外,搞好乘务工作的关键,是加强对乘务员的管理,提高他们的素质和业务水平。在其他营运方式的班车上,应尽可能地配备乘务员,实行包乘责任制。

目前,各地对乘务员的管理,在方式和方法上都有所不同。考虑到乘务工作服务性强,随时接受旅客的监督,其工作质量的高低,直接影响整个公路旅客运输服务质量,因此,应和站务员一样,由车站管理比较符合客运工作的实际情况。这样做,可以统一由车站进行为旅客优质服务的思想教育,加强对服务工作的组织与控制;同时,也有利于车队集中精力搞好对驾驶员的管理和教育。

车站一般通过乘务机构对乘务员进行管理。乘务员人数较少时,可归车站服务班组管理,5 人以上时,可单独成立乘务组;如果在 10 人以上时,车站应设置乘务室(股),加强乘务工作的领导。

另外,有的只在大站点停靠的直达班车不配乘务员,其乘务工作量由驾驶员参照对乘务员的要求进行作业。这些班车的驾驶员身兼二任,比配有乘务员的班车责任更大,更应特别加以重视,确保行车安全。

模块四 熟悉运输安全管理规章制度

道路运输企业安全管理是以行车安全管理为中心的运输安全管理,主要包括安全工作例会制度、安全活动制度、行车安全教育与培训制度、车辆管理制度、驾驶员管理制度、行车安全档案管理制度等,乘务员必须熟悉行车安全管理相关制度。

此外，道路运输企业建立健全以责任制为重点的安全管理规章制度，要求乘务员熟悉乘务员安全管理责任制。

模块五　检查车票正误，准确指引旅客对号入座

旅客通过检票口后，乘务员站立于车门前。当乘客较多，应协助其排队，检查车票正误，同时准确指引乘客对号入座。若有乘客所持车票的班次、时间与当期班车不符，引导其改乘正确的车次。

模块六　指导并帮助旅客摆放行李物品

乘客上车前，要提醒乘客保管好所带随身物品。指导并帮助乘客所带行李物品，放入行李架。若行李架无法放置，则按顺序贴好标签，置于客车的行李舱内。

模块七　进行"三品"检查

参见单元五课题五模块五"三品"的检查和处理。

课题二　途中服务

模块一　填写表单

①普通班车需要随车发售车票时，要做好票据的领取、登记、发售、保管和营业款的日清日结工作；

②拿到调度员签填的行车路单后，要认真核对所填驾驶员、助手、乘务员姓名、车号、车次、座位、承运人数、行包件数是否正确，所记号码与有关单据是否相符；如有错误，应及时要求更改，并注意在途中各站报到，交填路单；

③完成当次班线任务回站后，要主动交回行车路单，同时，应将途中有关情况如实报告，以便车站补填记录；

④由乘务员发车票乘车的人数，由乘务员负责填写，不够填时，可附补充记录，回终点站后要汇总填写本趟班车途中搭乘旅客人数及营收金额；

⑤为保证统计质量，驾驶员与乘务员必须实事求是，不得虚填数字或自行涂改行车路单。

模块二　熟悉班线行程详细情况

途中乘务工作是车站工作的延续，乘务员应该掌握营运区域内班线的车况、路况、客流情况及变化规律，有针对性地改进乘务工作。有些班线工作条件较艰苦，情况复杂，可能会出现一些意想不到的情况，如乘客生病、遇到意外伤害、遇到行车事故或路阻等，必须协同驾驶员，照顾好乘客。

模块三　掌握乘务服务(艺术)操作技能

1. 旅客性格类型及乘务服务

1)按心理活动指向分类

①内向型。重视主观世界，常沉浸在自我欣赏的幻想之中；仅对自己感兴趣，对他人则较冷漠。内向型旅客在乘车时不善言谈，有问题需要帮助时，不到万不得已不会主动发问或寻求帮助。乘务员在服务时，应关注那些不敢正视谈话对象、不善交流或说话底气不足的旅客，注意从他们的眼神和表情中探询对服务的需求。

②外向型。重视客观世界，对客观事物和他人都感兴趣。外向型旅客属于较容易服务的对象，他们的接受能力强，能够在短时间内适应陌生的环境，有问题时会主动提出。乘务员在为此类旅客服务时比较容易沟通，但过分外向的旅客有时也会为乘务员的作业带来一些麻烦。

2）按理智、情绪和意志因素分类

①理智型。以理智来衡量一切，并支配行动：理智型旅客在乘车时会非常配合乘务员和驾驶员作业，对待问题比较宽容，有思维有主见，一般不会走极端。

②情绪型。情绪型旅客行为主要受情绪影响，在乘车时会表现得非常活泼好动，精力旺盛，好奇心强，容易被周围的环境所感染；对待此类旅客需多照看并随时解答问题。

③意志型。有明确的目的，意志坚强，行为主动。意志型旅客性格倔强，有些人是情绪型和意志型并重。在为这些旅客服务时，需要有很大的耐心，服务或解答问题时更需尊重他们的人格。遇到为老年意志型旅客服务时，乘务员尤其需注意谦虚谨慎，在旅途中对他们要多加照料。

3）按个体行为是否易受暗示分类

①独立型。独立思考，不易受暗示，临阵不慌。此类旅客有主见，不易受外界环境影响，有较强的独立性和“以自我为中心”意识；

②顺从型。缺乏主见，易受暗示，紧急情况下显得手足无措。此类旅客听从安排，在旅途中较为合作，不会主动制造麻烦。内向人多为此类型，乘务员在服务时需多加关照。

2. 特殊旅客心理特点及乘务服务

1）病残旅客的心理特点及乘务服务

（1）病残旅客的心理特点：

①具有较强的自尊心。

病残旅客较正常人而言，他们自理能力较差，有着各种类别的困难，极需要别人的帮助，但因为生理上的缺陷，使得其在心理上也发生变化，对自我形象的不满、羞愧，产生了自卑、孤僻、不合群的性格。同情、爱护、帮助会让他们感到温暖，然而有时怜悯并无恶意，却会伤害他们的自尊心。愚弄、嘲讽更会使残疾人出现抑郁、愤怒、自怜的心境。

②被动依赖。

由于长期的病痛和缺陷，使得病残旅客行动被动，具有较强的依赖性。由于自尊心较强，他们会努力试着独立，减少对照顾的依赖。他们感情脆弱，自信心不足，却对自己的人格有着坚定的信念，这便使他们对周围的环境产生了怀疑的态度。残疾病人非常敏感，听到别人低声低语，就以为在议论自己，因而变得焦躁不安。

（2）对病残旅客的服务。

病残旅客是乘务员需要特殊照料的旅客群体之一。他们的行动不便或感知能力低下，乘务员要给予他们更多的帮助和理解、沟通。病残旅客上下车时，乘务员应主动搀扶或帮助安置行李。车辆行驶过程中，及时询问他们的需求，并帮助其完成。在为病残旅客提供服务时，乘务员的服务用语需考究，恰当选词，合理用句，表情要亲切、自然，并不时地鼓励和肯定病残旅客的自立能力，让他们对自己充满信心，对生活充满希望。

2)晕车旅客的心理特点及乘务服务

(1)晕车旅客的心理特点。

晕动症的症状因人而异,有些旅客只是轻微头昏;有的则会恶心、呕吐、出冷汗,甚至昏倒。经常坐车的旅客一般都会了解自己是否晕车,如果晕车则会提前服用晕车药,或者主动与乘务员联系。晕车旅客一般闻到汽油味、汽车香水味,遇到汽车转弯、路途颠簸时,都会引发晕动症。

长途巴士多为豪华车型,由于车厢内不通风,所以在行驶途中,车厢内空气不流通的闷热情况下也会引发晕动症。此外,情绪紧张、睡眠不足、过度疲劳、饥饿或过饱、身体虚弱、内耳疾病等均容易诱发此病。晕车的旅客外部表现常为脸色蜡黄;头冒冷汗,不愿说话,焦躁不安,渴望得到帮助和安慰。

(2)对晕车旅客的服务。

旅客上车时,在车下迎宾的乘务员应当主动询问是否晕车,对晕车的旅客要多加照料,帮助其防治晕车。

①服用晕车药。晕车药在车辆出发前30分钟服用效果最佳。乘务员在了解有晕车旅客后,应当主动询问是否已采取了防晕措施,如果没有则为其提供晕车药。在提供晕车药前应先询问是否对晕车药过敏,以免服用后产生其他不良反应;

②将旅客调至前排视野开阔的座位。将晕车的旅客调至视野开阔的座位是为了转移他的注意力。

模块四　预告各项行程、路途天气状况

乘务员启程前要提醒旅客注意各项行程、路途天气状况。冬天注意保暖,带足衣服,夏天带上晕车药等。

模块五　定期巡视车厢,检查行李架物品是否安全

乘务员应每个半个小时巡视一次车厢,检查行李物品是否安全。如有物品掉落或发生泄漏现象,应马上提醒乘客将物品妥善保管。

模块六　调节车内温度

空调车厢内应保持在22~27℃,并定期保持通风,更换新鲜空气,进行简单消毒,防止传染疾病的流行。

模块七　行包服务

①途中上车乘客托运的行李包裹必须接受现场安全检查工作人员的检查;

②乘务员如实填写托运单及标签,并将已经盖上编号的标签挂拴在行李包裹上,将行李包裹托运提取单交给乘客;

③旅客在乘车区间内凭有效客票可托运一次行李、残疾人车不限次数;

④行李中不得夹带货币、证券、珍贵文物、金银珠宝、档案材料等贵重物品和国家禁止限制运输物品、危险品。

课题三　运行安全应急处理

模块一　客运车辆运输安全知识

1. 客运车辆运输安全的基本概念

随着现代技术的发展和生产规模的扩大，由此带来的安全问题，也越来越引起人们的重视。交通运输系统是运送旅客和货物的高速运转的人机动态系统，安全问题尤为突出。从整个世界来看，公路交通每年有1500万交通事故受害者。交通运输系统内所指的"安全"，主要为：劳动安全、交通运输安全和消防安全。

美国哈佛大学的劳伦斯教授指出："安全即是被判断为不超过引起极限的危险性。"我们一般将考虑的视野指局限于生产领域，在道路客运生产领域，道路客运安全是指在生产活动中，能将运输相关人员或财产损失控制在可接受水平的状态。道路客运安全除了具有安全的一般特性外，其特殊性主要体现在以下几个方面：客运安全的动态性、客运事故的反复性、客运事故后果的严重性、客运安全对管理的依赖性强、客运安全的复杂性。

随着运输安全技术的发展，包括运输设备安全性能的改进、人员安全素质的提高、环境安全质量改善和安全管理水平的提高，使得我国客运安全状况得到了极大改善。

现实的客运系统可视为由人员、设备、环境和管理四大要素构成。长期以来，客运企业非常重视对客运系统中设备要素的管理和维护，这就是客运车辆运输安全的硬件管理。

2. 客运企业对营运车辆安全管理的内容：

①管理原则：择优选配，正确使用，定期检测，强制维护，视情修理，适时更新和报废；

②建立一车一档案，营运车辆应符合技术等级要求；

③定期检测，拒绝签售虚假检测报告；

④各级维护要按规定里程安排，按技术标准验收。

3. 道路客运车辆的管理

(1)禁止使用报废的、擅自改装的、拼装的、检测不合格的客车以及非客车从事道路客运。禁止道路客运经营者擅自改装已取得《道路运输证》的客运车辆；

(2)鼓励使用配置下置行李舱的客车从事道路客运。没有下置行李舱或行李舱容积不能满足需求的客运车辆，可在客车车厢内设立专门的行李堆放区，但行李堆放区和乘客区必须隔离，并采取相应的安全措施。严禁行李堆放区内载客；

(3)客运经营者应按照国家规定的技术规范使用车辆，并定期进行车辆维护和检测，确保车辆技术状况符合国家有关技术标准的规定；

(4)营运客车维护作业项目和程序按照《汽车维护、检测、诊断技术规范》等有关技术标准的规定执行。车辆二级维护执行情况不作为路检路查项目；

(5)营运客车类型划分及等级评定由县级以上运管机构按照分级管理的原则，依据《营运客车类型划分及等级评定》和《营运客车类型划分及等级评定规则》的要求实施；

(6)营运客车技术等级分为一级、二级和三级。车辆技术等级评定按照下列程序进行：

①客运经营者应在规定时间内，到符合国家相关标准的机动车综合性能检测站对其客运车辆进行检测。机动车综合性能检测站出具全国统一式样的检测报告单。

②车籍所在地县级以上运管机构根据检测结果，按照《营运车辆技术等级划分和评定要

求》进行车辆技术等级评定。营运客车技术等级评定应结合车辆定期审验一并进行。

(7)客运车辆管理实施年度审验制度,由县级以上运管机构实施。审验内容为:

①车辆技术等级评定情况;

②营运客车类型等级变化情况;

③车辆违章记录;

④车辆二级维护执行情况;

⑤车辆结构、尺寸变动情况;

⑥按规定安装、使用符合国家标准的行车记录仪情况;

⑦客运车辆投保承运人责任险情况。

符合要求的,将相关内容在《道路运输证》审验记录栏中注明;不符合要求的,应责令限期改正或办理变更手续。

(8)机动车综合性能检测站应当使用符合标准的设施设备,严格按照国家有关营运车辆技术检测标准对客运车辆进行检测,对出具的车辆检测报告负责,并建立车辆检测档案;

(9)客运经营者和县级以上运管机构应分别建立客运车辆技术档案和管理档案,并妥善保管。对相关内容的记载应及时、完整和准确,不得随意更改。客运经营者车辆技术档案主要内容应包括:车辆基本情况、主要部件更换情况、修理和二级维护记录(含出厂合格证)、技术等级评定记录、类型及等级评定记录、车辆变更记录、行驶里程记录、交通事故记录等。运管机构车辆管理档案主要内容应包括:车辆基本情况、二级维护记录、技术等级评定记录、客车类型及等级、车辆变更记录、交通事故记录等;

(10)客运车辆办理过户变更手续时,客运经营者应当将车辆技术档案必须完整移交。县级以上运管机构应对经营者车辆技术档案的建立情况实施监督管理;

(11)客运车辆较长时间停驶封存的,道路客运经营者应在封存前30日内向车籍所在地运管机构申办报停手续。客运车辆在启封使用时,应进行必要的维护。已封存3个月以上的应当进行二级维护和技术等级评定,符合规定的方可参加道路客运;

(12)客运经营者对达到国家规定的报废标准或经检测不符合国家强制性标准要求的客运车辆,应及时缴回《道路运输证》,不得继续从事客运经营。客运经营者应按国家有关规定处理退出道路客运市场的车辆,报废车辆不得转让或移作他用。严禁使用报废车总成或零部件拼装车辆。

模块二 客运车辆安全设备的使用知识

1. 客运车辆车厢内设置以下安全设备

(1)安全、消防和疏散导向等标志;

(2)视频安全监控系统;

(3)报警、灭火、逃生、防汛、防爆、紧急疏散照明、应急通讯、应急诱导系统等应急设施、设备。

需要乘客操作的安全设施,应当醒目地标明使用条件和操作方法。

2. 发生危急时的逃生方法

客车上一旦发生危急我们应采取以下几种自救的方法:

(1)当发动机着火后,驾驶员应开启车门,令乘客从车门下车。然后,组织乘客用随车灭火器扑灭火焰;

(2)如果着火部位在汽车中间,驾驶员打开车门,让乘客从两头车门有秩序地下车。在扑救火灾时,重点保护驾驶室和油箱部位;

(3)如果火焰小但封住了车门,乘客们可用衣物蒙住头部,从车门冲下;

(4)如果车门线路被火烧坏,开启不了,乘客应砸开就近的车窗翻下车;

(5)开展自救、互救方法逃生;

(6)在火灾中,如果乘车人员衣服被火烧着了,不要惊慌,应沉着冷静的采取以下措施:

①如果来得及脱下衣服,可以迅速脱下,用脚将火踩灭;

②如果来不及脱下衣服,可以就地打滚,将火滚灭;

③如果发现他人身上的衣服着火时,可以脱下自己的衣服或用其他布物,将他人身上的火捂灭,切忌着火人乱跑,或用灭火器向着火人身上喷射。

模块三 灭火器材使用知识

1. 灭火器的分类

灭火器的种类很多,按其移动方式可分为:手提式和推车式;按驱动灭火剂的动力来源可分为:储气瓶式、储压式、化学反应式、按所充装的灭火剂则又可分为:泡沫、干粉、卤代烷、二氧化碳、酸碱、清水等。

2.(手提式)泡沫灭火器适应火灾及使用方法

(1)适用范围:

适用于扑救一般B类火灾,如油制品、油脂等火灾,也可适用于A类火灾,但不能扑救B类火灾中的水溶性可燃、易燃液体的火灾,如醇、酯、醚、酮等物质火灾;也不能扑救带电设备及C类和D类火灾。

(2)使用方法:可手提筒体上部的提环,迅速奔赴火场。这时应注意不得使灭火器过分倾斜,更不可横拿或颠倒,以免两种药剂混合而提前喷出。当距离着火点10m左右,即可将筒体颠倒过来,一只手紧握提环,另一只手扶住筒体的底圈,将射流对准燃烧物。在扑救可燃液体火灾时,如已呈流淌状燃烧,则将泡沫由远而近喷射,使泡沫完全覆盖在燃烧液面上;如在容器内燃烧,应将泡沫射向容器的内壁,使泡沫沿着内壁流淌,逐步覆盖着火液面。切忌直接对准液面喷射,以免由于射流的冲击,反而将燃烧的液体冲散或冲出容器,扩大燃烧范围。在扑救固体物质火灾时,应将射流对准燃烧最猛烈处。灭火时随着有效喷射距离的缩短,使用者应逐渐向燃烧区靠近,并始终将泡沫喷在燃烧物上,直到扑灭。使用时,灭火器应始终保持倒置状态,否则会中断喷射。

(手提式)泡沫灭火器存放应选择干燥、阴凉、通风并取用方便之处,不可靠近高温或可能受到曝晒的地方,以防止碳酸分解而失效;冬季要采取防冻措施,以防止冻结;并应经常擦除灰尘、疏通喷嘴,使之保持通畅。

3. 推车式泡沫灭火器适应火灾和使用方法

其适应火灾与手提式化学泡沫灭火器相同。

(1)使用方法:使用时,一般由两人操作,先将灭火器迅速推拉到火场,在距离着火点10m左右处停下,由一人施放喷射软管后,双手紧握喷枪并对准燃烧处;另一个则先逆时针方向转动手轮,将螺杆升到最高位置,使瓶盖开足,然后将筒体向后倾倒,使拉杆触地,并将阀门手柄旋转90度,即可喷射泡沫进行灭火。如阀门装在喷枪处,则由负责操作喷枪者打开阀门。

(2)灭火方法及注意事项与手提式化学泡沫灭火器基本相同。由于该种灭火器的喷射距离远,连续喷射时间长,因而可充分发挥其优势,用来扑救较大面积的储槽或油罐车等处的初起火灾。

4. 空气泡沫灭火器适应火灾和使用方法

(1)适用范围:

适用范围基本上与化学泡沫灭火器相同。但抗溶泡沫灭火器还能扑救水溶性易燃、可燃液体的火灾,如醇、醚、酮等溶剂燃烧的初起火灾。

(2)使用方法:

使用时可手提或肩扛迅速奔到火场,在距燃烧物6m左右,拔出保险销,一手握住开启压把,另一手紧握喷枪;用力捏紧开启压把,打开密封或刺穿储气瓶密封片,空气泡沫即可从喷枪口喷出。灭火方法与手提式化学泡沫灭火器相同。但空气泡沫灭火器使用时,应使灭火器始终保持直立状态、切勿颠倒或横卧使用,否则会中断喷射。同时应一直紧握开启压把,不能松手,否则也会中断喷射。

5. 酸碱灭火器适应火灾及使用方法

(1)适应范围:

适用于扑救A类物质燃烧的初起火灾,如木、织物、纸张等燃烧的火灾。它不能用于扑救B类物质燃烧的火灾,也不能用于扑救C类可燃性气体或D类轻金属火灾。同时也不能用于带电物体火灾的扑救。

(2)使用方法:

使用时应手提筒体上部提环,迅速奔到着火地点。决不能将灭火器扛在背上,也不能过分倾斜,以防两种药液混合而提前喷射。在距离燃烧物6m左右,即可将灭火器颠倒过来,并摇晃几次,使两种药液加快混合;一只手握住提环,另一只手抓住筒体下的底圈将喷出的射流对准燃烧最猛烈处喷射。同时随着喷射距离的缩减,使用人应向燃烧处推进。

6. 二氧化碳灭火器的使用方法

灭火时只要将灭火器提到或扛到火场,在距燃烧物5m左右,放下灭火器拔出保险销,一手握住喇叭筒根部的手柄,另一只手紧握启闭阀的压把。对没有喷射软管的二氧化碳灭火器,应把喇叭筒往上扳70~90°。使用时,不能直接用手抓住喇叭筒外壁或金属连线管,防止手被冻伤。灭火时,当可燃液体呈流淌状燃烧时,使用者将二氧化碳灭火剂的喷流由近而远向火焰喷射。如果可燃液体在容器内燃烧时,使用者应将喇叭筒提起。从容器的一侧上部向燃烧的容器中喷射。但不能将二氧化碳射流直接冲击可燃液面,以防止将可燃液体冲出容器而扩大火势,造成灭火困难。

推车式二氧化碳灭火器一般由两人操作,使用时两人一起将灭火器推或拉到燃烧处,在离燃烧物10m左右停下,一人快速取下喇叭筒并展开喷射软管后,握住喇叭筒根部的手柄,另一人快速按逆时针方向旋动手轮,并开到最大位置。灭火方法与手提式的方法一样。

使用二氧化碳灭火器时,在室外使用的,应选择在上风方向喷射。在室外内窄小空间使用的,灭火后操作者应迅速离开,以防窒息。

7. 1211手提式灭火器使用方法

使用时,应将手提灭火器的提把或肩扛灭火器带到火场。在距燃烧处5m左右,放下灭火器,先拔出保险销,一手握住开启把,另一手握在喷射软管前端的喷嘴处。如灭火器无喷射软管,可一手握住开启压把,另一手扶住灭火器底部的底圈部分。先将喷嘴对准燃烧处,用力握紧开启压把,使灭火器喷射。当被扑救可燃烧液体呈现流淌状燃烧时,使用者应对准火焰根部由近而远并左右扫射，向前快速推进，直至火焰全部扑灭。如果可燃液体在容器中燃烧，应对准火焰左右晃动扫射，当火焰被赶出容器时，喷射流跟着火焰扫射，直至把火焰全部扑灭。但应注意不能将喷流直接喷射在燃烧液面上，防止灭火剂的冲力将可燃液体冲出容器而扩大火势，造成灭火困难。如果扑救可燃性固体物质的初起火灾时，则将喷流对准燃烧最猛烈处喷射，当火焰被扑灭后，应及时采取措施，不让其复燃。1211 灭火器使用时不能颠倒，也不能横卧，否则灭火剂不会喷出。另外在室外使用时，应选择在上风方向喷射；在窄小的室内灭火时，灭火后操作者应迅速撤离，因 1211 灭火剂也有一定的毒性，以防对人体的伤害。

8. 推车式 1211 灭火器使用方法

（1）灭火时一般由二人操作，先将灭火器推或拉到火场，在距燃烧处 10m 左右停下，一人快速放开喷射软管，紧握喷枪，对准燃烧处；另一个则快速打开灭火器阀门。灭火方法与手提式 1211 灭火器相同。

（2）推车式灭火器的维护。

推车式灭火电器的维护要求与手提式 1211 灭火器相同。

9. 1301 灭火器的使用

1301 灭火器的使用方法和适用范围与 1211 灭火器相同。但由于 1301 灭火剂喷出成雾状，在室外有风状态下使用时，其灭火能力没 1211 灭火器高，因此更应在上风方向喷射。

10. 干粉灭火器适应火灾和使用方法

碳酸氢钠干粉灭火器适用于易燃、可燃液体、气体及带电设备的初起火灾；磷酸铵盐干粉灭火器除可用于上述几类火灾外，还可扑救固体类物质的初起火灾。但都不能扑救金属燃烧火灾。

灭火时，可手提或肩扛灭火器快速奔赴火场，在距燃烧处 5m 左右，放下灭火器。如在室外，应选择在上风方向喷射。使用的干粉灭火器若是外挂式储压式的，操作者应一手紧握喷枪、另一手提起储气瓶上的开启提环。如果储气瓶的开启是手轮式的，则向逆时针方向旋开，并旋到最高位置，随即提起灭火器。当干粉喷出后，迅速对准火焰的根部扫射。使用的干粉灭火器若是内置式储气瓶的或者是储压式的，操作者应先将开启把上的保险销拔下，然后握住喷射软管前端喷嘴部，另一只手将开启压把压下，打开灭火器进行灭火。有喷射软管的灭火器或储压式灭火器在使用时，一手应始终压下压把，不能放开，否则会中断喷射。

干粉灭火器扑救可燃、易燃液体火灾时，应对准火焰要部扫射，如果被扑救的液体火灾呈流淌燃烧时，应对准火焰根部由近而远，并左右扫射，直至把火焰全部扑灭。如果可燃液体在容器内燃烧，使用者应对准火焰根部左右晃动扫射，使喷射出的干粉流覆盖整个容器开口表面；当火焰被赶出容器时，使用者仍应继续喷射，直至将火焰全部扑灭。在扑救容器内可燃液体火灾时，应注意不能将喷嘴直接对准液面喷射，防止喷流的冲击力使可燃液体溅出而扩大火势，造成灭火困难。如果当可燃液体在金属容器中燃烧时间过长，容器的壁温已高于扑救可燃液体的自燃点，此时极易造成灭火后再复燃的现象，若与泡沫类灭火器联用，则灭火效果更佳。

使用磷酸铵盐干粉灭火器扑救固体可燃物火灾时，应对准燃烧最猛烈处喷射，并上下、左右扫射。如条件许可，使用者可提着灭火器沿着燃烧物的四周边走边喷，使干粉灭火剂均匀地喷在燃烧物的表面，直至将火焰全部扑灭。

11. 推车式干粉灭火器的使用方法

推车式干粉灭火器的使用方法与手提式干粉灭火器的使用方法相同。

模块四　急救箱(包)使用知识

参见模块九。

仪器方面包括十二导联心电图机、多功能(血压、心电、血氧饱和度)监护仪、心外除颤起搏仪、呼吸机、快速血糖仪。

模块五　保持车厢内安全设施状态良好

逐一检查车厢内安全设施,保持车厢内安全设施状态良好。

模块六　引导和帮助旅客系好安全带

提醒时刻注意安全,引导和帮助旅客系好安全带。

模块七　危急时刻使用安全锤击破车窗使车内人员逃生

空调营运车辆配备安全锤不少于4把,其他营运车辆配备安全锤不少于3把。安全锤设置在车厢两侧明显固定、方便取放的位置,妥善保管以备应急使用。

模块八　使用车内医疗急救设施进行紧急救助

客运站应备有监护型救护车,120网络通信呼叫设备良好,并配有担架。

客车内须配备简易急救箱,包括常用的急救药品、静脉开放设备。还配有简易辅助呼吸器、常规氧气设备、负压吸引装置、气管插管设备、手术包和创伤保护设备(包括夹板、颈托等)。

1. 乘务工作的特点是什么?
2. 试述乘务工作的组织形式。
3. 调节车厢内空调温度的服务标准?
4. 掌握客车上发生危急时的逃生方法和灭火器的使用方法。
5. 客运企业对营运车辆安全管理的内容有哪些?

第二部分

汽车客运服务员（中级）

单元一　汽车站内客运服务

学习目标

本单元主要的学习内容包括汽车客运的咨询、候车、寄存、广播和检票服务等。

知识要求

掌握向旅客介绍业务的方法，能够处理投诉；掌握客运服务礼仪；掌握候车室各项服务设施的基本维护和使用；能够调解旅客争议；掌握客运急救和消防的知识；掌握寄存流程，并能处理各种异常情况；了解广播流程，并能撰写广播稿；能够维护和保养检票设备；能够维持检票秩序；掌握检票基本规则和具备基本的票据知识。

技能要求

通过学习，能够处理旅客投诉；保养和维护服务设施；处理旅客纠纷；实施急救和消防；处理寄存及各种异常情况；撰写并播送广播；维持检票秩序。

课题一　咨 询 服 务

模块一　向旅客介绍本地公路、铁路、水运、航空站点及其营运班次、时刻

注意旅客动态，当旅客行至咨询窗口/台 1 ~ 2m 时，应站立服务，微笑招呼。根据旅客的要求，介绍本地公路、铁路、水运、航空站点及其营运班次、时刻。旅客的问题本岗不能解决时，不能推诿敷衍，应及时咨询有关人员或引导旅客至相关责任岗位。

模块二　处理旅客投诉

为求迅速处理顾客投诉，明确投诉处理的职责、权限和方法，促进服务质量改善，确保提高顾客满意度，特制定本规定。

1. 投诉范围

①对车站硬件设施的投诉；

②由员工的服务质量未达要求引致的；

③由于员工的服务态度引发的投诉；

④班车运行不正常造成的。

2. 投诉的分类

①一般性的抱怨；

②顾客函电投诉；

③顾客现场意见簿投诉；

④上级主管部门转回的投诉。

3. 投诉处理权限

①顾客的函电（各种信函、传真、电话）投诉由客运部服务台和行政人事部行政秘书负责登记，由现场值班主任进行分类、归档，根据投诉事项分别交所属部门处理；

②服务台接到投诉电话后立即对投诉事件进行要点记录，并报告值班主任，由值班主任在受理后24小时内（工作日顺延）跟进或转交相关部门处理，并在10个工作日内完成；

③现场投诉，应立即通知值班主任受理，或由值班主任转交相关部门处理；

④建立顾客投诉处理登记本，所有投诉都需记录在《顾客投诉处理台账》，各部门负责跟踪落实。

4. 处理客户投诉的原则

①树立"顾客永远是正确的"观念，必须以使顾客满意的方式解决问题；

②克制自己，避免感情用事，冷静的慎选用词，用缓和地速度来说话，争取思考时间；

③牢记自己代表的是企业形象，绝不能抱着"不关我事"的态度；

④处理抱怨时切忌拖延，而且处理抱怨的行动也要让顾客能明显的察觉到，以平抚顾客的愤怒；

⑤向顾客道歉时要有诚意，绝不能口是心非，应该发自内心地关心顾客的焦虑；

⑥对顾客的抱怨要以婉转的语气，心平气和的加以解释，如果没必要解释的，不说为宜。

5. 投诉处理办法

1）处理顾客口头、函电投诉

①将顾客投诉内容的要点记录下来，包括投诉者姓名、性别、联系电话、地址及被投诉者姓名、部门、工号、投诉请求、事实与理由、证据，作为解决问题的依据；

②把要采取的措施告诉顾客，并征求顾客同意；

③应充分估计处理该问题所需的时间，并将其告诉顾客，并约定最佳联系顾客的时间和方式；

④立即行动。应立即调查、弄清事实、找出根源，并将解决的进展情况通知顾客，检查落实；

⑤查明事情真相后，要及时和有关部门或车方单位反映，研究处理方法；

⑥对因车方原因引发的投诉及导致的经济赔偿，由营运部协助主动与车方单位联系，协助车方调查事件过程和协商处理办法；

⑦因我方原因引发的投诉而导致的经济赔偿，应详细核实调查取证，可当场或事后两天内依照客运法规，作出恰当赔偿处理；

⑧明显属于服务工作中的过错，应马上道歉，在征得顾客同意后作出补偿性处理；

⑨问题解决以后应立即与顾客联系，了解顾客投诉是否得到圆满解决，做到有始有终；

⑩整理归类存档。将该投诉的处理过程整理出材料归类存档；

⑪定期对投诉顾客进行回访，跟进顾客的投诉，并填写《旅客投诉回访登记》；

⑫对一时处理不了的投诉，将解决进度记录在《客运部现场值班日志》中，交代下班值班主任跟进，并应让顾客知道事情的进展，做好事后服务；

⑬投诉事项中，所有投诉的原始记录任何人不得涂改、撕毁、伪造，且由专人整理保存；所有投诉记录必须按流水号顺序使用及保存，对于缺号、损毁情况由当班人员负责解释去向及

原因。

2)处理意见簿(或上级主管部门转回的)投诉

①要及时与顾客取得联系,了解顾客的投诉问题;

②其他程序按口头投诉处理进行。

6. 赔偿问题

①因车站原因,造成旅客误乘或漏乘的,值班主任应以最近一班车做现场改乘,如因特殊原因已无车可乘,依实际情况安排旅客;

②因车站原因,造成旅客直接经济损失的,要求我站给予赔偿,赔偿额最多不超过旅客购车票价款的100%,100元以下由值班主任现场处理,100元以上交客运部经理及主管经理协商处理;

③因服务质量造成的车方投诉,根据《奖惩制度》规定相应条款,对当事责任人进行相应处理,并以此做整体服务质量检讨、改进;

④对因车方原因引发的投诉及导致的经济赔偿,由营运部协助主动与车方单位联系,协商处理,在双方权利和义务对等的原则下,现场以旅客利益为主,赔偿额按双方商定执行外,车方要依法赔偿;

⑤由于电脑系统故障和不可预知情况而导致旅客滞留,引起投诉要求赔偿的,首先给旅客作好解释工作,企业原则上不做赔偿;

⑥依《汽车旅客运输规则》第八章《违约违规处理》的条款规定:违约违规引起的纠纷可由当事人自行协商解决,也可向当地交通主管部门申请调解,也可向人民法院提起诉讼。

模块三 对旅客投诉典型问题归类,提出改正措施

对于旅客的合理要求及旅客对客运服务质量的现场投诉,采用首问负责制,及时登记受理,客运站力争在10分钟内给予答复;非现场投诉,1小时内向旅客反馈处理意见,使旅客满意。

旅客投诉分为三类:

①对客运站场基础设施、站场卫生、站内检票、售票服务、站场管理的投诉,这类投诉由客运站按站纪站规处理;

②对进站经营车主经营行为的投诉,这类投诉由客运站快速应答,交所属运输公司处理,性质恶劣的,报运管部门处理;

③旅客对过境车辆经营行为的投诉,客运站接到这类投诉后,立即上报运管部门。

模块四 各种运输方式在当地的布局情况

客运服务员应了解当地各种运输方式的布局,尤其是公路、铁路、水运、航空旅客运输站场的分布情况。

模块五 公共关系学交际礼仪知识

1. 礼仪的含义

(1)礼仪是人类在社会交往活动中形成的行为规范与准则,具体表现为礼貌、礼节、仪表、仪式、礼仪器物等。

(2)礼仪是人类文明的重要标志。

①礼仪是人类自身发展的必然产物；

②礼仪是治国之本，是民族凝聚力的体现；

③礼仪是个人道德水准和教养的重要标志；

④礼仪是搞好改革开放，走向世界的桥梁。

2. 公共关系礼仪的基本原则

由于公关礼仪是建立在业缘基础上的现代礼仪，因而除了人类共同应有的交往原则以外，还应注意以下八个方面的原则，见图 1-1。

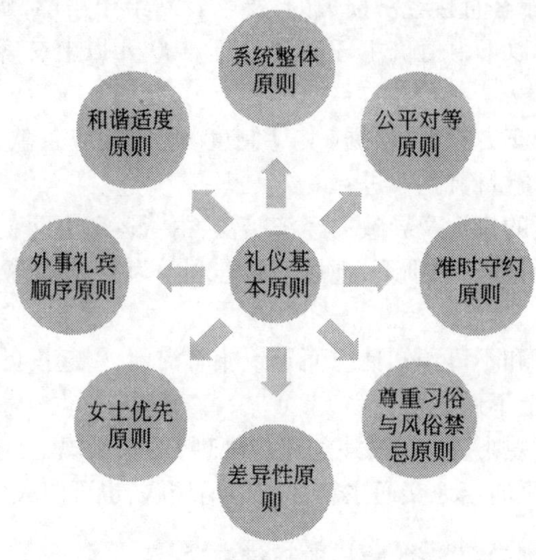

图 1-1　公共关系礼仪八大原则

3. 个人礼仪

1）仪表

仪表举止包括仪容、服饰、姿态举止等方面。仪表是一个人精神面貌的外在表现。

①不良站立姿势及纠正；

②不良坐姿及纠正；

③不良走姿及纠正。

2）手势

（1）手势的要求。

介绍某人或给对方指示方向时，应掌心向上，四指并拢，大拇指张开，以肘关节为轴，前臂自然上抬伸直。

（2）交际中应避免出现的手势。

交际场合不可当众搔头皮、掏耳朵、抠鼻孔、剔牙等；切忌乱做手势或指指点点；有痰要吐在口纸或手帕中。

3）个人的卫生

讲究个人卫生，公关工作者应勤洗澡、常刷牙、修剪指甲，应经常梳理头发，保持衣服整洁，保持口味和体味的清新。

4）见面握手与介绍

（1）握手。

①握手的要求。

通常,和人初次见面,熟人久别重逢,告辞或送行都可以握手表示自己的善意。

有些特殊场合,比如向人表示祝贺,感谢或慰问时;双方交谈中出现了令人满意的共同点时;或双方原先的矛盾出现了某种良好的转机或彻底和解时习惯上也以握手为礼。

握手时,距对方约一步远,上身稍向前倾,两足立正,伸出右手,四指并拢,虎口相交,拇指张开下滑,向受礼者握手。

掌心向下握住对方的手,显示着一个人强烈的支配欲,无声地告诉别人,他此时处于高人一等的地位。应尽量避免这种傲慢无礼的握手方式。相反,掌心向里握手显示出一个人的谦卑和毕恭毕敬。平等而自然的握手姿态是两手的手掌都处于垂直状态。这是一种最普通也最稳妥的握手方式。

戴着手套握手是失礼行为。男士在握手前先脱下手套,摘下帽子。女士可以例外。当然在严寒的室外也可以不脱。比如双方都戴着手套,帽子,这时一般也应先说声:“对不起”。握手时双方互相注视,微笑,问候,致意,不要看第三者或显得心不在焉。除了关系亲近的人可以长久地把手握在一起外,一般握两三下就行。不要太用力,但漫不经心地用手指尖“蜻蜓点水”式去点一下也是无礼的。一般要将时间控制在 3 ~ 5s。如果要表示自己的真诚和热烈,也可较长时间握手,并上下摇晃几下。

握手时两手一碰就分开,时间过短,好像在走过场,又像是对对方怀有戒意。而时间过久,特别是拉住异性或初次见面者的手长久不放,显得有些虚情假意,甚至会被怀疑为“想占便宜”。

长辈和晚辈之间,长辈伸手后,晚辈才能伸手相握,上下级之间,上级伸手后,下级才能接握;男女之间,女方伸手后,男方才能伸手相握;当然,如果男方为长者,遵照前面说的方法。

如果需要和多人握手,握手时要讲究先后次序,由尊而卑,即先年长者后年幼者,先长辈再晚辈,先老师后学生,先女士后男士,先已婚者后未婚者,先上级后下级。

交际时如果人数较多,可以只跟相近的几个人握手,向其他人点头示意,或微微鞠躬就行。为了避免尴尬场面发生,在主动和人握手之前,应想一想自己是否受对方欢迎,如果已经察觉对方没有要握手的意思,点头致意或微鞠躬就行了。

在公务场合,握手时伸手的先后次序主要取决于职位、身份。而在社交、休闲场合,它主要取决于年龄、性别、婚否。

在接待来访者时,这一问题变得特殊一些:当客人抵达时,应由主人首先伸出手来与客人相握。而在客人告辞时,就应由客人首先伸出手来与主人相握。前者是表示“欢迎”,后者就表示“再见”。这一次序颠倒,很容易让人发生误解。

应当强调的是,上述握手时的先后次序不必处处苛求于人。如果自己是尊者或长者、上级。而位卑者、年轻者或下级抢先伸手时,最得体的就是立即伸出自己的手,进行配合。而不要置之不理,使对方当场出丑。

当你在握手时,不妨说一些问候的话,可以握紧对方的手,语气应直接而且肯定,并在加强重要字眼时,紧握着对方的手,来加强对方对你的印象。

②应当握手的场合:

a. 遇到较长时间没见面的熟人;

b. 在比较正式的场合和认识的人道别;

c. 在以本人作为东道主的社交场合,迎接或送别来访者时;

d. 拜访他人后,在辞行的时候;

e. 被介绍给不认识的人时；

f. 在社交场合，偶然遇上亲朋故旧或上司的时候；

g. 别人给予你一定的支持、鼓励或帮助时；

h. 表示感谢、恭喜、祝贺时；

i. 对别人表示理解、支持、肯定时；

j. 得知别人患病、失恋、失业、降职或遭受其他挫折时；

k. 向别人赠送礼品或颁发奖品时。

通常，上述所列举的情况下都是适合握手的场合。

③握手的八禁忌。

我们在行握手礼时应努力做到合乎规范，避免违犯下述失礼的禁忌。

a. 不要用左手相握，尤其是和阿拉伯人、印度人打交道时要牢记，因为在他们看来左手是不洁的。

b. 在和基督教信徒交往时，要避免两人握手时与另外两人相握的手形成交叉状，这种形状类似十字架，在他们眼里这是很不吉利的。

c. 不要在握手时戴着手套或墨镜，只有女士在社交场合戴着薄纱手套握手，才是被允许的。

d. 不要在握手时另外一只手插在衣袋里或拿着东西。

e. 不要在握手时面无表情、不置一词或长篇大论、点头哈腰，过分客套。

f. 不要在握手时仅仅握住对方的手指尖，好像有意与对方保持距离。正确的做法，是要握住整个手掌。即使对异性，也要这么做。

g. 不要在握手时把对方的手拉过来、推过去，或者上下左右抖个没完。

h. 不要拒绝和别人握手，即使有手疾或汗湿、弄脏了，也要和对方说一下“对不起，我的手现在不方便”。以免造成不必要的误会。

(2)介绍：自我介绍、介绍他人、被他人介绍

(3)称呼：一般在单位内是姓氏加职务，社交中，职务不详的男性称“先生”，女性称“小姐”、“女士”。

5)名片的使用

名片是交往联络与社交的重要手段之一，须两个手递名片。

4. 服饰礼仪

(1)西方国家的服装和我国的服装。

西方各国日常穿着的服装有各式外衣、衬衫和西装。我国没有严格的礼服便服之分。

(2)各种场合的服装。

服饰礼仪最重要的是遵守TPO原则。TPO原则要求着装、佩饰时要根据不同的时间、地点、目的来采取不同的对策，以做到得体、适度。

5. 礼宾次序

1)按身份与职务高低排列

这是礼宾次序排列的主要根据。一般的官方活动，经常是按这一次序排列的。如按国家元首、副元首、政府总理(首相)、副总理(副首相)顺序排列。

2)按字母顺序排列

这是指多边活动中，按照参加国国名字母的顺序来排列礼宾次序。现代交往中一般以英

文字母排列居多,但少数情况也是按其他语种的字母顺序排列的。

3)按通知代表团组成的日期先后排列

这是国际交往中经常采用的礼宾次序排列方法之一。其做法具体分为三种情况:

①东道国对同等身份的外国代表团,按派遣国通知东道国该国代表团组成的日期先后排列;

②按各国代表团抵达活动地点的时间先后排列;

③按派遣国决定应邀派遣代表团参加该活动的答复时间先后排列。

4)变通方法与排列中应注意的问题

以上任何一种排列方法都可以酌情采用,"在级别相同的情况下,代表团团长的礼宾次序将按通知代表团组成的日期先后确定。如果同时接到两个或两个以上的代表团的组成通知,将按其字母顺序确定先后。"礼宾次序的排列常常不能按一种排列方法,而是几种方法交叉,并考虑其他因素。

课题二　候车服务

模块一　保养和维护候车室消防设施、服务设施的完好

1. 室内、外消火栓系统

①每月对消火栓泵及消火栓管道阀门启动检查1次;

②每月对消火栓泵远距离启动按钮和消火栓检测1次;

③水带、水枪完好率每半年检查1次;

④每半年对室内外消火栓、水泵结合器检查、保养1次;

⑤喷淋泵接合器和消火栓接合器有明显区分标志。

2. 消防安全疏散系统

①安全疏散指示标志、事故照明灯每季全部检查1次;

②每日对客运站场疏散通道、候车室安全出口检查1次;

③对候车室应急广播每月测试1次。

3. 消防设施其他方面

①对配置的移动式灭火器材每天检查,每月清洁、保养1次;

②对消防设施检查、测试后,认真做好记录,存档备查;

③及时修复故障和损坏的消防设施;

④检查情况及时向单位分管领导汇报。

模块二　按照规定解决旅客候车过程中发生的争议问题

按照《客运站服务质量投诉管理规定》,解决旅客候车过程中发生的争议问题。客运站属于窗口服务单位,难免会遭到服务投诉,其中很多投诉都是源于投诉人对窗口单位的工作程序、工作标准缺乏了解,客运服务员应正确对待、妥善处理,并以熟练技巧与方法让投诉人理解、让投诉人满意。

【案例1-1】某汽运总公司完善旅客投诉制度

日前,某汽运总公司行风办"走"进社区、学校、农村,对投诉当事人一一进行了回访答复。

对群众反映的客运班车及公交出租等热点问题不等不拖，立即整改，实现了投诉事事有着落、件件有回应，这是汽运总公司行风投诉机制的一个重要环节。

某汽运总公司承担着该县城市公交、出租、长途客运任务。运输点多、面广、线长。涉及千家万户，工作量大，由于部分公交、出租车租赁经营，在经济利益的驱动下，不同程度地还存在不适应旅客乘车需求的现象，为配合省级文明创建，该公司建立了一套旅客投诉快速应答机制。

总公司设立固定投诉电话并在车辆醒目处刷新张贴。实施统一记录、分级处理方式。改变了各分公司"各自为政"的局面。按照投诉内容把旅客投诉分为三类，一类是对客运站站场、基础设施、秩序、环境卫生、车容车貌、窗口服务质量，由总公司、客运中心、城市公交公司按站纪站规处理；二类是对营运车辆经营行为的投诉，按道路运输法律法规和企业规章制度处理；三类是旅客对过境车辆经营行为的投诉，转行业部门处理。使群众的咨询、投诉、处理建立了良性循环制度。

为把投诉控制在"萌芽"状态，汽运总公司还"未雨绸缪"提前做好服务延伸工作。深入到工厂、社区征求意见。召开旅客座谈会"开门纳谏"，通过"请进来"和"走出去"查找自身不足、并对相关建议认真梳理、整理，逐条逐项进行分析，采取合理建议。

分析：该公司完善旅客投诉制度的经验值得借鉴，他们不只是坐等投诉解决问题，而是走出去，解决群众反映的热点问题，让社会看到企业解决问题的诚意。

模块三 家电维护常识

客运站家用电器报修之前应检查以下项目，尽可能自己现场解决问题。

1. 电视

①电视不通电：检查市电和插头是否接触良好；

②有音无像：是否将亮度调至最小；

③有像无声：是否按了静音开关、音量是否调试到最小；

④雪花或杂音较大：首先确定闭路电视信号是否正常，是否天线插头接触不良；

⑤彩色不好：电视机旁边是否有不防磁的音箱及磁性设备，电视机彩色制式是否正确；

⑥伴音有噪声：查看电视制式是否正确；

⑦遥控器不能用：更换电池试一下。

2. 影碟

①不能读碟：碟片是否放反，是否碟片质量差；

②数字走动而无声无影：检查连线是否正确；

③无声音或无图像：是否插对了相应的 AV 端口；

④遥控器不能用：更换电池试一下。

3. 音响

①无声：是否选对了相应的功能键（如播放 CD 应选 CD 键）；

②一面有声，一面无声：平衡调节是否正常；

③不能录音：磁带防误抹孔是否打开；

④遥控器不能用：更换电池试一下。

4. 空调

①不能启动或关机：拔了电源重试；

②不够冷:是否太长时间没保养。温度是否调整的合适;

③不够风:是否隔尘网阻塞。风量是否调整到合适;

④遥控器不能用:更换电池试一下。

5. 冰箱

①不够冷:直冷式冰箱是否定期除霜;

②风冷式冰箱小风扇是否被冰卡住。

模块四 急救和消防基本知识

1. 急救基本知识

遇到意外事故和乘客急症突发时,客运服务员必须参加现场急救。

1)现场急救的目的和原则

目的:最大限度地降低死亡率和伤残率,提高伤者愈后的生存质量;

原则:快抢、快救、快送,即"三快"。

2)紧急救护的程序

①拨打120;

②迅速将伤者移至就近安全的地方;

③快速对伤者进行分类;

④先抢救危重者;

⑤优先护送危重者。

3)基本急救知识与技术

(1)呼吸中断急救法——人工呼吸法。

人工呼吸方法很多,有口对口吹气法、俯卧压背法、仰卧压胸法,但以口对口吹气式人工呼吸最为方便和有效。

①口对口或(鼻)吹气法。

此法操作简便容易掌握,而且气体的交换量大,接近或等于正常人呼吸的气体量。对大人、小孩效果都很好。

操作方法:

a. 病人取仰卧位,即胸腹朝天。

b. 救护人站在其头部的一侧,自己深吸一口气,对着伤病人的口(两嘴要对紧不要漏气)将气吹入,造成吸气。为使空气不从鼻孔漏出,此时可用一手将其鼻孔捏住,然后救护人嘴离开,将捏住的鼻孔放开,并用一手压其胸部,以帮助呼气。这样反复进行,每分钟进行14~16次。

如果病人口腔有严重外伤或牙关紧闭时,可对其鼻孔吹气(必须堵住口)即为口对鼻吹气。

救护人吹气力量的大小,依病人的具体情况而定。一般以吹进气后,病人的胸廓稍微隆起为最合适。口对口之间,如果有纱布。则放一块叠二层厚的纱布,或一块一层的薄手帕,但注意,不要因此影响空气出入。

②俯卧压背法。

此法应用较普遍,但在人工呼吸中是一种较古老的方法。由于病人取俯卧位,舌头能略向外坠出,不会堵塞呼吸道,救护人不必专门来处理舌头,节省了时间(在极短时间内将舌头拉出并固定好并非易事），能及早进行人工呼吸。气体交换量小于口对口吹气法，但抢救成功率高于下面将要提到的几种人工呼吸法。目前，在抢救触电。溺水时，现场还多用此法。但对于孕妇、胸背部有骨折者不宜采用此法。

操作方法：

a. 伤病人取俯卧、位，即胸腹贴地，腹部可微微垫高，头偏向一侧，两臂伸过头，一臂枕于头下，另一臂向外伸开，以使胸廓扩张。

b. 救护人面向其头，两腿屈膝跪地于伤病人大腿两旁，把两手平放在其背部肩胛骨下角（大约相当于第七对肋骨处）、脊柱骨左右，大拇指靠近脊柱骨，其余四指稍开微弯。

c. 救护人俯身向前，慢慢用力向下压缩，用力的方向是向下、稍向前推压。当救护人的肩膀与病人肩膀将成一直线时，不再用力。在这个向下、向前推压的过程中，即将肺内的空气压出，形成呼气。然后慢慢放松回身，使外界空气进入肺内，形成吸气。

d. 按上述动作，反复有节律地进行，每分钟 14～16 次。

③仰卧压胸法。

此法便于观察病人的表情，而且气体交换量也接近于正常的呼吸量。但最大的缺点是，伤员的舌头由于仰卧而后坠，阻碍空气的出入。所以作本法时要将舌头按出。这种姿势，对于淹溺及胸部创伤、肋骨骨折伤员不宜使用。

操作方法：

a. 病人取仰卧位，背部可稍加垫，使胸部凸起。

b. 救护人屈膝跪地于病人大腿两旁，把双手分别放于乳房下面（相当于第六七对肋骨处），大拇指向内，靠近胸骨下端，其余四指向外。放于胸廓肋骨之上。

c. 向下稍向前压，其方向、力量、操作要领与俯卧压背法相同。

（2）心脏停止跳动急救法——胸外心脏挤压法。

心脏位于胸腔纵隔的前下部，前邻胸骨下半段，后为脊柱，其左右移动受到限制。胸廓具有一定的弹性，挤压胸骨体下半段，可间接压迫心脏，使心脏内的血液排出；放松挤压时，胸廓恢复原状，胸内压下降，静脉血则回流至心脏。因此，反复挤压和放松胸骨，即可恢复血液循环。

①操作方法：病人仰卧在木板或平地上。救护者双手手掌重叠，以掌根部放在病人胸骨体的下半段，肘关节伸直，借助于自身体重和肩臂肌的力量，适度用力下压，使胸骨体下半段和相连的助软骨下陷 3～4cm，随后立即将手放松（掌根不离开病人皮肤），如此反复进行。成人每分钟挤压 60～80 次；小儿用单手掌根挤压，每分钟挤压 100 次左右。

②注意事项：救护者只能用掌根压迫病人胸骨体下半段，不可将手平放，手指要向上稍翘起与肋骨离开一定距离；挤压方向应垂直对准脊柱；挤压时应带有一定的冲击力；用力不可太轻或太大，太轻不能起到间接压迫心脏的作用，太猛会引起肋骨骨折。在就地进行抢救的同时，要迅速请医生来处理。

③挤压有效的表现：摸到颈动脉或股动脉搏动，上肢收缩压在 8kPa（60mmhg）以上，口唇、指甲床的颜色比挤压前红润，有的病人呼吸逐渐恢复，原来已散大的瞳孔也随着缩小而趋恢复。若出现以上表现，说明挤压有效，应坚持做到病人出现自动心跳为止；如果没有出现上述表现，则说明挤压无效，应改进操作方法和寻找其他原因，但不可轻易放弃现场抢救。

（3）紧急止血法。

①指压法：通常是将中等或较大的动脉压在骨的浅面。例如，将颈总动脉压向第五颈

椎横突，将肱动脉压在肱骨干上。此法仅能用于短时间控制动脉血流。应随即继用其他止血法。

②压迫包扎法：常用于一般的伤口出血。注意应将裹伤的无菌面贴向伤口，包扎要松紧适度。

③加垫屈肢法：在肘、膝等侧加垫，屈曲肢体，再用三角巾等缚紧固定，可控制关节远侧流血。适用于四肢出血，但已有或疑有骨关节损伤者禁用。

④填塞法：用于肌肉、骨端等渗血。先用1～2层大的无菌纱布铺盖伤口，以纱布条、绷带等充填其中，外面加压包扎。此法的缺点是止血不够彻底，且增加感染机会。

⑤止血带法：能有效的制止四肢出血。但用后可能引起或加重肢端坏死、急性肾功能不全等并发症，因此主要用于暂不能用其他方法控制的出血。使用止血带的注意事项：必须作出显著标志（如红色布条），注明和计算时间，优先后送伤员。连续阻断血流时间一般不得超过1小时，勿用绳索、电线等缚扎；用橡胶管（带）时应先在缚扎处垫上1～2层布。还可用帆布带或其他结实的布带。止血带位置应接近伤口（减少缺血组织范围）。但上臂止血带不应缚在中1/3处，以免损伤桡神经。

（4）紧急包扎方法：目的是保护伤口、减少污染、固定敷料和帮助止血。常用的材料是绷带和三角巾；抢救中也可将衣裤、巾单等裁开作包扎用。无论何种包扎法，均要求包好后固定不移和松紧适度。

①绷带卷包扎法：有环行、螺旋反折包扎，“8”字形包扎。包扎时要掌握“三点一走行”，即绷带的起点、止点、着力点（多在伤处）和走行方向顺序。

②三角巾包扎法：三角巾制作较为方便，包扎时操作简捷，且能适应各个部位，但不便于加压，也不够牢固。

（5）固定方法：骨关节损伤时均必须固定制动，以减轻疼痛、避免骨折片损伤血管和神经等。较重的软组织损伤，也宜将局部固定。固定前，应尽可能牵引伤肢和矫正畸形；然后将伤肢放到适当位置，固定于夹板或其他支架（可就地取材如用木板、竹竿、树枝等）。固定范围一般应包括骨折处远和近的两个关节，既要牢靠不移，又不可过紧。急救中如缺乏固定材料，可采用自体固定法。如将受伤上肢缚在胸廓上，或将下肢固定于健肢。

（6）搬运方法：背、夹、拖、抬、架。注意事项：对骨折、特别是脊柱损伤的伤员，搬运时必须保持伤处稳定，切勿弯曲或扭动。对昏迷伤员，搬运时必须保持呼吸道通畅。

（7）中毒窒息急救：窒息性气体是指那些以气态吸入而直接引起窒息作用的气体。根据毒物作用机理不同，窒息性气体可分两大类，一类为单纯性窒息性气体（氮气、甲烷、二氧化碳等），因其在空气中含量高，使氧的相对含量降低，使肺内氧分压降低，致使机体缺氧。另一类的化学性窒息性气体（一氧化碳、氰化物、硫化氢等），主要对血液或组织产生特殊的化学作用，血液运输氧的能力发生障碍和组织利用氧的能力发生障碍，造成全身组织缺氧，引起严重中毒表现。迅速脱离有毒环境，吸入新鲜空气。

（8）触电急救：导致人体电生理紊乱，特别是心脏电生理紊乱，发生严重的心律失常，甚至心脏骤停。

（9）中暑急救：正常人体在下丘脑体温调节中枢的控制下，产热的散热处于动态平衡，使体温维持在37℃左右。但当周围环境气温超过皮肤温度，尤其当湿度较高，通风不良时，身体通过一系列调节，仍不能维持体温平衡，蓄积余热，引起水盐代谢紊乱及神经功能损害等一系列症状，称为中暑。夏季暴晒于烈日下，由于受热较多，而引起中暑者，称为日射病。

2. 消防基本知识

①燃烧是指可燃物质与氧化剂作用发生的一种放热发光的剧烈化学反应；

②燃烧必须具备的三个条件，即可燃物、氧化剂和温度（点火源），只有在三个条件同时具备的情况下，可燃物质才能发生燃烧；

③防火的基本措施是：控制可燃物，隔离助燃物，消除着火源，阻止火势蔓延；

④灭火的基本原理可归纳为冷却灭火，窒息灭火，隔离灭火，化学抑制灭火四种；

⑤火灾的分类：根据国家标准 GB 5907—86《火灾分类》的规定，将火灾分为 A、B、C、D 四类。A 类火灾：指固体物质的火灾；B 类火灾：指液体火灾和可熔化的固体物质火灾；C 类火灾指气体火灾；D 类火灾：指金属火灾；

⑥火灾是指在时间和空间失去控制的燃烧所造成的灾害；

⑦燃烧有许多种类型，主要是闪燃、着火、自燃和爆炸；

⑧着火是指可燃物在空气中受着火源的作用而发生持续燃烧的现象；

⑨消防工作的方针是“预防为主，防消结合”；

⑩火灾事故的责任主要有：直接责任；间接责任；直接领导责任；领导责任；

⑪电气火灾形成的主要原因是指电器短路和电器设备的选用不当，安装不合理，操作失误，违章操作，长期过负荷运行等引起的电弧、电火花和局部过度发热等引起的；

⑫电气线路或设备发生短路、超过负荷、接触不良或漏电的情况下，事故电流将是正常电流的几十倍到上百倍，所产生的电弧、电火花和表面高温，将使电气和设备的温度急剧上升，严重的可引燃物导致电气火灾或爆炸事故；

⑬电源线路在投入运行前，必须用兆欧表测量其线间、线对地的绝缘电阻是否符合绝缘要求；

⑭电气线路短路瞬间会产生很高的温度和热量，大大超过了线路正常输电时的发热量，可以使电源线的绝缘层燃烧、金属融化，引起附近的可燃物质燃烧，造成火灾；

⑮扑救带电设备、线路火灾时，为防止发生触电事故，首先要经领导批准并与有关单位的专业人员合作，在允许断电时，尽快切断电源，然后进行扑救；

⑯扑救电气设备初起火灾时，灭火器的选用首选灭火器是“1211”灭火器，其次是二氧化碳灭火器，再次才是干粉灭火器。在未切断电源的情况下，严禁直接使用泡沫灭火器、清水灭火器进行灭火；

⑰使用灭火器进行灭火时，首先拆下铅封，拔掉保险卡（保险销），在灭火器有效喷射范围内，将喷嘴（或胶管喷口）对准火焰根部，按下启动压把后进行喷射。

课题三　寄存服务

模块一　对旅客超时寄存、丢失凭证或多日无人领取等情况进行处理

旅客按要求办理提领手续，凭行李牌和密码提取行李，遗失行李牌的，收取行李牌工本费；对旅客超过寄存提取时间的按规定补收寄存费；行李寄存多日仍无人领取的，作无人认领物品处理，将其移送相关部门，不得私自处理或挪作他用。

模块二 对发现异物等异常情况进行记录、处理和上报

在寄存时,如果发现超出寄存范围的物品,应该拒绝寄存。如果发现枪支弹药、爆炸物品等应马上报警,同时立即疏散周围人群。

模块三 处理异常情况的各项制度

客运站应建立异常情况报告处理制度,如应急预案制度(见相关模块)。

模块四 《危险化学品安全管理条例》的相关知识

2002年3月15日,《危险化学品安全管理条例》经国务院第52次常务会议通过,并颁布施行。对于加强危险化学品安全管理,防止和减少危险化学品事故,保障人民生命和财产安全发挥了重要作用。但是,从实际情况看,危险化学品领域事故频发的状况还没有根本扭转,安全生产形势仍然严峻。特别是使用危险化学品从事生产的企业以及危险化学品运输环节的安全问题较为突出。2008年2月,国务院法制办会同安全监管总局,在多次征求国务院有关部门和部分地方人民政府以及企业、专家意见的基础上,经反复研究、修改,形成了《危险化学品安全管理条例(征求意见稿)》(以下简称征求意见稿)。主要修订内容有以下五个方面:

1. 完善了危险化学品生产、储存、使用安全管理的有关制度和措施

①进一步完善了危险化学品生产、储存企业设立审批制度,在危险化学品生产、储存企业应当具备的条件中增加了两项内容,即符合国家产业规划、布局和有符合国家规定的危险化学品事故应急救援预案;适应危险化学品安全监管体制的变化,明确规定安全生产监督管理部门负责组织对危险化学品生产、储存企业的设立进行安全论证;并对设立危险化学品生产、储存企业的审查、批准程序和期限作了明确规定(第八条、第九条第一款、第二款)。

②与安全生产法的有关规定相衔接,对新建、改建、扩建用于生产、储存危险化学品的建设项目的安全管理作了规定(第十三条)。

③明确规定化学品安全技术说明书和化学品安全标签应当符合国家有关标准和国家有关规定,其中的文字内容应当使用中文(第十五条第三款)。

④确立了危险化学品使用许可制度,规定使用特定种类危险化学品从事生产,且使用量达到规定标准的企业,应当取得危险化学品使用许可证,并规定特定种类危险化学品目录和用量标准由国务院安全生产监督管理部门会同有关部门制定、调整并公布(第十七条、第十八条)。

⑤增加规定了生产、储存、使用危险化学品的车间、仓库等场所不得与员工宿舍在同一建筑物内,并应当与员工宿舍保持安全防护距离的内容(第十九条第二款)。

⑥在统一并适当减少要求企业对其危险化学品生产、储存装置进行安全评价的频次的同时,明确规定企业应当选择具有国家规定的相应资质的单位进行安全评价,安全生产监督管理部门在监督检查中可以根据情况要求被检查企业对其危险化学品生产、储存装置提前进行安全评价,有关企业应当按照安全评价报告提出的整改建议严格进行整改(第二十条)。

⑦增加规定了生产、储存剧毒化学品的单位应当依法设置治安保卫机构或者配备治安保卫人员的内容(第二十二条第二款)。

2. 进一步严格了危险化学品经营的安全管理

①增加规定了剧毒化学品生产企业、经营企业应当将其销售剧毒化学品的记录定期向当

地公安部门备案的内容(第三十六条第一款)。

②明确规定剧毒化学品生产企业、经营企业应当按照剧毒化学品购买许可证载明的品种、数量销售剧毒化学品(第三十七条第二款)。

③明确禁止购买剧毒化学品的单位转让其购买的剧毒化学品(第三十七条第三款)。

④增加规定了通过互联网网络销售、购买危险化学品,适用条例关于危险化学品经营的规定(第三十八条)。

3. 补充、完善了保障危险化学品运输安全的规定

①增加规定了有关危险化学品运输车辆安全管理的内容(第四十一条)。

②增加规定了通过道路运输危险化学品应当严格按照运输车辆的核定载质量装载,严禁超装、超载的内容(第四十四条)。

③进一步规定了托运人的义务,包括:查验危险化学品运输经营者的许可证、运输车辆的相关证件以及驾驶员、押运人员的上岗资格证;向承运人提供包装检验证明书以及化学品安全技术说明书和化学品安全标签;对危险化学品妥善包装,并在外包装上设置相应的标志、标记(第四十三条第二款、第四十九条第一款)。

④将剧毒化学品道路运输通行证的发证机关,由现行的"目的地"县级人民政府公安部门修改为"始发地"县级人民政府公安部门;并增加规定了始发地县级人民政府公安部门应当将剧毒化学品的运输路线和有关情况通知沿线公安部门的内容(第四十六条第一款、第二款)。

⑤明确规定邮政企业发现邮件中夹带危险化学品或者将危险物品匿报、谎报为普通物品的,应当按照国家有关规定及时处理(第五十条)。

4. 修改、完善了危险化学品登记制度

①明确规定了危险化学品登记的内容,包括危险化学品危险特性和安全技术信息等(第五十三条第二款)。

②明确规定负责危险化学品登记的机构、部门应当相互提供并向有关部门提供所登记的危险化学品的有关信息(第五十四条)。

③明确了化学品危险性的鉴别(鉴定)机制(第五十五条)。

5. 完善了有关法律责任的规定

征求意见稿增加规定了应当受到处罚的违法行为的种类,并对相关违法行为提高了罚款的数额,加大了惩处力度(第六十四条至第七十三条、第七十六条)。

此外,征求意见稿还对条例作了以下五个方面的具体修改和完善:

①将危险化学品目录由现行的分为两部分分别予以确定、公布,修改为统一由国务院安全生产监督管理部门会同国务院有关部门确定、调整并公布(第三条第二款)。

②进一步完善了有关部门依法进行监督检查时可以采取的措施(第六条第一款)。

③将"禁止用剧毒化学品生产灭鼠药以及其他可能进入人民日常生活的化学产品和日用化学品"修改为"任何单位和个人不得生产、经营、使用国家明令禁止生产、经营、使用的危险化学品,不得违反国家有关限制使用危险化学品的规定使用危险化学品",同时规定了国家明令禁止生产、经营、使用以及限制使用的危险化学品目录由国务院发展改革部门会同国务院安全生产监督管理部门等有关部门制定、调整并公布(第十四条)。

④修改、完善了对无主危险化学品的处理措施,公众发现无主危险化学品的,应当立即向当地公安部门或者安全生产监督管理部门报告。接到报告的公安部门或者安全生产监督管理

部门应当立即采取必要的措施,并通知就近的危险化学品生产企业或者储存企业予以暂存;需要进行专业处理的,交由环境保护部门认定的专业单位处理。处理费用由国家财政负担(第二十九条第一款)。

⑤对禁止运输剧毒化学品等危险化学品的内河的范围作了适当限定,由现行的“禁止利用内河”运输剧毒化学品等危险化学品修改为“禁止通过与外界无通航联系的内河”运输剧毒化学品等危险化学品。同时明确规定通过内河以及其他封闭水域运输危险化学品应当遵守有关法律、法规的规定,并规定由国务院交通部门制定监督管理的具体办法;利用与外界有通航联系的内河运输剧毒化学品等危险化学品的,还应当遵守国务院交通部门制定的专门的安全管理办法(第四十八条第一款、第二款、第三款)。

课题四　广 播 服 务

模块一　播送广播内容,指挥现场人员正点作业

广播服务负责乘、接、发车等各类客运信息的广播,其主要目的之一是及时向站场管理人员广播各类客运信息,促进站内各项服务的实施。包括发车前提醒站乘人员做好发车前的准备工作;接车时广播进站班车,通知验票、装卸人员接车卸行包;广播车辆晚点、线路阻滞及车次变更等通知。收车前提醒当次班车乘务员做好车厢宣传;结合气候变化等情况,对驾驶员做好安全行车宣传。

通过广播宣传沟通车站内部各业务岗位和各参运者之间的协调关系。根据站务作业程序和调度等有关业务工作部门的通知,广播班车准点和非正点发车时间,参运者车辆停放地点、发车班次、到达车辆班车的进站时间地点以及各班车售票、检票时间,使车站各业务作业人员及时到岗,做好迎送班车及检票待客的准备工作,使站务作业活动达到整体协调,相互衔接。此外,适时播放通知、公告和上级命令等有关内容。

模块二　宣传客运业务、安全卫生常识,提示旅客提高安全防范意识

按照统一宣传用语,密切配合车站各个环节。做到售票前、旅客排队候车中、检票前、检票后、发车前各阶段业务和安全等方面的宣传广播;结合社会形势,随时向旅客广播宣传党和国家政治时事和重大新闻报道;遇班车误点或因雨雪等情况,班车停开时,及时向旅客报告班车误点、停开原因和改乘措施。

①日常宣传广播内容:广播车站当日发车班次时间,介绍站内的服务项目及客运规定;介绍购买全、半、免、残疾军人票的手续,乘车规定和旅行常识;宣传行包托运办法,宣传禁运物品种类及相关规定;预报班车检票时间,提醒旅客按时上车;

②发车前广播内容:提醒站乘人员做好发车前的准备工作;广播班车去向、开车时间、途经站点和安全乘车常识;

③接车时广播内容:向旅客介绍行包提取办法与出站线路;提醒旅客注意携带随身物品,疏导旅客出站,介绍转乘车辆;

④广播服务:当旅客要求时为旅客广播找人、失物招领;广播车辆晚点、线路阻滞及车次变更等通知;广播天气状况、音乐,营造良好候车环境。

模块三 根据情况编写广播稿

1. 客运宣传广播稿件的选定范围

客运广播稿件主要围绕着站务作业程序,在以下范围内编写广播稿件:

①客运作业宣传稿件。它主要根据全日的发车班次、到达班次,编写阶段性的广播词。售票前广播购票时间、购票窗口、遵守秩序等内容;检票上车前要播送检票时间、检票入口和上车地点,按次序排队上车;发车前要广播发车时间、未上车的旅客赶快上车、送站的人赶快下车以及行车中注意安全事项。从而按站务作业程序疏导旅客有秩序地进行购票、行包托运、检票与上车;

②广播客运规章制度、旅客须知、行包托运、禁止携带物品、安全、卫生、公共秩序等方面的广播用词;

③插播的新闻稿件、广告以及短小精悍的文艺性稿件,以调节旅客候车的气氛;

④其他有关业务作业临时变更通知或受旅客委托播送找人寻物,以及失物招领等方面的稿件。

2. 客运宣传广播稿件编制的基本要求

①编制的广播稿件应符合党和国家的路线、方针、政策,不得有政治性的错误,不得违反保密法的有关规定;

②广播稿件应体现科学性、先进性、实用性、采用的资料、数据应保证准确无误,引用的标准、规范应是最先进的;

③广播稿件,应做到语言文明、用词恰当、礼貌谦虚,稿件简短明了,适应广播时间的需求;

④新闻、时事宣传的稿件,要以电台、报纸为准,采取转播电台的新闻广播方式。文艺节目采取转播电台、电视台或放送经政府部门批准的录音带,确保准确,不出差错。

3. 广播稿件的来源

配合站务作业宣传广播的稿件,有关客运规章制度、旅客须知、安全、卫生用语等稿件,均由企业主管营运业务部门和本站站长共同拟定的固定型的服务用语;转播新闻、时事和插播的文艺节目,由车站站长审核排定时间进行按时转播;其他临时性的业务变更,失物招领等由有关业务部门签署的临时通知,广播室按通知进行广播;找人寻物广播,按旅客的要求,由广播室自身拟定简要词语进行广播。

模块四 应用文写作基础知识

1. 应掌握的应用文写作基础知识

1)公文格式

(1)行政公文的格式的概念:行政公文的格式就是指行政公文的文面格式、用纸规范和印制规范的总和。

(2)行政公文的格式的内容:2001 年 1 月 1 日施行的《国家行政机关公文处理办法》第三章第十条对行政公文的格式作出了规范性的规定:“公文一般由秘密等级和保密期限、紧急程度、发文机关标志、发文字号、签发人、标题、主送机关、正文、附件说明、成文日期、印章、附注、附件、主题词、抄送机关、印发机关和印发日期等部分组成。”现行的行政公文[除命令(令)、公告、通告、会议纪要等以外]的格式一般由文面格式、用纸格式和印装格式三部分组成。

行政公文的书面格式划分为眉首、主体、版记三部分。置于公文首页红色反线(又称“间隔横线”）以上的各要素统称眉首；置于红色反线（不含红色反线）以下的各要素统称主体；置于主题词（包含主题词）以下的各要素统称版记。

①眉首：眉首又称文件头，位于公文首页上部，用套红印刷，占首页的三分之一或五分之二；一般由秘密等级和保密期限、紧急程度、发文机关标志、发文字号、签发人、红色反线等部分组成。

秘密等级和保密期限。为了有效保证公文在传递、处理过程中的国家秘密的安全，涉及国家秘密的公文应标明密级和保密期限。秘密公文分为绝密、机密、秘密三级，其中“绝密”、“机密”级公文还应标明份数序号。

紧急程度。紧急公文应当根据紧急程度分别标明“特急”、“急件”。如需同时标志秘密等级，则紧急程度在下，秘密等级在上。

发文机关标志。发文机关又称版头，用红色标志居文件头部分正中，一般有两种形式：一种是由发文机关名称和“文件”两部分组成，如“北京市人民政府文件”；另一种是只标明发文机关名称（适用于信函式格式），如“××省人民政府”。发文机关名称要用全称或规范化简称，如果是几个单位联合行文，主办机关排列在前。

发文字号。由发文机关代字、年份和序号三部分组成。联合行文一般只标明主办机关的发文字号。

签发人。签发人是指代表发文机关核准、制发该公文的负责人，是公文生效的具体责任者。上行文（包括上报的“请示”“意见”“报告”）应当在首页注明签发人、会签人姓名。红色反线（又称“间隔横线”）。红色反线是一条较粗的通栏红线，位于“发文字号”与文件主体部分的“标题”之间，把文件头部分和正文部分分开。一般政府机关公文用一条通栏红线，党的机关文件在通栏红线正中加一颗红五星做标志。

②主体：是文件的主要部分，包括标题、主送机关、正文、附件说明、成文日期、印章、附注、附件八个部分。

标题。公文标题的三要素：完整的公文标题由发文机关、事由、文种三部分组成。如《国务院办公厅关于表彰奖励中国女子足球队的通报》（国办发[1999]61号），发文机关是“国务院办公厅”，事由是“表彰奖励中国女子足球队”，文种是“通报”。

公文标题的核心要素：“文种”是公文标题的核心要素，同时也是不能省略的要素。

公文标题除了采用三要素齐备的完整式标题形式外，还可以采用省略式标题形式。省略式标题包括以下三种情况：一是省略发文机关的标题，如《关于严厉打击传销和变相传销等非法经营活动的意见》，通常有文件版头的公文（主要指上行文），标题不必再重复发文机关；二是省略事由只由发文机关和文种组成的标题，如《中华人民共和国主席令》、《中国人民银行通告》等；三是省略发文机关和事由，只有“文种”一个要素的标题，如《通告》、《公告》，这类标题一般适用于内容较单一的公布性、知照性公文。

注意：公文标题中除法规、规章名称加书名号外，一般不用标点符号。对于转发文，除批转法规性文件加书名号外，均不对原标题加书名号。

转发上级机关的文件，如果标题过长，可以自拟事由摘要转发；如果是层层转发的文件，可以只转发首发机关的名称。

主送机关：是指负责办理和答复该份公文的主要受理机关，应当使用全称或者规范化简称、统称。

下级向上级机关发出的请示或报告，一般只写一个主送机关，受双重领导的下级机关向上级请示时,也要确定一个主送机关,其他用抄送形式,不能多头主送,避免出现责任不明,误时误事的现象;上级对下级机关的发文,主送机关应按法定或约定俗成的惯例排序,如通辽市人民政府下发的普发性文件,主送机关可以是"各旗、县、市、区人民政府,市政府各委、办、局";凡是直接向社会或群众公布的公文及法规章程等,一般不写主送机关。如通告、公告等。

正文:是行政公文的核心部分,是用来表达具体的思想内容的。正文应根据文种和写作意图选择恰当的表达方式和结构,在公文格式规范、行文关系正确的前提下,一篇公文的水平与效果关键取决于正文的拟定。

正文中的人名、地名、数字、引文应当准确。引用公文应当先引标题,后引发文字号;引用外文应当标明其中文含义。正文写作的要求:

第一,符合国家法律、法规,符合党和政府的方针、政策以及上级机关的有关规定。

第二,要有针对性,即以事实为根据,分析问题,做到有的放矢。

第三,一般应一文一事,事由要集中、明确、重点突出。

第四,行文逻辑缜密,层次清晰,条理清楚。

第五,具体措施或意见要符合实际,明确具体,可操作性强。

第六,语言要准确、简洁、规范。

公文中的数字:公文中的数字,除成文日期、部分结构层次数和在词、词组、成语、惯用语、缩略语、具有修辞色彩语句中作为词素的数字必须使用汉字外,应当使用阿拉伯数字。

正文层次标识方法:

第一层用"一、""二、""三、"……

第二层用"(一)""(二)""(三)"……

第三层用"1.""2.""3."……

第四层用"(1)""(2)""(3)"……

附件说明:公文如有附件,应在正文之后注明附件说明。

附件说明写在正文下空一行,左空两字,用3号仿宋体字标明"附件",后标冒号,然后说明附件顺序和名称。附件序号用阿拉伯数码,附件名称后不加标点符号。

成文日期:是指公文完成并定稿的时间,是公文生效的标志。成文日期以负责人签发的日期为准,联合行文以最后签发机关负责人的签发日期为准。决定、会议纪要等会议讨论通过的公文,以通过日期为准。电报以发出日期为准。

成文日期标注在正文右下方,右空四字,用汉字将年、月、日标全,"零"写为"O",如"二OO二年十月一日"。

印章:是公文合法生效的标志之一。公文除会议纪要和以电报形式发出的以外,应当加盖印章。联合上报的公文,由主办机关加盖印章;联合下发的公文,发文机关都应当加盖印章。单一机关制发的公文在落款处不署发文机关名称,只标明成文日期,加盖印章应上距正文一行之内,下压日期,端正,印章用红色;联合行文并需加盖两个印章时,应将成文日期拉开,左右各空七个字格,主办机关印章在前,两个印章均压成文日期,不相交或相切;联合行文并需加盖三个以上印章时,应将各发文机关名称(可用简称)按加盖印章顺序排列在相应位置,并使印章加盖其上。

当公文排版所剩空白不能空下印章位置时,应采取调整行距、字距的措施加以解决,务必使印章与正文在同一版面,不得采用标明"此页无正文"的方式解决。

附注:指需要说明的其他事项,包括说明传达范围(如"此件发至县团级")、使用方法(如

“此件可以翻印”)、正文中出现的名词术语的解释等,在使用请示文种时注明联系人的姓名和电话。

附注标志在成文日期下一行,居左空两字,应当加圆括号标注。

附件:是附在正文之后用于补充、说明正文的文字材料或图表材料,是公文的重要组成部分。有的公文因内容需要,又不便于写入正文的材料才用附件的形式表达,并不是每份公文都有附件。

常见的附件有两种:一是随文所颁布、批转(转发)、报送的文字材料,实际是公文的主要内容,而主件只起批准颁布、批转转发、报送或按语作用,这类附件与公文正件具有同等效力。二是补充、说明、解释正文内容的材料,如代表名单、数字报表、图文资料等,其作用是为正确理解和执行公文正件提供参考。

附件应与公文正文一起装订,并在附件左上角第一行顶格标明“附件”,有序号时标明序号;如不能一起装订,应在附件左上角第一行顶格标明公文的发文字号并在其后标明附件(或带序号)。

③版记:版记也称文尾,位于公文末页最下部,包括主题词、抄送机关、印发机关和印发日期三个要素。版记的最后一个要素置于最后一行。

主题词。主题词是确切表达公文主题和归属类别的规范化名词或名词性词组,是文件信息输入计算机的一种信息符号。因为按照区局文件精神,从今年开始系统内部行文不再标注主题词,因为全区办公自动化系统都已开通,标注主题词已没有必要。但向系统外行文仍然要标注。注意:一份文件的标引,一般不超过 6 个主题词。

抄送机关:指除主送机关外需要执行或知晓公文的机关。抄送上级机关的用“抄报”;抄送平级和下级机关的用“抄送”。

抄送机关应使用全称或者规范化简称、统称,位置在主题词下一行,左空一字标明“抄送”,后加冒号;抄送机关间用顿号隔开,回行时与冒号后的抄送机关对齐;在最后一个抄送机关后标句号。

印发机关和印发日期。印发机关多数不以行文机关名称出现,而只用该机关办公室(厅)名称。印发机关位于抄送机关之下,占一行位置。印发机关左空一字,印发日期右空一字。印发日期以公文付印的日期为准,用阿拉伯数码标志。

2)行政公文的行文规则

一个机关的文件,按照行文关系、文件的去向,可以分为上行文、平行文、下行文和泛行文。

(1)基本行文规则:

①根据机关隶属关系和职责范围行文的原则。

②公文不直接报领导者个人的原则。

③非特殊情况不越级行文的原则。

④同级机关可以联合行文的原则。

⑤部门会签未经协调一致不得各自单独行文的原则。

受双重领导的机关向上级机关行文,应当写明主送机关和抄送机关。上级机关向受双重领导的下级机关行文,必要时应当抄送其另一上级机关。

(2)以下两种情况不宜用抄送:

①请示不得在主送上级机关的同时向其下级机关抄送;

②凡与办理公文无关的机关一律不予抄送。

请示应一事一请示,不要一文多事。如确有几件事需要请示上级,可分别写成几份请示上呈。

报告不得夹带请示事项的规则。

部门内设机构除办公厅(室)外不得对外正式行文。

公文的语言特点:庄重、准确、朴实、精炼、严谨、规范。庄重是指语言端庄、格调郑重严肃;准确是指在表情达意时,语言真实确切,无虚假无错漏,褒贬得当,语意明确界限清楚,符合实际,真切表达欲表达的内容;朴实是指语言平直自然、是非清楚、恰如其分、通俗易懂,无浮华夸饰、无渲染、无形象描绘、无矫揉造作,忌堆砌华丽辞藻,忌滥用辞格,讲求于平淡之中见神奇;精炼是指语言简明扼要,精当不凡,去浮辞,忌冗长空泛,同时,又不苟简,即服从行文目的和表现主题的需要,当详则详,当略则略;严谨是指语言含义确切、文句严谨、细致周密、分寸得当,忌模糊含混、语意多歧;规范是指语言单位构成及组合不仅应符合现代汉语的语法规则和一般逻辑规则,而且应合乎公务活动所提出的特殊规范性要求。

2.12 种应用文体的写作

1)计划与方案

计划与方案其实就是工作的打算和安排,进行书面化、条理化、具体化以后就是通常所说的"工作安排"、"工作要点"、"工作规划"、"工作方案",我们经常用到的就是"工作要点"或者叫"工作安排"。不经常用到的如书中提到的"中长期规划"、"项目方案"、"综合方案"等大家可以看看书了解一下,不作为重点掌握。但要清楚计划或要点是把想要做的工作具体化,而方案则是把计划进一步明细化,有完成计划的具体方法和步骤,具有可直接操作的特点。

重点学习一下工作要点的结构和写作特点。工作要点是一级机关或一个职能部门针对未来一个时期工作的简明扼要的安排,多用于领导机关或部门对下属单位布置工作和交代任务。如通辽市地税局2006年工作要点、2006年纪检监察工作要点等,要点的要求明确,指导性强,便于执行,也有利于事后检查。

工作要点由标题、正文、署名和成文日期四部分组成。

工作要点的特点是具有指导性、预见性、可行性和约束性。

2)总结

总结就是单位或个人对过去一定阶段所做的工作或开展的活动进行全面系统的分析、研究和评价,从中找出成绩、问题、经验和教训,揭示规律的书面报告材料。总结是一种比较灵活的应用文体,经常用的有三大类:单位总结、个人总结、专题总结。重点掌握个人总结的结构要素和写作要求,一般了解单位总结和专题总结的写作要求与技巧。

个人总结要抓住主要问题,突出经验、教训和个人思想上的收获体会,不可停留在工作过程的回顾或一般优缺点的检查上。

个人总结行文结构一般由标题、正文、落款三部分组成。

标题:单位名称+期限+内容+文种

正文:①前言:交代与中心内容有关的情况;

②全面总结一般包括成绩收获、经验体会、问题教训三个部分;

③总结经验教训,提出努力方向。

落款:写作者姓名、日期。

年终自我小结的写法,除标题外,可分为三部分:

第一部分:工作成绩。可先写工作,后写成绩,也可把工作和成绩结合起来写。开头不宜多说。如:“一年来我做了以下几项工作”或“我在2005年中做了以下工作”。

第二部分:存在的问题及原因。

第三部分:努力方向。

3)简报

简报是反映所在单位或系统完成工作任务的情况和经验,实际工作中出现的新情况、新问题及值得注意的新思路,或某项调查研究的成果和有价值的统计数字的内容简要的内部资料,起着上情下达、下情上达、左右沟通、交流经验的作用。

按照内容简报可分为思想动态简报、工作简报和会议简报。我们在工作中应重点掌握工作简报、会议简报的写作格式、写作要求和写作技巧。

工作简报的版式由版头、正文、版尾等要素组成。

简报的写作要求:

①新:反映新情况、新问题、新经验;

②准:材料真实确切、问题切中要害、政策把握准确;

③简:篇幅短小精悍,语言简洁明了;

④快:迅速及时,快编快发;

⑤全:要素齐全,格式规范。

这里强调一下,我们在写信息简报时,首先要制作好标题,“题好文一半,眉清目传神”,所谓“看人先看脸、看报先看题、看书先看皮”,标题是信息的“脸面”。如《通辽市地税部门推行电子纳税受欢迎》,让人一看事实清楚,一目了然。

4)调查报告

调查报告是为了工作需要和特定目的,对某一事物、问题或事件进行调查研究后,通过分析、加工,利用调查材料和研究结论整理撰写出来的书面报告。

调查报告也称为考察报告。其主要特点,一是针对性强——针对人们普遍关心的事情或者亟待解决的问题而写;二是用事实说话——报告的内容真实准确,建立在深入细致的调查研究基础之上;三是揭示规律性——通过对事实的分析研究,得出规律性的认识。调查报告按照调查范围和内容,可分为综合调查报告、专题调查报告;按照作用,则可分为基本情况的调查报告、典型经验的调查报告、新生事物的调查报告、揭露问题的调查报告、澄清事实真相的调查报告。

调查报告一般由标题、正文、落款三部分构成。

(1)公文式标题。由调查对象和内容加“调查报告”、“调查”、“考察”、“调查与思考”组成。

(2)通讯式标题。①单式标题,用一句话或一两个短语概括调查报告的主题或要回答的问题。②复式标题,由主题和副题组成。由主题概括调查报告的主旨或要回答的问题,用副题标明调查对象及其内容和文体。

(3)正文。由前言、主体、结尾组成。

①前言。根据具体情况和要求,选择说明以下内容:调查对象的基本情况,调查的方法,调查报告的主题和主要内容,调查报告要回答的问题。前言的作用在于读者对调查内容获得总体认识,并为主体部分展开做准备。

②主体。总体要求,不仅反映已调查清楚的具体情况,更要反映从实际情况中总结出来的规律性认识,即成功的经验、有效的措施或做法,问题产生的原因、教训和解决问题的办法等。

要做到有理有据，先后成序，详略分明，主题突出。

③结尾。或总结全文，或表达意见和建议，或提出发人深省的问题，或展望前景。形式多样，灵活掌握。须简洁凝练，不拖泥带水。有些调查报告的前言和正文已说清楚，就不必再写结尾。

(4)落款。内部使用的调查报告，正文之后应署调查者(单位、调查组或个人)的名称或名字，并标明调查报告的成文日期；公开发表的调查报告，大多将调查者署在标题之下，正文之后不写成文日期。

5)汇报提纲

汇报提纲是下级机关向上级机关汇报工作时所撰写的汇报内容提要。按照汇报内容分为综合工作汇报提纲和专题工作汇报提纲。

汇报提纲在内容上具有特定的针对性，结构上具有逻辑条理性，语言上要求朴实简练。

汇报提纲一般分为标题、正文、落款三个部分。

标题：公文写法，如《关于税收工作情况的汇报提纲》；直接写法，如《关于公务用车改革进展情况的汇报提纲》。

正文：分两层，一是前言，二是主体。

落款：汇报单位名称可在标题下面，也可放在文尾，与时间并行。

6)会议记录

会议记录是在开会过程中，由专门人员把会议的组织情况和具体内容如实记录下来的文字材料。

会议记录一般由记录头、记录主体、审阅签名三部分组成。

①记录头：会议名称、会议时间、会议地点、会议主持人、会议出席列席和缺席情况、会议记录人员签名等。

②记录主体：会议中心议题、会议讨论焦点及主要意见、主要领导权威人士或代表人物的言论、定调性言论和总结性言论、会议决议或议而未决事项。

会议记录两条最基本的写作原则：真实性、完整性。

7)会议纪要

会议纪要是一种常用公文，是在会议记录的基础上整理加工而成的、记载传达会议决定事项和主要精神，要求与会单位共同遵守、执行的，具有纪实性和指导性的公文。

会议纪要一般分为办公会议纪要和专题会议纪要。

会议纪要一般分为标题、日期、签发人、正文、落款五个部分。

(1)标题：多由“会议名称+文种”组成，与常用的简报报头非常相似，因此又叫简报式会议纪要。目前常见的构成形式有四种：

①会议名称加文种，如《全国水利建设现场经验交流会议纪要》、《高等院校后勤管理体制改革会议纪要》。

②发文机关、会议名称加文种构成，如《财政部中专学校校长会议纪要》。

③与会单位加会议内容加文种，如《环渤海地区商讨对外开放工作会议纪要》。

④由主标题和副标题构成，主标题提示会议的主旨，副标题标明会议名称和文种，如《以“三个代表”为指针，进行教育改革——济南市部分教育工作者学习“三个代表”的座谈会纪要》。

(2)编号：一般加括号写于标题下方正中位置。

(3)日期:会议纪要的成文时间即会议通过的时间或领导人签发的时间。

(4)签发:由会议召集人签名。

(5)正文:会议纪要的正文分为前言、主体、结尾三部分。前言,简要介绍会议的基本情况,会议召开的目的,会议的起止时间、地点、参加人员,会议的基本议程、主要活动和会议结果;主体,具体阐述会议讨论的问题和意见、结论和决定,以及对今后工作提出的要求;结尾,一般不单独写。

(6)落款:会议纪要不加盖印章。在正文后分别注明主持人、出席人和发送单位。

8)通知

通知适用于批转下级机关公文、转发上级机关和不相隶属机关的公文、发布规范性公文、传达事项、任免人员等。

通知是公文中使用频率最高、适用范围最广的一个文种,是上级向下级传达、告知事项的一种下行文。通知具有使用范围的广泛性、受文单位的专指性和较强的时间性,同时还具有行文简便、写法灵活、种类多样的特点。

通知一般可分为批示性(批转性)通知、指示性通知、发布性通知、事务性通知。如国务院批转财政部、国家计委关于进一步加强外国政府贷款管理若干意见的通知(批示性)、国务院关于进一步精简会议和文件的通知(指示性)、国务院关于发布《国家行政机关公文处理办法》的通知(发布性)、通辽市地方税务局关于作好五一长假期间值班值宿的通知(事务性)。

通知一般由标题、主送机关、正文、落款和日期几部分组成。

①标题:标题一般由发文机关、事由及文种三部分组成。除发布的规章应用书名号,其余均不使用书名号和标点符号。要具体处理好"关于"引起的介词结构和文种表述,杜绝重复出现"关于"和"的通知"字样。

②主送机关:指通知的对象,一般应写全称或规范化简称、统称。主送机关较多时注意排列的规范性。同级机关用"、",不同级别、类别的机关用","分开。

③正文:包括通知的依据和目的、通知事项、通知结语三部分。

④落款和日期:在公文右下方写明发文时间,并加盖公章。

9)报告

适用于向上级机关汇报工作,反映情况,答复上级机关的询问。

报告是下级机关向上级机关汇报工作、反映情况、提出意见或者建议、答复询问与要求、报送资料使用的一种陈述性公文,是典型的上行文。

报告按内容可分为工作报告、情况报告、答复报告等。

报告中不得夹带请示事项或要求上级机关答复的事项。报告一般有标题、主送机关、正文、成文日期组成。

(1)标题:报告是上行文,可采省略发文机关名称的两项式标题结构形式,即"事由 + 文种"。如《关于2003年上半年工作情况的报告》。

(2)主送机关:只有一个,即有隶属关系的上级机关。

(3)正文:把握以下几点:

①前言。概述,并用"现将……报告如下"。

②工作情况和成绩。

③工作经验、体会。

④存在问题。

⑤今后改进措施。

(4)成文日期

10)请示

适用于向上级机关请求指示、批准。请示具有隶属性,只有本部门和本系统的下级机关方可向上级机关请示。请示按其内容分有税政业务请示和行政事务请示两类。

下级机关向上级机关请示必须做到:凡属职权范围内的一般问题不随意请示;请示必须一文一事,且主送机关只有一个;请示必须在事前;上级机关收到请示后应认真研究,及时予以批复。请示属上行文,文末必须有请示语。

①标题:请示标题通常由事由和文种两部分组成。

②主送机关:应是发文机关的直属上级机关,不得多头请示。如是受双重领导的机关向上级机关请示,应写明主送机关和抄送机关,由主送机关负责答复。应根据隶属关系逐级请示,不得越级请示,因特殊情况必须越级行文时,应同时抄送被超过的上级机关。

③正文:请示正文一般由请示起因、请示事项和请示尾语三部分构成。请示起因一般先说明行文的目的、依据,强调请示的必要性,为请示事项的提出作好必要铺垫;请示事项是请示的核心内容,要求明确、具体地指出,并做到既符合政策、法规,又具有建设性、可行性;请示尾语一般有"特此请示,望于批复","以上请示请批准"等惯用语。

④落款:正文结束,在右下方署名署时并盖公章。

11)批复

批复是上级机关用来答复下级机关请示事项的下行公文。批复具有上级机关答复下级机关请示事项的专指性,下级有请示,上级才有批复。而且针对性极强,下级机关请示什么上级机关就答复什么。

批复由标题、主送机关、正文、成文日期组成。

标题:一般由"发文机关名称 + 事由 + 文种"构成。

主送机关:发出请示的下级机关。

正文:一般由批复依据、批复事项、执行要求三部分组成。

成文日期:即文件生效的日期,成文日期要用汉字书写,即俗称的"大写",不能用阿拉伯数字与汉字混用,同时年、月、日要齐全。规定零要写成"○",是因为"零"与汉字的另一种数字写法"壹、贰、捌"等是一个序列,而采用"一、三、五"这种写法用"○"比较协调。

12)函

函适用于不相隶属机关之间商洽工作,询问和答复问题,请求批准和答复审批事项。内容上可分为申请函、商洽函、询问函、答复函、告知函。从行文方向上,"函"有来函和复函之分。函作为公文中唯一的一种平行文种,其适用的范围相当广泛。在行文方向上比较灵活,不仅可以在平行机关、不相隶属的机关之间行文,而且还可以向上级机关或者下级机关之间行文。有隶属关系的上下级机关之间不得使用函,上级机关的内设机构可以向下级机关的相关业务部门行便函,便函属于非正式文。

①标题:函的标题一般由发文机关、事由和文种三部门组成。发文机关视具体情况一般可省略。属答复性质的函,文种均须标明"复函"。

②主送机关:顶格写机关全称或规范化简称,后标冒号。复函的主送机关即来函单位。

③正文:一般由缘由、事项、希望与请求和结语几部分组成。复函的开头应引述来函的日期、文号或标题等。尾语一般用"专此函告","敬请函复"等作结;复函多用"此复"、"特此函

复”等为结尾。

④落款:正文右下方署名署时并盖公章。

3. 几种辨别关系

1)请示与报告的异同点

相同点:①两者都属上行文。②为督促各级领导干部认真履行职责,对行文负全责,上报的报告、请示首页须注明签发人。③通常情况下,报告和请示的标题可省略发文机关。

不同点:①性质和行文目的不同,报告属陈述性公文,其行文目的在于汇报工作、反映情况、提出意见和建议、答复询问等,故不要求上级机关回复;请示属呈请性公文,其行文目的在于请求指示或审核批准,需要上级机关给予答复。②上级机关处理原则不同,对待报告上级机关只在认为有必要时才予批复,而对请示上级机关不管同意与否均应批复。③篇幅容量不同,对报告虽也提倡一文一事,但像综合报告等显然多为一文数事且篇幅较长;对请示则严格要求一事一请,篇幅相对较短小。④行文时间不同,报告在事前、事中、事后均可行文;而请示必须事前行文。

2)会议纪要与会议记录的主要区别

①性质不同。会议纪要是规定性行政公文,而会议记录是记录会议情况和议定事项的事务性文书。

②内容的繁简程度不同。会议纪要的内容是对会议记录进行整理提炼而形成的会议内容的要点,重点体现会议的宗旨;而会议记录是对会议情况的原始、详尽的记录,重点体现会议的过程性和具体性。

③形式有所不同。会议纪要具有一段公文的规范格式,而会议记录的形式则比较灵活自由。会议纪要通常采用总分式结构,而会议记录则采用顺时结构。

④处置方式和作用不同。会议纪要一般可以文件的形式发布或在报刊上公开发表,用来“传达会议情况和议定事项”;而会议记录只作为内部资料,以备查考。

课题五　检票服务

模块一　保养和维护检票设备

客运站服务员在日常工作中要注意保养和维护检票设备,随着道路客运信息化技术的普及,客运站检票设备(系统)逐步采用智能通道控制系统及自动售检票系统。

1. 采用汽车站自动售检票系统,有以下几方面积极意义。

①减轻劳动强度:工作人员不用手持验票枪每张票扫描,乘客可以自行刷票通过闸机进入车站;

②提高文明水平:工作人员可以指导乘客刷票通过,维持秩序,增强了人性化服务,提高了车站文明水平;

③维护车站秩序:送客亲友无票不能进入车站,自觉在闸机前告别,避免了送客亲友经常与工作人员争执强行进入站内的情况发生,维护了车站秩序;未到点的乘客不能进入站内,确保车站进入秩序,一改以往站内站外到处是人的混乱局面;

④提升形象:新设备的投入使用,提升了车站形象。

2. 自动售检票系统设置要求如下：

①检票设备应有标准通信协议，将目前的电脑联网售票系统相联，便于识别客票的有效性，并带有中文信息显示及相关辅助提示；

②在规定时间内，客运站通道检票系统能识别与控制二次、三次进站场的旅客票，并作出信息处理；

③设立内部工作人员（包括司乘人员、工作人员、工程技术人员等）的出入控制，并作必要的时间控制、考勤记录和次数控制；

④设备能灵活适应特殊季节性客运规律，快速疏散旅客；

⑤检票设备能监测人员的尾随，并安装相关装置保护人员的安全过道，防止颠倒、夹伤、意外事故发生（如孕妇、儿童、携带物）；

⑥设备能自行调整栅闸感应关闭与延时控制时间；

⑦发生火灾或特殊事件时，检票设备应符合消防应急能力。

3. 乘客检票流程

①乘客刷票，车票是否有效？若有效，闸机 VFD 显示屏显示"↑请进 WELCOME"，同时语音播放"欢迎光临！"，乘客可以推杆入内。

②若无效，闸机 VFD 显示屏显示"×无效票 INVALID"，同时语音播放"无效票，您的车次未到"等，闸机阻止乘客入内。

4. 自动售检检票系统工作原理

①检票计算机通过条码读卡器读取车票票面条码数据；

②由检票计算机把读到的条码数据、检票口等信息，发送到接口；

③接口收到信息后，进行相应的处理，并返回该票的相应信息（正常票、学生票、半票、免票、班车未到、日期错误、检票口错误等）；

④检票计算机根据接口返回信息，进行闸机控制：语音在播放正常票、学生票、半票、免票、班车未到、日期错误等信息的同时，在闸机液晶显示板上也同时显示这些信息；

⑤等待闸机控制结束，检票计算机把完成信息发送给接口，接口收到信息，进行写库操作；

⑥结束一次检票过程。

模块二　在节假日客流高峰期有序安排各临时场地、临时车辆旅客正常检票

客运站在节假日期间，特别春运期间，大量旅客滞留在客运站，形成客流高峰。这时，客运站应该提前做好客流预测，在原有的检票场地基础上增设临时场地，以方便旅客检票。这不仅提高了客运站的检票速度，而且对维持候车秩序，防止由于大量旅客争先检票造成意外事故具有非常巨大的作用。

客运站还应该根据当天的客流大小安排临时加班车，满足客流需求。

总之，在节假日遭遇客流高峰时，客运站应做好应急措施，确保购票旅客能正常检票上车。

模块三　处理人流高峰期出现的拥挤混乱状况

在客运高峰时段，大量的旅客滞留车站总是一个现实的压力，这种压力如果不及时排解，很可能演化为其他的社会问题。要排解压力，一个办法就是放没票的人进站。由于大客流难于预测，有时会出现比预测还要大得多的客流，这时必须采取客流控制措施，以避免人流拥挤、混乱失控。在大客流的情况下，车站通过合理安排人员，做好乘客的疏导、宣传工作，对车站人

流进行控制。人流控制应采取由内至外，由下至上的原则，在车站出入口进行人流的两级控制。车站在节假日客流高峰时，特别春运客流高峰时期，一般只允许发车前一刻钟的旅客进站的方法来避免站内人群拥挤的现象。

车站一般在发车前15分钟开始检票，检票人员要严格控制好候车室检票秩序，引导旅客排队检票，严禁没有车票或还未开始检票的旅客进入检票口，增大室内客流压力，造成车站秩序混乱。

模块四 《道路旅客运输及客运站管理规定》的相关知识

见第一部分第二单元课题七模块八

模块五 班车班次线路情况

检票员必须熟悉客运班车班次和线路的情况，有助于在客运高峰期间加快通行速度。同时，提醒休息中的旅客注意班车班次和线路的变化情况，以免错过检票乘车。

思考题

1. 处理旅客投诉的范围、分类及方法？
2. 礼仪的含义是什么，如何将礼仪应用于客运服务？
3. 简述紧急救护的程序。
4. 防火的基本措施有哪些？
5. 简述寄存对危险品的处理。
6. 客运广播稿件编写的要求有哪些？
7. 简述乘客检票的流程。
8. 如何处理人流高峰期的拥挤混乱状况。

单元二 售票服务

学习目标

本单元主要的学习内容包括票据发售、票据管理等。

知识要求

掌握向旅客发售车票(包括优惠车票)的方法;
熟悉客运各项规章制度及法律法规;
掌握客运报表编制分析理论;
了解统计相关理论。

技能要求

通过学习,能够正确发售车票;编制和分析客运统计报表。

课题一 票据发售

模块一 按照各线路班次等级和票额发售车票,做到唱收、唱付

①当旅客站在售票窗前,主动向旅客微笑致意,并使用招呼声,服务规范用语:“您好,请问您去哪里?”

②礼貌待客,友善注视旅客的脸部,不能漫不经心、不抬头或左顾右盼,不能上下打量顾客。

③使用礼貌用语询问顾客购票要求(购票方向、到达站点、乘车时间、购票数量、乘车车型等),向旅客提供相应的乘车参考意见,并报出当前班次时间及票价。

④确定旅客购票意向后,须向旅客交代满足条件的车票种类,待旅客确认后,按售票操作规程订位及打印客票。注意“请”、“谢”字不离口,不能因车站没有旅客所需的班车而驱赶旅客。

⑤唱收唱付,核验准确。

⑥当旅客表明要改票或退票时,应首先问清楚旅客办理的原因。对符合办理条件的旅客,须向旅客解释相关规定,征得旅客同意后,予以办理改票或退票手续。

⑦当本站无旅客所需乘坐的班车时,可向旅客说明联网售票功能,并询问旅客是否需要代售异站票。旅客表明要购买异站票时,须明确告知旅客代售异站票所要注意的事项,征得旅客同意后予以办理代售异站票手续。

⑧当班售票员临时离开岗位时,必须正确放置“告示牌”指引旅客到其他窗口购票。

模块二 检查旅客要求购买优惠客票与相关证件一致

售票员售票时应提示购票人员否带有符合规定的免票儿童。成人及身高超过 1.50m 的

儿童乘车购买全票。身高1.20m以下，不单独占用座位的儿童乘车免票。身高1.20 ~1.50m的儿童乘车购买儿童票，革命伤残军人、因公致残的人民警察分别凭《中华人民共和国残疾军人证》、《中华人民共和国伤残人民警察证》购买优待票，如果带有以上证件，售票人员应当认真核对，查看证件上符合购买优惠票的人与本人是否相一致。儿童票和优待票按执行票价的50%计算。

模块三 车站各项规章制度及有关法律法规

售票员应该熟悉车站的各项规章制度及有关法律法规，向旅客解释这些规章制度和有关法律法规的规定。

模块四 《汽车运价规则》的相关知识

根据《中华人民共和国价格法》及交通运输部、国家发展改革委员会联合颁发的《汽车运价规则》、《道路运输价格管理规定》，汽车运价包括：汽车旅客运输价格、汽车货物运输价格以及相关服务收费。汽车客票由省道路运输管理机构商省地税局统一印制管理。

在制定和调整汽车运价时，应广泛听取社会各方面意见，对方案的可行性和必要性进行论证，以适应运输市场的发展，反映运输经营成本和市场供求关系，根据不同运输条件实行差别运价，合理确定道路运输的比价关系，促进道路运输市场健康发展和价格形成机制不断完善。

①道路班车客运实行政府指导价；

②农村道路班车客运实行政府定价。为保障农村山区道路客运经营的合理利润，县（市）人民政府应出台加大补贴的政策，或者组织县（市）价格、交通运输部门在核实燃油补贴与成本支出的前提下，适当增加联动区间倍数收取燃油附加费；

③卧铺客车运价实行市场调节价，由企业自主定价；

④包车客运、非定线旅游客运、与其他运输方式竞争充分的班线客运实行市场调节价，由承、托运或对开双方根据里程、车辆等级等协商确定。包车客运可分为计程包车和计时包车，具体规定按交通运输部、国家发展和改革委员会颁发的《汽车运价规则》（交运发[2009]275号）执行；

⑤国防战备、抢险救灾、紧急运输等政府指令性道路旅客运输实行政府定价。由下达指令性任务的同级政府或价格、交通运输主管部门制定；

⑥定线旅游包车、加班车客运运价按照班车车型运价执行；

⑦跨省班车客运运价按省际不同运价率和里程分段计算，也可按起、讫点省份运价协商确定。

课题二 票据管理

模块一 进行报表编制和分析

随着计算机技术的推广使用，目前客运站的售票工作已基本上实现了计算机管理。客运站计算机售票系统是以计算机售票为核心的售票管理系统，该系统以车站调度主机的调度命令为依据，设计出客运站各售票窗口全方位或半方位售票的班线和定员、站点和运价率，窗口售票时由打印机打印专用客票，由结算终端记录各窗口售票情况进行结算，全系统以售票信息为依据对旅客流量、流向、分布及客流规律进行统计分析,并可以定期生成报表。

售票员票据报表做到日清日结,票、款、收三相符。客票满足储备,票款按时上缴;结算的处理与打印,旬、月、季、年度报表处理打印,完成日初始化工作。

①班次对账单内容为:班次号、车号、始发站、终到站、发车时间、总座位数、已售座位数、已售金额;

②售票员售票日报表内容为:售票员、售票张数、已售票金额、作废票数;

③客运每日/月销售额报表(班次别)内容为:班次号、车号、售票数、售票金额;

④客运每日/月销售额报表(车号别)内容为:车号、车主、班次数、售票数、售票金额;

⑤线路日客流量分析表(含统计图)内容为:线路、发车时间、客流量;

⑥线路月客流量分析表(含统计图)内容为:线路、客流量、月份;

售票员根据售票报表的内容编制售票报表,对车站售票票据等进行报表分析,并向上级汇报相关情况,努力促进客运站营运管理。

模块二 预测客流趋势

道路旅客客流受节假日等多种因素的影响,而呈现出不同的客流趋势。道路客运企业应合理利用这种趋势,保证客流高低峰期旅客的正常出行不受阻碍。为此,必须对客流趋势进行必要预测(预测方法见模块三)。

模块三 客流预测方法

客运站一般根据往年客流记录来预测近期内的客流趋势,根据这种大概趋势来作出相应的营运政策,如节假日增加班次等政策。虽然这种预测与实际有一定差距,但对于目前客运企业来说是一个合理有效的客流预测方法。

目前进行客运市场预测的方法主要有定性预测方法和定量预测方法两种。其中,定性预测方法主要有专家意见(调查)法、专家评议均值法和客运市场调研预测法。

定量预测法主要包括时间序列预测法、因果分析预测法和系统动力学模型方法。

本节简单介绍专家意见(调查)法、时间序列法、因果分析预测法等。

1. 定性预测方法

(1)用户调查法。

用户调查法是对运输需求单位或其主管部门进行直接调查,搜集运输需求资料,通过研究分析确定未来运量。通过用户调查获得的计划需求运量,在分析时要注意研究一些问题,如年度是否协调,上下级单位提供的资料是否大致相同等,以便预测量更为符合客观需求。

(2)专家调查法。

这里所指专家是指熟悉本部门业务,有丰富的经验并有较强判断力的客运专业人员。专家调查法是向一组(一部分)专家分别征询意见,或召集专家座谈会征询意见,或由专家填写调查表格,然后将专家对过去历史资料的解释和对未来趋势的判断集中起来,转化为预测数量的一种方法。

分别征询专家意见的方法也称德尔菲法。这种方法是美国兰德公司首先发展起来的。其基本作法和程序是:

①确定课题。

②选择专家。专家人数要适当,有一定代表面,对预测问题有较高造诣和掌握充分的

资料。

③设计咨询表。表格要简明，意图明确，并提供一定的背景材料。

④逐轮咨询和信息反馈。一般进行三四轮。每次函询后，将专家回答的意见综合整理、归纳，匿名反馈给各位专家，再次征求意见。如此反复几轮，得出比较集中的意见。

⑤采用统计分析法对各专家预测数进行定量评价，求得最终预测。统计分析中一般使用加权的办法，对专家的权数要尽量客观、准确。

这种方法的优点是既可充分发表意见，又可以互相交流、博采众长，避免主观片面。它一般适用于整体的预测，如全国、全省客货运量，春运客运量预测等。

2. 定量预测法

定量预测方法，是指用已经掌握的历史资料作为基础，建立适当的数学模型，对未来的事物做出测算的方法，其特点是有明显的数量概念，侧重于研究测算对象的发展程度（包括数量、时间、相关因素的比值、发展过程等）。

各种定量预测方法都是基于这样一种前提假设，即存在一种基本模式，这种模式以历史数据为依据，并能用数量来表示，然后运用这个模式进行测算并作为预测的基础，通过对所预测的各种变量的历史数值的分析，可以揭示以下两种关系：随时间发生变化的一种或数种模式；两个或更多的变量之间的某种因果关系。

常见的方法有时间序列预测分析法、因果分析法或回归分析法。

1）时间序列预测分析

时间序列是观察或记录到的一组按时间顺序排列起来的数字序列，通常是按一定的时间间隔，比如按日、周、月、年进行观察统计。时间序列用于运量预测的基本思路就是认为某一范围内运量的发展变化总是有某种规律的，将来的运量和过去的运量之间，存在某种内在的联系，根据过去运量的变化规律，可以测算出将来的运量，因此，这种方法有时也称为外推法。

（1）简单移动平均法。

简单移动平均法是用所采用的历史运量的平均值作为未来的运量预测值，每次取一定数量周期的运量序列数据并将其平均，逐次推进，每推进一次，舍去最初的一个数据，增加的数据再进行平均。其计算公式是：

$$\hat{Q}_{t+1} = \frac{Q_t + Q_{t-1} + Q_{t-2} + \cdots + Q_{t-(n-1)}}{n}$$

式中：$\hat{Q}_{t+1}$——第 $t+1$ 期的预测值；

Q_t、Q_{t-1}、Q_{t-2}、…、$Q_{t-(n-1)}$——各期实际值。

n——预测资料期数。

n 取值不同，结果不同，n 取值小，预测结果较灵敏，能较快地反映数据变动的趋势，取值较大时，灵敏度差，“滞后现象”显著增加。究竟取何值适宜，不仅要从灵敏度考虑，还要与生产的具体条件一起考虑。

（2）加权移动平均法。

如果考虑到预测资料期中每一期的数据对未来的预测值影响程度是不同的，就可以应用加权移动平均法，愈是靠近预测期的历史资料影响愈大，则给予较大的权数，离预测期愈远的资料影响就愈小，给予的权数就愈小。借以分别加重近期缩小远期历史资料时预测结果的影响程度。计算公式如下：

$$\hat{Q}_{t+1} = [F_t \cdot Q_t + F_{t-1} \cdot Q_{t-1} + \cdots + F_{t-(n-1)} \cdot Q_{t-(n-1)}] / \sum F_i$$

式中：F_i——各期资料的权数，按远小近大排列，如果各期权数是小数，则 $\sum F_i = 1.0$，如果各期权数是整数，则 $\sum F_i$ 应等于各期权数相加的和。

(3)指数平滑法。

指数平滑法实质是加权平均的一种特殊形式，它是从加权平均法发展而来，其优点是可以减少预测时的数据储存量。其计算公式为：

$$\hat{Q}_{t+1} = \alpha Q_t + (1 - \alpha)\hat{Q}_t$$

即：预测值 = 平滑系数 × 前期实际值 + (1 - 平滑系数) + 前期预测值。

可见，指数平滑法得到的预测值 $\hat{Q}_{t+1}$，是上一时段 t 的实际值 Q_t 与预测值 $\hat{Q}_t$ 的加权平均值，或者是上一时段的预测值 $\hat{Q}_t$ 加上实际值与预测值的偏差的修正值。

平滑系数 α 取值的大小对时间序列均匀程度影响很大，它可按过去的预测数与实际数的比较而定，当本期的实际数与预测数相差较大时，α 取大值，则下期预测值偏向于本期实际值，预测值的变化大；若 α 取小值，则下期预测值偏向于本期预测值，预测值的变化较小，比较平滑，实际应用中，α 值取 0.7 ~ 0.8 为宜。

在应用指数平滑法进行预测时，需确定一个初始预测值，一般初始值距离预测期愈远，所给予的权数愈小，对预测值的影响愈小，当观察值较多时，可以用最早一期(第一期)的观察值来代替。如数据较少，初始值影响较大，可选前三个观察值求平均数作为初始值。一般多用前种方法。

以上几种方法，在预测过程中，不考虑事物发展的因果关系，而是设法避开事物发展过程中一些偶然性因素的影响，把时间序列作为随机变量序列，运用数学平均或加权平均等方法作出趋势预测。因此。这种方法只运用于中、短期预测，而用于长期预测时准确性较差。

(4)趋势预测法。

运量预测的时间趋势分析，就是把历年的运量数据按年顺序排列，构成统一的数列，并根据其动向，建立适宜的数学模型，这种数学模型，是以时间为自变量，运量作为因变量的方程，然后把所要预测的年份代入方程，即可得到欲求的预测量。这种方法适合于做长期预测，一般要用 10 年以上的历史数据，以利正确判断运量变化的趋势，建立合适的数学模型。

常用的数学模型有三种，直线型 $y = a + bx$，指数型 $y = ab^x$，以及抛物线型 $y = a + bx + cx^2$。

确定何种数学模型较为适宜，通常使用以下两种方法：

第一，将历年的实际运量按时间序列描在直角坐标图上，再根据曲线的形状选用合适的方程。

第二，计算历年运量逐年的增减量，如大致相同，则用直线方程；如果动态数列的发展变化有一个转弯形态或二次增长量大致相等时，说明现象的发展大体表现为二次曲线，则用抛物线方程；如逐年的增减率大致相同，即运量以每年相同的速度递增或递减，则用指数型方程。

对于直线型，其数学模型为 $y = a + bt$，预测时首先要求得 a、b 然后代入年序数进行预测；采用最小二乘法，即可得 a、b 的计算式如下：

$$b = \frac{n\sum ty - \sum t \times \sum y}{n\sum t^2 - (\sum t)^2}$$

$$a = \frac{\sum y}{n} - b\frac{\sum t}{n}$$

式中：y——运量；

t——年序数；

n——采用运量的年数。

2）因果关系预测分析

因果关系预测法是通过分析影响预测目标的各因素及其影响程度，找出他们之间的相互关系（正相关、负相关）与强度（强相关、弱相关）以预测未来的一种预测方法。

（1）回归分析法 。

回归分析法，是研究预测目标 y 与影响因素 x 之间因果关系，并据此计算预测目标值的方法。这里的自变量 x 不是代表时间序列，而是代表某种社会经济因素，其通用数学模型为

$$\hat{y} = a + \sum_{i=1}^{m} b_i x_i$$

式中：$\hat{y}$——客货运量预测值；

i——影响因素序列，$i = 1, 2, 3, \cdots, m$；

a、b——回归系数。

当影响因素 x_i 与预测目标之间为线性关系时，称线性回归，其中：若 $i = 1$，称一元线性回归；若 $i > 1$，则称多元线性回归；而当 x_i 与 $\hat{y}$ 之间呈非线性关系时，称非线性回归。

比较起来，一元回归分析方法较简便，预测精度受到限制，主要用于中、短期预测，多元回归分析方法较烦琐，但预测精度较好。常用于中、远期预测。

现以一元线性回归分析为例，来说明预测客、货运量的主要过程。

①确定预测目标的影响因素

由于影响预测目标的因素较多，为简便起见，在已确定预测目标的情况下，可根据实际情况初选对预测目标影响较大的相关因素，如地区人口数量、居民收入水平、工农业总产值、道路交通情况等。一元线性回归分析，就是找出一个影响运输量的因素，分析它与运量之间的关系。

②收集和整理预测目标 y 及影响因素 x 的历史数据

③计算回归系数：

一元线性回归预测模型为：

$$\hat{y} = a + bx$$

求回归系数 a、b 的计算公式为：

$$b = \frac{\sum x_i y_i - \bar{x}\sum y_i}{\sum x_i^2 - \bar{x}\sum x_i}, \quad a = \bar{y} - b\bar{x}$$

式中：$\bar{y} = \frac{\sum y_i}{n}$，$\bar{x} = \frac{\sum x_i}{n}$

④确定回归方程

⑤计算相对误差 r

为了判断回归方程的可信程度，可以用相对误差进行检验，相对误差的计算公式如下

$$r = \sqrt{\frac{\sum (y_c - \bar{y})^2}{\sum (y - \bar{y})^2}} \quad (0 \leqslant r \leqslant 1)$$

r 越接近1,回归方程越可信。

上式中,yC 表示由回归方程预测出来的值。

⑥预测结果计算

(2)弹性系数法。

运输业的运输量增长速度同工农业总产值增长速度之间的比值,称为弹性系数,即:

$$\text{弹性系数} = \frac{\text{运输量增长速度}}{\text{工农业总产值增长速度}}$$

弹性系数表示工农业总产值增长一定幅度时,运输量增长的百分比。这种预测方法是根据历史形成的工农业总产值增长速度与运输量增长速度之间的比值变化,探索其弹性系数的变化规律与发展趋势,并根据预测期内工农业总产值推算出未来的运输量。计算公式为:

$$\hat{Q} = P(1 + kn)'$$

式中:$\hat{Q}$——预测的运输量;

P——预测期前一年的实际运输量;

n——预测期内工农业总产值增长速度;

t——预测年限;

k——预测期内的弹性系数。

此种预测方法的关键,是如何正确判断预测期内的弹性系数。

(3)乘车系数法。

某地区的客运量一般与两项因素有关,一是预测区域内的人口数,二是平均每人在一定时间内的旅行次数。这种关系可表示如下:

$$\hat{Q} = k_m M$$

式中:$\hat{Q}$——预测期内客运量;

km——居民乘车系数,指预测期内一定时间内每人平均乘车的次数;

M——区域内预测期的人口数。

乘车系数是此种方法的关键,与各地区的经济状况、人民的生活水平和文化水平有关,一般较难确定一个比较准确的数值。

1. 简述售票时唱收、唱付技巧?
2. 简述最新购买优惠客票的方法。
3. 简述售票员售票日报表内容。
4. 什么是定量预测法?

单元三　行包托运

学习目标

本单元主要的学习内容包括行包的计费收费与保管、行包的配载装车服务等。

知识要求

熟悉旅客行包收费明细内容;掌握客运行包服务系统的使用;掌握客运行包保管的方法;能够进行行包的配载装车。

技能要求

通过学习,能够填制、打印各种收费凭证;摆放和分类行包;处理行包残缺破损问题;实施行包配载和转运交接等。

课题一　计费收费

模块一　向旅客解释各项收费明细内容

当旅客办理行包托运手续时,须向乘客出示行包托运收费标准明细及相关资料。同时,就其中的问题进行解释。提醒其行包按照单件质量或体积收费,并告知行包按照普通货物或贵重物品托运(贵重物品办理托运时必须购买保险或保值运输),当发生运输伤亡事故时,赔偿标准不同。

模块二　使用计算机填制、打印各种收费凭证

①按照凭证打印(只限金额式)的标准设置步骤进行设置;

②正确调整凭证打印模板和套打走纸偏移误差;

③根据会计电算化知识填制。

模块三　行包系统使用知识

行包快件系统是为基于客车行包物流管理开发的通用系统,它是把行包和现代物流的特点有机结合而形成的行包快件物流系统。系统一方面科学地规范了行包的操作流程,大大提高了行包处理效率并减少了差错率,另一方面,通过数据分析和物流理念的实现,使行包服务的深度和广度大大延伸,形成独具体色的快件物流体系,提升了企业的核心竞争力。客运站在采购行包系统时,应结合自身的特点,与系统供应商沟通,开发出最适合的行包管理系统。

1. 系统特点

①支持多站场,多揽货点(理货点),多提货点操作和应用;

②支持站场、揽货、提货点之间的集货和拆货功能;

③支持站场内固定班次线路,临时线路和外协货运专线的运输资源使用;

④支持客户预订行包舱和及时服务、朝发午至、午发夕至,夕发次日达等多种服务方式,支持门到门服务;

⑤支持联盟伙伴的班车和揽、提货点信息共享;

⑥支持行包实时跟踪,提供多种行包状态查询工具;

⑦完善的账务功能,分层分类的成本和利润分析统计;

⑧支持条码、RFID 等设备,提供与其他系统相连的开放接口。

2. 适用范围

适用范围是客运站、利用客车开展行包物流的公司、快件公司等。

3. 主要功能描述

1)系统管理

用户管理,权限管理,用户日志,系统设置,数据安全。

2)基础资料管理

站场管理,站场货区,客户管理,专线管理,班车管理,外协车管理,装卸公司管理,装卸工管理,服务类型(按时限)。

3)行包业务管理

行包受理,托运单管理,保险管理,订舱计划,配线配载,运单货区管理,疏集货管理,拆货管理,装卸作业,装运完成报告,托运回单管理,提货管理,事故管理,运单跟踪和查询。

4)账务管理

行包定价管理;外协车合同价格管理,收费流水账;收付登记管理,客户、线路、班次、工作人员的成本和利润报告。

5)查询统计

站场行包统计表,线路、班次、工作人员行包统计表(托运和提货),月(季,年)丢包事故统计表。

6)接口管理

客运班车系统,条码、SMS、RFID,GPS 等。

7)客户行包查询网站,提供客户网上查询

实现网上实时信息查询,客户可通过托运单号查询货物状态。

课题二　行包保管

模块一　按物品的不同特性分类摆放

行包员应做好安全检查,严防行包内夹带危险品、禁运物品和超限量物品。对受理的行包按标签到站、班次开车时间安排货位,堆放时应将标签朝外,并做到重不压轻,大不压小。

模块二　妥善处理行包保管过程中出现的残缺破损问题

旅客必须对行包的性质,赔偿价值做出声明(包括默许),并且行李包裹和规格必须符合运输要求。作为承运人则必须向旅客开具接受行李的单证,同时向旅客收取规定的运费。保管员应爱护寄存物品,轻拿轻放,摆放合理、整齐,经常保持清洁卫生,如发现异常情况如残缺破损等问题，应做好现场记录，及时上报，查明原因，妥善处理。

模块三 按规定处理保管超期认领或无人认领物品

站务员及乘客上交的丢失物品送交行李保管单位，登记于笔记本上。当乘客提出招领时核对相关证件及描述所失物品特征，经证实后返回给失主。如失物当日无人认领时，可打开行包寻找有关乘客的身份证明或联系方式，通知失主领取所丢物品。

站务员应查对到达客车的行包件数与件重，与驾驶员、装卸工办好交接手续，在行包交接清单上签收，入库堆码并及时通知托运人前来提取。

旅客提取行包时，工作人员要仔细核对提单和标签，查明件数，交付时要收回行包提取单，并加"行包提取"字样的戳记，收回的行包单要按班、日分装成册，以便保存及查询。

到达站应妥善免费保管无人认领的行包两天，超过两天每件核收保管费。逾期 3 个月仍无人领取的行包可视为无法交付行包，可由车站会同有关人员开启、查验和清点成册后，报请上级主管部门批准，然后向当地有关部门作有价移交，移交所获价款，扣除应付的费用外，在 6 个月内仍无人领取时上缴国库。

课题三 配载装车

模块一 根据车辆行包舱容积安排配载

充分利用车辆的载质量和容积，进行轻重配装，巧装满装。

模块二 安排行包转运

坚持"中转先运、急件先运、先托先运、合同先运"的原则。对一张托运单和一次中转的货物，须一次运清，不得分批运送。

模块三 货物配载知识

1. 货物配载的概念

货物配载是指为具体的运班选配货载，即承运人根据货物托运人提出的托运计划，对所属运输工具的具体运班确定应装运的货物品种、数量及体积。配载的结果是编制运班装货清单。装货清单通常包括卸货港站、装货单号、货名、件数、包装、质量、体积及积载因子等，同时还要注明特殊货物的装载要求。

我们知道对于无论哪种运输工具来说其载货量是一定的，不是无限的，其载质量、可用体积都是有限值的。因此，对一个有限的运输工具如何装载、使其能够最大限度达到其限定的载质量同时又能充分利用其体积容量是运输活动中既能提高运输工具的利用率同时又能提高经济效益的一个关键的环节。

2. 货物配载的原则

一般来说，轻重搭配是配载的最简单的原则。也就是说用重货铺底，以充分利用运输工具的载质量，轻泡货搭配以充分利用其可用空间体积。最后的结果是，轻重货的总质量加起来能无限接近于限定载质量的最大值，轻重货的总体积加起来能无限接近限定体积数的最大值。但轻重货的搭配并不是随意的，而是要达到上面所说的目的，无论是质量还是体积都要无限接近最大化，同时还要产生最佳的经济效益，这就有一个科学的依据、有一个科学的比例才能保证上述目的的达成。

长期以来，货运公司的员工都是凭经验来给运输工具进行配载的，也能获取一定的效益。但这只是凭经验而已，是否已经达到运输工具使用率的最大化、配载效益的最大化了，也从未有人去评估过，同时这种经验对于新员工来说是不具备的。能否有个公式化的计算办法来让大家都会给运输工具进行配载呢？其实很简单，我们在集货时一般都是以质量或体积来计量货物的，这样我们就可以知道所集货物密度的近似值，从而推出轻重货的配载比例。

3. 配载时应注意的几点原则

①根据运输工具的内径尺寸，计算出其最大容积量；

②测量所载货物的尺寸质量，结合运输工具的尺寸，初步算出装载轻重货物的比例；

③装车时注意货物摆放顺序、堆码时的方向，是横摆还是竖放，要最大限度的利用车厢的空间；

④配载时不仅要考虑最大限度的利用车载量，还要具体情况具体分析，根据货物的价值来进行价值的搭配；

⑤以单位运输工具能获取最大利润为配载总原则。

4. 配载时应注意的事项

①重货不能压轻货，大件货物不能压小件货物；

②注意运输工具的承重位置，不能偏重，或者重心偏向；

③注意附加值高的货物的装载位置，要相对保护起来；

④注意食品不能和有异味的、有毒的货物混装；

⑤液态物质要注意其包装的密封性并采取隔离措施；

⑥怕压、易碎、易变形的产品，在装载时要采取防护措施。

模块四 班车行包交接程序

行包在运送全程中，不同运输方式之间或同一运输方式内部往往存在各种形式的内部交接，才能到达目的地交付收货人。为了保证行包运输的安全与完整，便于划清企业内部的运输责任，行包在运输途中如发生装卸、换装、保管等作业，交接时应按规定办理交接手续。

1. 发车前行包交接

①发车前仔细核对行车路单、结算单、行包运送交接单据，做到人数、行包件数与单据相符；

②检查行包的体积和质量，查看包装、捆扎是否牢固，有否爆炸品、危险品、违禁品、贵重物品、有(无)价证券的夹带；

③检查行包是否遵照旅客对托运行包的要求，如轻放、忌压、忌挤、忌倒置等；

④查看车票是否有效，是否和行包托运的到达点相符。

2. 中途行包交接

①班车在途中停靠时，要做到站名预报准确及时，车停稳后方开启车门，在车下组织旅客按顺序上下车，防止错下错乘；

②做好途中站的行包交接工作，应监装、监卸，交接迅速、核对无误；

③途中遇到稽查人员检查时，应主动向旅客说明情况，配合接受检查。

3. 终到站行包交接

①班车到达，值班员应指挥车辆停放在适当地点，查看路单，交接清单等有关资料，了解本站下车人数，点交本站的行包、公文及物品等情况；

②通知有关人员进行各项站务作业，包括照顾旅客下车，向车内旅客报唱本站站名，提醒下车旅客不要将随带物品遗留在车厢内，检验车票，解答旅客提出的有关问题；

③准确卸下到达车站的行包，并与交接清单核对，点收点交运达本站的公文物件，在路单上填清班车到达时间。

1. 行包快件系统的特点有哪些？
2. 如何处理残缺破损问题？
3. 配载时应注意哪些问题？
4. 简述运输行包的交接程序。

单元四　客运调度

学习目标

本单元主要的学习内容包括汽车客运的报班、填单、调度组织、出站检查和应急处理等。

知识要求

熟悉参加营运车辆进出站的安全检查过程及方法；掌握客运班线的安排和班车营运程序；掌握道路旅客运输单据的填写方法；能够熟练操作车站管理系统。

技能要求

通过学习，能够独立处理客车报班操作；熟悉行车路单等单据的填写；掌握站务调度方法；实施应急处理等。

课题一　报　　班

模块一　能根据磁卡核对进站车辆

所有签订进站协议进站参营车辆需用车辆 IC 卡进行报班操作，如配有安全检查管理模块，车辆经过安全检查后，统一采用 IC 卡或磁卡作为车辆报到卡（可在各个车站使用），通过刷卡读取卡号。车辆报班后，本班次显示该车辆已报班。

模块二　指导进站车辆进行安全检查

①为加强客运站安全生产管理，确保旅客出行安全，减少事故隐患，根据《中华人民共和国道路运输条例》和《道路旅客运输及客运站管理规定》，运输经营者应按规定做好车辆的维护工作，确保营运客车在进站应班时车辆技术状况良好，车载安全器材齐全有效，并保证提供符合要求的驾乘人员。对由于运输经营者未能向汽车客运站提供合格营运客车和驾乘人员而导致误班、脱班运输的，运输经营者应承担责任；

②汽车客运站负责对营运客车在简易安检站或安全例检地沟进行安全例检。简易安检站必须配备能够检测营运客车制动、轴重、侧滑和灯光（可选配速度、底盘间隙）的设备和厂房。安全例检地沟，需配备安全例检必备的手工检测设备；

③从汽车客运站发班的营运客车应按规定自觉参加安全例检。营运客车每天第一次发班前必须进行一次安全例检（当日运行 2 个以上班次的营运客车可凭当日《安检合格通知单》办理报班手续）。营运客车正常运行的情况下，在途中的配客站可不办理安全例检。如营运客车始发地无汽车客运站，则由终点地汽车客运站负责该营运客车安全例检工作，否则返程不予报班；

④应班营运客车报班前，必须进行安全例检，车辆调度员要对营运客车的《安检合格通知

单》(表 4-1)、行驶证、道路运输证、驾驶员驾驶证、从业资格证、承运人责任险以及行车记录仪或 GPS 运行情况进行查验,在确认齐全有效后,填写营运客车应班登记表并签发路单,方可对营运客车安排发车。在出现气候恶劣等不宜行车的情况时,不得安排发车;

⑤汽车客运站要严格进站报班制度,进站客运经营者应当在发车 30 分钟前持《安检合格通知单》和相关证件,到汽车客运站调度室报班等待发车,不得误班、脱班、停班;

⑥对无故停班达 3 日以上的营运客车,汽车客运站经营者应当报告当地道路运输管理机构;

⑦汽车客运站各岗位安全管理人员在检查时发现不合格营运客车,应填写《安全检查不合格记录表》,同时填写《整改通知书》,通知驾驶员或运输经营者整改,未经整改或整改不合格的营运客车不得进入下一程序。《安全检查不合格记录表》和《整改通知书》由汽车客运站自制(见表 4-2、表 4-3)。

客运班车报班安全例检合格通知单(式样) 表 4-1

编号:00××××××	编号:00××××××	编号:00××××××
××客运站 安检合格通知单	××客运站 安检合格通知单	××客运站 安检合格通知单
检查时间: 年 月 日 时 车牌号码/颜色: 营运线路: 安检机构:(章) 安检员:(签字)	检查时间: 年 月 日 时 车牌号码/颜色: 营运线路: 安检机构:(章) 安检员:(签字)	检查时间: 年 月 日 时 车牌号码/颜色: 营运线路: 安检机构:(章) 安检员:(签字)

第一联:安全例检机构留存 第二联:始发客运站调度留存 第三联:终点客运站调度留存
备注:本通知单 24 小时内有效 备注:本通知单 24 小时有效 备注:本通知单 24 小时有效

安全检查不合格记录表 表 4-2

<table>
<tr><td colspan="2">附件五</td><td></td><td></td></tr>
<tr><td colspan="4">安全检查不合格记录表</td></tr>
<tr><td></td><td></td><td></td><td></td></tr>
<tr><td colspan="3">日期: 年 月 日</td><td></td></tr>
<tr><td colspan="2">运输经营者名称</td><td>营运线路</td><td>车号</td></tr>
<tr><td colspan="2"></td><td></td><td></td></tr>
<tr><td colspan="2">检查项目</td><td colspan="2">不合格内容</td></tr>
<tr><td colspan="2">安全例检</td><td colspan="2"></td></tr>
<tr><td colspan="2">报班登记</td><td colspan="2"></td></tr>
<tr><td colspan="2">出站登记</td><td colspan="2"></td></tr>
<tr><td colspan="2">其他</td><td colspan="2"></td></tr>
<tr><td></td><td></td><td></td><td></td></tr>
<tr><td colspan="2">驾驶员签名:</td><td>安全检查人员签名:</td><td></td></tr>
</table>

整改通知书 表 4-3

附件六：

存根

整 改 通 知 书

编号：

________________：

经____年____月____日汽车客运站检查，发现你单位____________营运客车，________________________不符合营运客车运行条件，请停车整改，合格后予以报班运行。

驾驶员签名： 汽车客运站负责人签名：

年 月 日

（骑缝章）

整 改 通 知 书

编号：

________________：经____年____月____日汽车客运站检查，发现你单位____________营运客车，________________________不符合营运客车运行条件，请停车整改，合格后予以报班运行。

驾驶员签名： 汽车客运站负责人签名：

（公章）

年 月 日

模块三 核对《客运班车报班安全例检合格通知单》和《洗车记录单》

①安全例检机构检查人员应根据营运客车安全例检项目及技术的要求，对营运客车进行检查，作出明确判断，如实填写《营运客车安全例检项目登记表》，合格的，出据统一式样的《安检合格通知单》；

②《安检合格通知单》须经安全例检机构站长或安全例检人员签字。《安检合格通知单》一式三联，一联交始发汽车客运站调度留存，一联交终点汽车客运站调度留存，一联由出据《安检合格通知单》的安全例检机构留存，《安检合格通知单》应至少保存3个月；

③区内班车始发、终点站调度凭当日（24小时内）《安检合格通知单》办理行车报班手续，对安全例检不合格的营运客车，汽车客运站调度不得为其排班上客行车；

④对安全例检不合格的营运客车，如需修理的，车辆安全例检人员应出具维修单，由运输经营者将营运客车送到具有相应资质的维修企业进行维修。维修企业应根据维修单内容按相关标准对营运客车进行维修，合格后出具维修单。维修单一式三联，一联由安全例检机构留存，一联由运输经营者留存，一联由维修企业留存；

⑤运输经营者凭维修单到安全例检机构换取营运客车《安检合格通知单》后，由汽车客运站调度为其办理行车报班手续；

⑥安全例检机构检查人员应检查《洗车记录单》，确保营运客车车容车貌整洁、干净，提醒

驾驶员注意消毒。

模块四 指导车辆停留在指定卡位(发车位)

①驾驶员整理制服仪容,提前开车进入预定发车位,做好发班准备;

②完成发车前行包交接。

模块五 向检票人员发出检票指令

检票是对客票核查并进行记录,它主要有两个作用:一是对承运人与旅客之间旅行运输合同开始或结束的确认;二是对旅客所持客票与其所要开始的旅程是否相等的确认。在发车(船、机)前,站务人员要组织旅客排队,顺序检票上车,并对号入座,检查是否有误乘的旅客;在车(船、机)到达后,组织旅客下车(船、机),并检票以核查票据是否符合要求。

客运站一般在规定发车时间前5 ~10 分钟,广播室通知旅客检票上车。检票员或乘务员检看车票(电脑扫描车票)后让旅客上车。检票员或乘务员清点人数确保购票旅客全部上车,有未及时上车的通知广播室再次广播,若有旅客未及时购票则协助其办理补票手续。旅客有笨重行李时,乘务员协助将其放置在适当位置,附上标签或小牌,旅客保存对应联或小牌,以便领取行李,乘务员协助做好旅客财产的防护工作。

具体检票作业见《检票服务规范》。

【案例 4-1】

汽车客运站检票服务规范

1. 目的

根据票房所售车票进行检票,杜绝伪票、假票、漏票,确保乘客有秩序乘车。

2. 适用范围

适用于旅客上车前的检票作业。

3. 职责

检票员负责查验车票,引导旅客候车及排队上车,协助旅客办理补票手续。

4. 作业内容

1)检票准备

①签到上班,着装整洁,佩戴服务证章;

②掌握当日车次、时间、线路变化等情况;

③检查客车到位情况,对未进入发车位的车辆不予检票;

④检查客车行车路单是否盖有安检合格章和调度印章,没有盖章的不准检票上客,并通知其办理相关手续;

⑤打开电脑,准备好检票。

2)安排候车

①掌握检票终端机、显示屏、广播及调度公布的车次消息;

②引导旅客按车次划分的区域,有秩序地候车;

③维持检票秩序,提醒旅客办理行包托运和购买儿童票等事项;

④遇班车迟到的,要及时通知旅客等候。

3)引导排队

①开车前10 分钟,开门站立,用普通话和当地方言宣讲乘车安全常识和本次班车的发车

时间、终点站及沿途停靠站点；

②引导旅客排队检票；对老、弱、病、残、幼、孕等旅客优先照顾。

4）检票

①向旅客介绍本次班车的发车时间、终到站和途经主要站点；

②查验车票，做到“三看”、“一唱”、“四不检”；清正廉洁，禁止无票乘车。对没有及时检票的旅客联络广播通知；

③协助检查行包是否超重，是否有禁运品；

④在“客运统一行车路单”上填写路单人数并核对与检票结果相符；

⑤没有使用电脑扫描车票时需填写检票记录“班车验票记录表”；

⑥填写或协助打印好“结算单”交该班司乘人员。

5）工作交接

①做好当天班车发车记录和交接班工作；

②清扫本区卫生，总结当日工作。

模块六 磁读卡操作方法

随着国民经济的发展和人民物质生活水平的提高，道路客运运输量逐年增加，客运站传统的手工检票由于速度慢，已满足不了广大乘客对优质服务的要求。为此，汽车站已推广使用微机售检票系统（国外先进国家使用微机售检票系统的更为普遍）。但是，国内目前部分地区推广使用的微机售票系统在功能上还欠完善，急需扩充。如行包管理和检票的管理应包括到微机售票系统。其他方面，如车站内部的财务管理、车站和营运公司的财务结算，票价计算，车次客流统计等也应完全计算机化。所以，进一步开发功能更完善的，集车站管理于一体的微机售检票系统变得十分必要。

软件供应商针对长途客运站的监票、检票漏洞问题，而设计的通道自动检票系统，多种单元逻辑运算，采用电子售票、电子检票、电子调度、电子结算、旅客查询系统等微机智能化管理系统，大力有效体现计算机的处理能力。可选配 IC 卡、磁卡、条码、RFID 电子标签、防静电环境测试、掌纹、指纹识别系统应用。

旅客检票使用条码技术，快速检票，支持条形码自动输入和手动输入票号，条形码检票，检票时确定车票信息。是否有效票、是否当检车票、是否半票和是否已检票等判断和提示。同时也可使用自动检票机实现无人值守，由乘客自己检票上车。班次输入框会自动识别班次、报班卡、条码等相关信息。

如千里达客运综合管理系统是市场上基于 . NET 平台，用 C 语言开发的系统，功能全面、操作方便、界面美观的管理系统，共分小型企业、中型企业、大型企业以及集团型大区域联网互售系统等四个版本供不同需求的运输集团企业使用。基于 IC 卡（或磁卡）的车辆报到和条码自动识别技术的售票、检票、结算一体化。

模块七 车辆进站作业流程

①营运客车进入客运站停车场地，按规定区域停放，服从工作人员指挥；

②营运客车到站客车安全技术检查站进行安全技术检测；

③到主机室签到（工作人员查验营运手续、从业资质、安检手续、规费上缴手续等是否齐全有效，否则不予签到）；

④发车 15 分钟前到指定发车区域待命发车；

⑤车上司乘人员协助工作人员验票、检查“三品”，为旅客安排座位、行包；

⑥领取结算单，核对车上人数，与工作人员进行无“三品”交接签字；

⑦车辆正点发车。

模块八　运输班线安排

道路旅客运输班线属于公共资源，归国家所有。客运经营者在取得客运班线经营许可后，应向社会提供连续运输服务，未经许可机关批准，不得擅自暂停、终止或者转让班线运输。客运班车应按照许可的线路、班次、站点运行，在规定的途经站点进站上下旅客，无正当原因不得改变行驶线路，不得站外上客或兜圈拉客。经许可机关同意，在农村客运班线上运营的班车可采取区域经营、循环运行、设置临时发车点等灵活的方式运营。农村客运班线是指县内或毗邻县间至少有一端在乡村的客运班线。

运输班线需遵照班次时刻表来安排，客运站对计划区内班线、班次、时刻安排的班次时刻表，要本着方便旅客上下、转乘、途中食宿、及时运送、经济合理的原则进行编制。其具体内容如下：

①根据旅客流向，确定要开办客运的营运线路和起止站点；

②根据旅客流量，确定各线路需要安排的班次数；

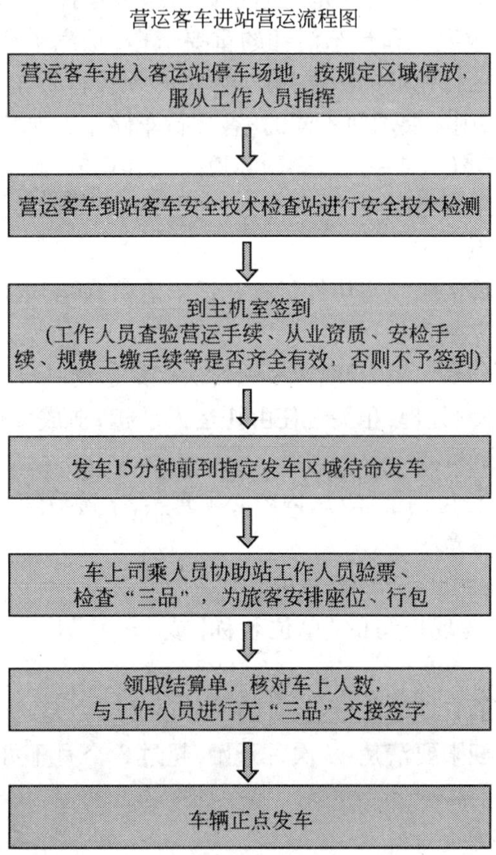

营运客车进站营运流程图

营运客车进入客运站停车场地，按规定区域停放，服从工作人员指挥

↓

营运客车到站客车安全技术检查站进行安全技术检测

↓

到主机室签到
（工作人员查验营运手续、从业资质、安检手续、规费上缴手续等是否齐全有效，否则不予签到）

↓

发车15分钟前到指定发车区域待命发车

↓

车上司乘人员协助站工作人员验票、检查“三品”，为旅客安排座位、行包

↓

领取结算单，核对车上人数，与工作人员进行无“三品”交接签字

↓

车辆正点发车

图 4-1　班车营运流程

③根据旅客流时,确定各个班次的发车时间以及同一班次发出的客车数;

④为每个车次编代号;

⑤根据上述资料,编制班次时刻表报主管部门,批准后正式公布实行;

⑥完成当次班线任务回站后,要主动交回行车路单,同时,应将途中有关情况如实报告,以便车站补填记录;

⑦车队各班组编制相应的"日常工作检查表",对每天的服务、工作内容进行检查记录,车务部编制"运输服务工作评价标准",依据评价标准及相关的服务、作业规范,每周一次对各班线的服务情况进行检查记录。

模块九 班车营运程序(图4-1)

课题二 填 单

模块一 根据售票记录,核对检票情况,签发《客运行车路单》、《行包快件托运单》、《结算单》和《出站检查单》

1.《客运行车路单》的填单

《客运行车路单》就是行车命令,它是运输企业组织和指挥汽车运行作业的重要凭证,又是企业各部门检查考核运输生产和行车消耗的重要依据,是汽车运输企业的主要原始记录。客运行车路单是客运班车运行作业的依据,行车人员必须执行行车路单所列的任务。从事不同目的地的客运行车活动,则需要填写不同的《客运行车路单》,如在广东省从事客运活动,须填写《广东省客运行车路单》(表4-4),从事国际道路旅客运输,则需要填写《中华人民共和国国际道路旅客运输行车路单》(表4-5)。

2.《行包快件托运单》的填单

①告知托运人必须准确清晰填写快件货物托运申请单,如实申报货物内容,因不实填写而发生一切问题由托运人负完全责任;

②严禁托运易燃、易爆、易污染、易腐蚀及法律法规禁运物品,托运人匿报货物名称或夹带违禁物品,发现后送有关部门处理,相关责任由托运人承担,造成生命财产损失的按国家法律法规追究托运人责任;

③营业员填写《快件(行包)托运单》,内容必须真实,字迹清楚,保价运输应在托运单中注明,经承运方同意后,双方签章生效。

3.《结算单》的填单

①填写结算单打印时发现填写的"单位名称"或"车号"出错,应马上要求作废重打结算单;

②填写时每期结算单的日期要清楚:每月的1号至最后一天,整月不分开结算。

③每一结算单的结算期限要清楚:从次月开始,超过3个月不办理结算的,客运站将作自动放弃处理。

4.《出站检查单》的填单

为从源头上堵住长途客车超员现象,车站对车站内所有随车售票车辆实行出站单检查制度。

广东省客运行车路单

表 4-4

广东省省内公路客运行车路单

车属单位：

车号：	座位：	驾驶员：

印制单位：

编　号：××—××××××

车次	发车时间	起点	止点	里程	旅客运输量		邮件·包裹·行李					车站签章
					人次	人公里	件　数			运输量		
							邮件	包裹	行李	kg	kg·km	
合　计												×

总结			
行驶里程(km)	合计	
	重驶	
	空驶	
旅客运输量	人次	
	人公里	
汽(柴)油耗(L)	定额消耗	
	实际消耗	
	节约(－)	
	超耗(＋)	
机油实际消耗(L)		

备注	

路单签发单位(业务章)：　　路单签发人：　　年　月　日(有效期　天)路单回收人：　　年　月　日

表4-5

中华人民共和国国际道路旅客运输行车路单

中华人民共和国
国际道路旅客运输
行车路单存根

(　　)运管(　　)字No: 00000

领用单位	
道路运输证号码	
驾驶员姓名	
车辆牌照号	
车型	
运输线路	
旅客人数	
运距	
有效期	
签发人	
领用人	

(　　)运管(　　)字第　　号

CHN

中华人民共和国
国际道路旅客运输行车路单

运输单位:　　　　车号:　　座位:　　驾驶员姓名:

运输线路: 从　　　　经　　　　到达　　　　(　　)运管(　　)字 No: 000000

起运地		通过口岸		到达地		旅客人数	行包数量	行包质量	行驶里程
国家	地点	出境	入境	国家	地点	(人)	(件)	(t)	(km)
出境签章		入境签章				备注			
路单有效期	从　　年　　月　　日起至　　年　　月　　日								

主管机关(章)　　　签发机关(章)　　　签发人:　　　回收人:

备注:　1、本路单一次性使用有效;

2、此联随车携带，使用后按期交签发机关。

发现有超载、站外带客等现象，一律按有关法律、法规严肃查处，为广大旅客创造安全乘车环境提供根本保证。填写时要注意和行车路单结合使用。

模块二 运输单据的签填方法

道路旅客运输单据包括客运行车路单、结算单、行包快件托运单等。

1. 客运行车路单的签填、收结及注意事项

行车路单是道路运输的行车命令，是记录车辆运行的原始凭证，是道路运政管理部门检查和考核车辆运行情况和进行统计的重要依据。行车路单分为客运行车路单和货运行车路单两种，在有效期内全国通行。行车路单需由交通运输部制定统一的格式，由各省（自治区、直辖市）交通主管部门负责印制、发放和管理。对大中型汽运企业所使用的行车路单，经运政管理部门的批准，在自觉接受运政监督的前提下可以自行印制。

1）客运行车路单的签填

客车行车路单签填分始发站（起站）、中途站、到达站、（止站）几种情况。

（1）始发站签填的主要内容。

①起点站、中途站和到达站的名称；

②载运到各站的旅客人数；

③行包件数、质量；

④客运补充记录；

⑤行包交接记录；

⑥售票金额；

⑦开车时刻；

⑧驾驶员（包括助手、乘务员）姓名，车次，起止站点，车号，日期等内容。

（2）中途站签填的主要内容：

①客车到达及开车时间；

②上车旅客人数及售票金额；

③办理行包件数、质量；

④客运补充记录；

⑤行包交接记录等。

（3）到达站签填的主要内容：

①客车到达时间；

②客车返回开车时间；

③载运旅客人数；

④载运行包件数、质量；

⑤客运补充记录；

⑥行包交接记录；

⑦行驶的车公里及燃、润料等情况。

2）行车路单的收结

在完成一趟往返班次任务后，客车行车路单应立即收结，不得连续使用。如是站、队合一的车站，应将路单及其他单据及时收结并迅速交给车站，以便统计和考核。从发展趋势看，站、队合一的车站将会逐渐减少，以适应新时代旅客运输的需要。

3）与行车路单相关人员应注意的问题

（1）调度人员应注意的问题。

①签填新的行车路单前，首先要检查客车有无完好出厂（场）检验单以及上次任务的行车路单是否收结。否则，不予签填。

②无论起点站、中途站、到达站，调度员在签填路单上有关内容后：都要在其上签字，并加盖业务章。

③签填路单要认真，字迹端正，不得遗漏项目，不准随意乱填、乱改，确需改正时，应在改过地方加盖业务章。签填后要逐项检查、核实，务使记录内容完整及准确。

④要注意查询驾驶员在途期间的有关情况，必要时应在路单上做出记录。

⑤签填过程中如发现其他车站所签填的内容有差错、遗漏等问题时，应附言或通过其他方式通知并更正，也可以做出记录，提请完成任务后核算路单时改正。

（2）驾、乘人员应注意的问题。

①驾驶员要主动提请调度员签发行车路单，严格执行无行车路单不行车的运输纪律。

②拿到调度员签填的行车路单后，要认真核对所填驾驶员、助手、乘务员姓名、车号、车次、座位、承运人数、行包件数是否正确，所记号码与有关单据是否相符；如有错误，应及时要求更改，并注意在途中各站报到，交填路单。

③加油时，应主动递交行车路单，加油后，要检查加油工所填数字是否有误。

④完成当次班线任务回站后，要主动交回行车路单，同时，应将途中有关情况如实报告，以便车站补填记录。

⑤由乘务员发车票乘车的人数，由乘务员负责填写，不够填时，可附补充记录，回终点站后要汇总填写本趟班车途中搭乘旅客人数及营收金额。

⑥为保证统计质量，驾驶员与乘务员必须实事求是，不得虚填数字或自行涂改行车路单。

（3）加油工应注意的问题。

①要坚持无行车路单不予加油。

②加油前，要认真检查路单上所填车号与客车号是否相符；加油后，将实加数字（汽油、柴油、机油）填写清楚，签章证明。

③在有关单据上请驾驶员签字（章），并妥善保管，以便定期向车属单位结账。

（4）统计人员应注意的问题。

①对收回的行车路单要进行认真审核，统计有关数字，除认真登记在已建立的台账上外，还要分析各项指标完成情况，并向领导提供资料。

②保管好已使用过的行车路单，以便随时抽查。

③如果发现行车路单有差错，应及时查问，尽快改正，情节严重时，要迅速向领导汇报，请示处理办法。

④定期公布驾驶员、乘务员完成运输及营收任务情况，促进他们提高经济效益，积极完成经济承包指标。

（5）领导部门应注意的问题。

①搞好行车路单的管理工作，要指定专人负责，并将其列入车站（队）责任制考核项目之中。

②注意总结交流行车路单使用、管理方面的经验。

③对在行车路单使用、管理中，能够遵守规定，坚持原则的驾、乘人员，及时进行表扬；对弄

虚作假，乱填乱改人员，严肃批评或予以一定的纪律处分及经济制裁。

2. 结算单的签填、收结及注意事项

道路客运结算单无统一格式，它主要反映班次、人数和票款等信息。道路客运结算单是对在客运站经营的客户所发生的配载经营收入，承诺按双方签订的《进站班车经营合同》约定的条款按时办理结算并支付。

1）客运结算单的签填

由于客运结算单是客运经营的最重要的原始依据，签填时应注意班次、人数和票款的准确无误及完整、清晰。客运结算单或行车路单在站务签章后才能出站。

2）客运结算单的收结

根据《进站班车经营合同》，客运经营者应定期前往客运站办理结算，如某客运站规定：关于《进站班车经营合同》第11条运费结算第1点"……凭经双方签认的'某汽车客运站结算单'为依据。所有结算凭证遗失不再补办"的约定，第3点"乙方每月的运费在下一月进行结算，超过3个月不办理结算的，作自动放弃处理，运费予以冲销"的约定，我站考虑由于某些不可抗力的因素造成结算凭证遗失的客户，不能凭有效的结算凭证办理结算，或因某些不可抗力的因素造成客户不能准时按约定办理结算，都将会给客户造成经济损失。为此，车属单位可据实提供相关的资料证明，写《运费结算申请表》申请办理运费结算，经我公司财务部核实确认后，我站将按《进站班车经营合同》相关约定和我站的办事规定，给予办理结算。

（1）凡遗失结算凭单的，在结算期内凭相关的遗失证明写《运费结算申请表》，向我公司财务部申请办理运费结算，经财务部核实确认并审批，按遗失结算凭单的结算总额扣除10%违约手续费，余额给予结算。

（2）凡过期办理结算，属不可抗力的因素造成的，车属单位可据实提供相关的资料证明，写《运费结算申请表》申请办理运费结算，经我公司财务部核实确认并审批，按过期结算凭单的结算总额扣除10%违约手续费，余额给予结算。但是，由于客户自身原因造成超过3个月不办理结算的，作自动放弃处理，运费予以冲销，且合同约定的当月应交费用不变。

以上结算处理规定，是我公司信守合同的诚信意愿，请各客户自觉遵守双方签订的《进站班车经营合同》有关结算的约定，按时办理运费结算。

3）客运结算单的注意事项

（1）检票打单时发现结算单填写的"单位名称"或"车号"出错，马上要求作废重打结算单；

（2）每期结算单的日期要清楚：每月的1号至最后一天，整月不分开结算；

（3）每一结算单的结算期限要清楚：从次月开始，超过3个月不办理结算的，作自动放弃处理。

（4）结算单的整理要有规律：

①不同的结算单位，结算凭单要分开整理；

②将结算金额为"0"的结算单抽出不作结算；

③客运单以车号分类，按日期顺序排好分别订装；

④货运单按日期分别订装，订装日期以配载日期为准；

⑤预先数好每叠结算单张数和计算好"结算金额"合计，将"张数"、"金额"记录在每叠单据的右上角或背面，总数记录在第一叠订装单据的右上角，或另填写表格记录以上数据；

⑥行包结算单的整理除按第④点整理外，要注意将"托运人付款"和"收货人付款"结算单

分开。

(5)现金转存的结算客户办理结算时要注意：

①办理结算前，到附近的银行，以合同被授权结算人的身份开一存款存折，第一次办理结算时提供存折复印件交结算人员，并填写委托转存书一份；

②每次办理结算时都要提供合同被授权结算人的身份证原件(两人以上的任意一人)，被授权结算人委托其他人代办理结算的，要同时提供被委托人的身份证原件。

③委托其他人代办理结算的，签名确认时要签被委托人的姓名并在后面签上“代”字。

④办理结算时要同时提供结算单所属月的已交营业税的完税证明书(正本或复印本)，若没有同时提供的，客运站将代扣缴应交营业税，同时填写完税证明书。

⑤上午办理结算确认的结算款，第二天结算款存入存折，下午办理结算确认的结算款，第三个工作日结算款存入存折，应及时查询结算款的到达情况，若届时结算款没有到达的应及时告知客运站财务结算组，以便尽早解决。

3. 行包快件托运单的签填、注意事项

1)行包快件托运单的签填

顾客有行李需托运时在托运处填写“行包(快件)托运单”，同托运物品一起交行包托运员受理，托运具体规定依相应法规进行，托运员须认真核对单货一致后在单据上签名。对托运物品适当包装后分类摆放整齐，贴上相应标签并交顾客一联以便提货。托运单位根据顾客要求安排适宜车辆，将货物搬运至车辆的适当位置，摆放稳妥后交运。

①行包员指导顾客填写“行包(快件)托运单”；

②核对班车的车次、时间、到站；

③检查行包内是否有易燃、易爆、有毒等禁运物品；

④检查行包的性质、类别、包装情况、体积大小等，确保包装牢固，防止超长、超宽、超高；

⑤顾客没有包装时，主动为顾客代办包装，合理收费；

⑥过磅称量或丈量，按规定费率计费收费(工作结束款项日清日结)。

2)行包快件托运单的注意事项

行包快件托运单应注明，如有下列情形时，车站不负赔偿责任：

①由于货物本身的特殊性质，引起碎裂生锈、变质、自燃及类似后果时；

②由于托运人或收件人的过失或疏忽者；

③凡应包装品因未加包装或包装不良而造成的损失，并经订有负责特约时；

④旅客托运时原已有毁坏、水湿等，经托运人在填写托运单及起运地在票据上注明免责时；

⑤易破碎物品，经订有免责特约时；

⑥经旅客要求同意，由于运输工具设备条件等的限制，对所承运的货物在运送途中的一切损坏，由旅客自己负责并订有免责特约时；

⑦货物系违禁品报普通货物，经公安部门查出扣留时；

⑧由于旅客请求变更运输或拒绝验收，而发生变质时。

模块三　客运站管理系统操作方法

为满足客运站售票、检票、调度计划、财务结算、多媒体信息发布等功能需求，还有解决大型汽车客运站的多站分布式站务管理、票务代售点等需求。客运软件系统提供商为客运站提

供的客运站管理操作系统通常采用C/S(客户机/服务器)的架构模式，基于中大型关系数据库Microsoft SQL SERVER 2000的分布式管理信息系统，将数据的管理和处理集中在服务器端完成，提高了数据的安全性和网络系统的执行效率，减少了用户的负荷，而且，最大的优越之处还在于便于进行网络互连，提供广域网络间的数据共享，建立分布式的事务处理系统。客运站管理操作系统因系统开发商不同而略有差异，但基本上涵盖了客运站为进站经营车辆和旅客的各项服务项目。以广州中运软件公司开发的客运站综合管理系统为例，包括用户管理模块、调度模块、报班模块、售票模块、检票模块、票据管理模块以及营销查询系统模块的操作方法。客运站务员在上岗前必须进行客运站管理系统的培训才能上岗。

课题三　调度组织

模块一　能操作车站管理系统，确认客运班车是否进出站安全检查

进出站安全检查应严格按照《客运班车报班安全例检办法》和《客运班车报班安全例检技术规范》执行，汽车客运站经营者应当对进出汽车客运站的人员、车辆进行严格检查，确保“三不进站”和“五不出站”。

“三不进站”是指：危险品不进站、无关人员不进站(发车区)、无关车辆不进站。

“五不出站”是指：超载客车不出站、安全例检不合格客车不出站、驾驶员资格不符合要求不出站、客车证件不齐全不出站、“出站登记表”未经审核签字不出站。

模块二　能根据计划安排和现场实际情况编制和执行当班调度计划

1. 当班调度计划的编制

①根据运力组织筹划，按班次计算所需车辆；

②根据客观需要，确定营运客车轮班制度。

2. 当班调度计划的执行

①协助和配合相关部门，做好出车前的检查；

②当班调度计划的执行情况，发现问题及时处理；

③根据营运范围内各条线路上路桥和渡口通阻情况，及时调整计划及修改计划；

④合理配置司乘人员，加强劳动组织；

⑤发生交通事故等突发事态，负责联系并参与救援。

模块三　能制止私自揽客、漏客行为

①认真核对上车乘客人数，杜绝私自揽客、漏客行为；

②若发现私自揽客者，应及时制止。若无效应反映至当班领导，屡教不改者根据进站协议处理。

模块四　能检查各班车情况，指挥在站班车按规定停放，准时、有序开进发车位及按时发车

①指挥在站班车按规定有序停放，节约场地面积；

②保持足够的发车位，保证出行畅通；

③要求当班司乘人员整理制服仪容，提前进入预定发车位，做好发班准备。

模块五 能及时公布当日班车各种变更信息

(1)班次一经公布,不要频繁变更,除冬夏两季为适应季节客流变化需进行调整外,应竭力避免临时变动;

(2)不要轻率地停开班次、减少班次或变动行车时刻。相对稳定的班次时刻表不仅有利于企业客运工作的正常进行,而且也能为乘客旅行提供方便;

(3)由于客流变化、班次增减,线路改道等原因,班次时刻表也可作相应的变更。无论何种原因需要改变班次时刻表时,均应按照一定的审批程序上报上级主管部门,并事先发出布告。若客运常规服务要求发生变化,公司应确保相关文件及时得到修改,并经重新确认;

(4)如"服务承诺"、"班次时刻表"、"里程票价表"、"营运线路图"等原稿经管理者代表重新签字确认后再公布,通过公告通知、大屏幕显示或广播等形式让内部人员和广大旅客知道已变更的要求;

(5)若因公司原因作出变更,如天气恶劣停开,汽车途中损坏变更车辆等,经运调部门确认后,向旅客作出解释、道歉并妥善安排,必要时通过大屏幕显示或广播等让相关旅客知道变更的情况;

(6)广播车辆晚点、线路阻滞及车次变更等通知。采用各种形式宣传旅行常识和安全注意事项,及时通告检票时间、班次调整、线路变更等情况;因班车停开或改道运行,行包运输参照以下规定处理:

①班车在始发站停开、晚点或变更车辆类别时须及时公告。旅客因此要求退票,应退还全部票款,不收退票费;旅客要求改乘,由车站负责签证。变更车辆类别,应退还或补收票价差额。班车中途发生故障,客运经营者应迅速派相同或相近类别车辆接运。接运车辆类别如比原班次车辆有变更,其票价差额概不补退;

②因线路阻滞,班车必须改道行驶时,票价按改道实际里程计收,按改道里程发售客票后,如班车恢复原始线行驶,发车前由始发站将票价差额退还旅客。

模块六 能根据客流情况和车辆运行状况,做出车次或座位调整,并通知售票、检票及行包等相关岗位

见模块五。

模块七 能及时与兄弟车站联系,根据班车动态、天气情况和线路通行情况,调整班线

见模块五、十。

模块八 运输班线安排

根据《道路旅客运输班线经营权招标投标办法》,客运站通过招投标的方式配置道路客运班线经营权。

2004 年 7 月 1 日起施行的《道路运输条例》规定,同一线路有 3 个以上申请人的,可以通过招标的形式作出许可决定。客运班线招投标是指道路运输管理机构在不实行有偿使用或者竞价的前提下,对申请人的质量信誉情况、企业规模、运力结构和经营该客运班线的安全保障措施、服务质量承诺、运营方案等因素进行综合评价,择优确定客运班线经营者。量化的企业客运质量信誉等级、企业规模、运力结构三项主要指标,体现了鼓励企业做大、做优、做强的政

策导向。

班车客运的线路根据经营区域和营运线路长度分为以下四种类型：

①一类客运班线：地区所在地与地区所在地之间的客运班线或者营运线路长度在800km以上的客运班线；

②二类客运班线：地区所在地与县之间的客运班线；

③三类客运班线：非毗邻县之间的客运班线；

④四类客运班线：毗邻县之间的客运班线或者县境内的客运班线。

模块九 班车营运的程序及各班车的运行状况

见课题一模块九。

模块十 站务调度方法

①调度员要根据运行作业计划的安排，落实好次日当班车辆和人员凡未经检验合格的车辆，不得指派任务和签发行车路单；

②当班客车临时发生故障，不能按时出车时，调度员应及时与车队联系，安排其他车辆顶班；

③调度员遇有气候变化、道路堵塞、班车需要绕道、停车等情况，要及时向上级报告，并通知有关车站，同时向旅客公告，宣传解释，办理退票、签证改乘、行包退运等工作；

④车站在营运范围内抛锚，发生事故等，现场调度员负责联系有关方面，组织接班和救援。

课题四　出站检查

模块一 根据《出站检查单》核定车内旅客、行包数量

车辆出站，实行一班一检制度。检查项目主要包括：车上实际载客人数、行包数量、车辆技术检查情况等。根据实际情况，各地可增加检查项目。

车辆出站检查时，检查人员应进入车厢内检查核实。对检查符合出站条件的车辆，经驾驶员签字确认，检查人员在随车行车路单上加盖车辆出站检查专用章后予以放行。

发现车辆超载、未经车辆技术检查或经检查不合格等不符合出站条件的车辆，检查人员应阻止车辆出站，并责成当场纠正。对不听劝阻的，应报告车站，车站要立即采取措施，予以处理。

模块二 对车内旅客、行包数量与《出站检查单》不符的车辆进行处理

见模块一。

模块三 汽车出站检查的有关规定

对汽车客运站出站车辆的安全例行检查，是客运站管理人员的日常工作，也是道路运输管理部门对汽车客运站站级核定的依据之一。汽车客运站出站车辆安全例行检查机构是指汽车客运站设置的对进入汽车客运站承担客运作业的车辆出站前进行安全检查的机构。出站车辆安全例行检查是指汽车客运站出站车辆安全例行检查机构专职安全检查人员在不拆卸客运车

辆零部件的情况下，主要凭感官或使用简单的检查工具，对影响行车安全的车辆可视部件的技术状况所实施的检查。出站车辆安全例行检查是在驾驶员实施车辆日常维护基础上进行的监督检查。

1. 汽车客运站出站车辆安全例行检查机构具备条件

1）设施条件

①有与检查作业相适应的作业场所。设有防雨防晒设施，有良好的采光、照明和通风条件；

②作业场所的进出口净高度应不小于4.5m。进出口及通道地面平整，地面附着系数不小于0.7，纵向坡度应小于1%；

③作业处有明显标志；

④配备36V低压电源；

⑤有与承检车辆相适应的安全检查地沟和其他设施。安全检查地沟长度应当大于或等于承检车辆最大长度的1.1倍，宽度为0.70～0.75m，深度为1.40～1.50m。

2）设备条件

①移动工作灯和照明手电筒；

②轮胎气压表和轮胎花纹深度尺；

③卷尺（20m和5m各一把）、钢直尺（50cm）；

④手锤、扳手、撬棍等手工工具。

3）人员条件

①汽车客运站出站车辆安全例行检查机构应配备专职的安全检查人员。安全检查人员应经过专业培训考核合格，并具备有效的从业资格证件；

②二级以上（含二级）汽车客运站出站车辆安全例行检查机构应有不少于3名的专职安全检查人员；三级以下（含三级）汽车客运站出站车辆安全例行检查机构应有不少于2名的专职安全检查人员；

③汽车客运站出站车辆安全例行检查机构的负责人应具有高中以上文化，同时应具有汽车维修或相关专业中级工以上（含中级工）证书；

④安全检查人员应具有汽车维修中级工以上（含中级工）证书。

4）质量管理

①必须建立健全出站车辆安全例行检查管理制度。安全操作规程和工作流程应清晰、明确；

②应将安全检查人员的相关资料（照片、技术等级资格证书复印件、从业资格证件复印件）在作业点上墙公示；

③应具备相关的技术文件和资料，出站车辆安全例行检查评价符合标准和规范；

④应对经检查合格的车辆发放安全例行检查合格证；

⑤应建立健全出站车辆安全例行检查档案，相关记录应保存6个月备查；

⑥应定期向当地县级以上道路运政管理机构报送统计报表；

⑦检查质量贯彻“谁检查，谁签字，谁负责”的原则。

5）安全生产

①客车在进行安全例行检查时，不准载客驶入安全例行检查场所；

②安全检查人员应配备和使用相应的安全防护用具；

③厂房等设施应按 GB 50016 建设，严格执行消防监督管理条例和有关管理规定，配备相应的灭火器材，其摆放应符合要求。

2. 作业内容与技术要求

1）整车与车身

①车辆内外整洁，标志清楚（车牌号、企业标志）；门窗完好、开启自如、锁止可靠；

②车体应周正，车体外缘左右对称部位高度差不允许大于 40mm；

③刮水器应能正常工作，刮刷面积应确保具有良好的前方视野。刮水器关闭时，刮片应能自动返回至初始位置；

④后视镜、下视镜齐全，牢固有效。后视镜应保证看清车身左右外侧，50m 以内的交通情况。前下视镜应能看清风窗玻璃前下方长 1.5m、宽 3m 范围内的情况；

⑤车身地板应密合，座椅与扶手安装牢固可靠，无增设座椅；

⑥驾驶区内不允许有妨碍驾驶员前方视野和侧方视野的张贴物。

2）转向系

①转向装置各部件连接完好，紧固螺栓、螺母及开口销齐全有效，无漏油现象，转向轮不允许有与其他部件干涉的迹象；

②转向盘的最大自由转动量应符合技术要求；

③转向节及臂，转向横、直拉杆无裂纹和明显变形，并且球销不应松旷。横直拉杆不得焊接。

3）制动系

①气压制动阀、制动气室工作正常、无漏气，制动臂及凸轮轴转动灵活；

②液压制动总泵、分泵无漏油，真空增压（助力）器装置牢靠，支架无裂纹和明显变形；

③制动踏板的自由行程应符合该车有关技术条件；

④储气筒或真空罐无漏气，支架固定牢靠、无裂纹和明显变形；制动管路连接良好、固定牢靠，无漏气或漏油；制动软管无老化、开裂和被压扁现象，不得与其他部件碰擦；

⑤各操纵连接部件工作可靠，锁销齐全、完好、牢靠。制动系统的各种杆件不允许与其他部件在相对位移中发生干涉、摩擦，以防杆件变形、损坏；

⑥驻车制动装置齐全有效。

4）传动系

①离合器应结合平稳，分离彻底；

②传动轴无裂纹和明显变形，花键套、中间轴承和万向节无松旷现象；各连接部位完好，螺栓齐全、紧固可靠。传动轴防尘罩不得有损坏，卡箍可靠。

5）车架、悬架和车桥

①车架无明显变形和裂纹，铆钉或螺栓无松动；

②钢板弹簧不得有断片、裂纹和明显移位现象，弹簧销与衬套配合无松旷，钢板弹簧支架、吊耳无松动、裂纹和明显变形，U 型螺栓安装方向正确、紧固可靠、无拼焊；钢板弹簧卡箍齐全有效，其紧固螺母应靠近轮胎方向；气囊装置或螺旋弹簧牢靠、无损伤；

③气囊不允许有裂纹、损坏；

④减振器齐全有效、无漏油；

⑤悬架与车桥之间的各种杆件无明显变形，各接头和衬套无松旷或移位；

⑥前、后桥不得有裂纹和明显变形、移位。

6)车轮

①转向轮的胎冠花纹深度不得小于3.2mm,其余轮胎的胎冠花纹深度不得小于1.6mm;

②轮胎胎面不得因局部磨损而显露出轮胎帘布层;

③轮胎胎面和胎壁上不得有长度超过25mm或深度足以显露出轮胎帘布层的破裂和割伤;

④同一轴上轮胎型号和花纹应相同,转向轮不得装用翻新胎;

⑤轮胎气压应符合规定;

⑥轮辋无裂纹和明显变形,轮胎螺母和半轴螺母应完整、齐全。

7)电气部分

①前照灯、前后位(置)灯、转向灯、防雾灯、制动灯、倒车灯、示廓灯和危险警告闪光灯等齐全有效;

②电气导线布置整齐、固定牢靠,导线金属体无裸露。

8)安全设施

①配备有三角木;

②安全窗和安全门处有醒目的红色标注和操作方法。安全锤配置齐全,放置正确;

③灭火器有效,在车上应安装牢靠并便于取用;

④配有临时停车警示标志牌;

⑤安全带齐全有效。

9)其他部分

①发动机排气管与相关部件连接牢靠,无漏气现象;

②油箱及支架安装可靠、无裂纹和明显变形,油箱、管路等供油系统无漏油。

课题五 应急处理

模块一 及时组织疏散因误班、脱班和路途阻塞等原因滞留在车站和停滞在途中的旅客

调度员要组织及时疏散因误班、脱班、停班和路阻等原因滞留在车站和停滞在途中的旅客,做好加班和换班等协调工作。需要派出机动或支援车辆时,及时发放临时客运线路标志牌,运调部经理或值班经理与各部门保持密切联系,调配公司整体资源,确保当日班车运行计划的完成(车方未按约定时间提供车辆超过1小时不足2小时的,视为误班;超过2小时的,视为脱班;车方因故停班,应提前一天以上,用书面、电话等方式向运调部报停,以便及时做出安排)。

此外,还要加强出口处和外站场管理,尽量减少和避免滞留现象。

1. 旅客出口处管理事项

①引导和协助旅客及时出站,疏导滞留在出口通道及下客点的乘客和闲杂人员;

②禁止外来行人、乘客进入,禁止司乘人员由此私带客货上车;

③禁止出口通道堆放行李和货物、保持其畅通。

2. 外站场管理事项

①禁止外来行人、乘客、车辆从专线通道进入车站;

②保持进出通道的畅通,疏导滞留在行车通道的乘客和闲杂人员,禁止行车通道堆放行

李、货物及停放车辆；

③指挥进入站场的车辆按规定的线路、车速行驶，按规定的时间、位置停放（停放时要到运调部领取“班车停场证”），防止阻塞道路、停车位及交通事故的发生；

④检查停场候客的班车是否悬挂站内统一规格的标志牌，牌上列清起止站名及途经站点，不准悬挂其他站名牌，以免误导乘客乘错车；

⑤对出站各类车辆进行验放，按规定收取相应费用；加强对出站放空车辆的监控，防止客车私自开出；

⑥对辖区内乱停、乱放的车辆、货物进行管制。

模块二 处理站内因车辆故障、站内停电等引起突发事件

①发生突发事件时，客运经营者应当服从县级及以上人民政府或者有关部门的统一调度、指挥；

②维护车站大厅、候车室及辖区公共场所的购票秩序、候车秩序和治安环境，处理各种异常情况和突发事件，情况严重的，要及时通知公司领导和联络公安、消防和医院等有关单位；

③在春运、旅游“黄金周”或发生突发事件期间等客流高峰期，在运力严重不足的情况下，可临时调用车辆技术等级不低于三级的营运车辆和社会非营运车辆开行包车或加班车。非营运车辆凭县级以上运管机构开具的证明运行。交通运输部可视情组织发放省际临时客运标志牌和省际包车客运标志牌。

模块三 制订应急预案

①客运经营者应当制定突发公共事件的道路运输应急预案。应急预案应当包括报告程序、应急指挥、应急车辆和设备的储备以及处置措施等内容；

②国际道路旅客运输经营者应当制定境外突发事件的道路旅客运输应急预案。

模块四 站场管理规定

1. 内站场车辆进站口管理事项

①对进站的人员、车辆、货物进行指导、查询、验放，防止有人携带易燃易爆、剧毒等危险物品进入；

②指挥进站提货、托运、下客的车辆到指定地点；

③对无进站证、无协议的非本公司车辆发放“临时进站卡”，注明车牌号码及进站时间；

④禁止一切车辆从进站口出站、在门口附近停放及上下客货，防止大门阻塞和意外事故的发生，确保通道顺畅；

⑤维护岗亭一带的治安秩序、交通秩序、环境卫生。

2. 内站场车辆出站口管理事项

①禁止车辆、行人、乘客、司乘人员进入；禁止在出车通道停放及上下客货，防止大门阻塞和意外事故的发生，确保通道顺畅；

②及时了解调度室、进站口等单位的“车辆不放行通知”，对出站车辆进行查询、验放，对持有“临时进站卡”的外来车辆按规定收费、给票、收回进站卡后放行；

③正确使用电动栏杆，无车出站时，电动栏杆应处于放下位置；

④引导在出车通道候车的乘客进站买票；

⑤站内每天最后一班车发出后，锁好大门；

⑥维护岗亭一带的治安秩序、交通秩序、环境卫生。

3. 旅客出口处管理事项

①引导和协助旅客及时出站，疏导滞留在出口通道及下客点的乘客和闲杂人员；

②禁止外来行人、乘客进入，禁止司乘人员由此私带客货上车；

③禁止出口通道堆放行李和货物、保持其畅通。

4. 外站场管理事项

①禁止外来行人、乘客、车辆从专线通道进入车站；

②保持进出通道的畅通，疏导滞留在行车通道的乘客和闲杂人员，禁止行车通道堆放行李、货物及停放车辆；

③指挥进入站场的车辆按规定的线路、车速行驶，按规定的时间、位置停放（停放时要到运输调度部门领取"班车停场证"），防止阻塞道路、停车位及交通事故的发生；

④检查停场候客的班车是否悬挂站内统一规格的标志牌，牌上列清起止站名及途经站点，不准悬挂其他站名牌，以免误导乘客乘错车；

⑤对出站各类车辆进行验放，按规定收取相应费用；加强对出站放空车辆的监控，防止客车私自开出；

⑥对辖区内乱停、乱放的车辆、货物进行管制。

5. 汽车站、停车场巡查人员（站务员）工作内容

①维护内外站场、车站大厅、候车室内各项基础设施、消防设施、服务设施的完好，对上述场所进行巡回检查，防止人为破坏、盗窃、火灾、爆炸等事故的发生；

②对各站场停放的车辆进行检查、看护，防止车辆被破坏或设施被盗；

③维护车站大厅、候车室及辖区公共场所的购票秩序、候车秩序和治安环境，处理各种异常情况和突发事件，情况严重的，要及时通知公司领导和联络公安、消防和医院等有关单位；

④禁止各种拉客行为，包括司乘人员在车上售票或通过各种渠道在站内、外拉客到站外约定的地点上车而扰乱正常经营秩序；

⑤班车的行李、货物托运或发货，必须由行包员承办，禁止旅客上车顶私自装卸货物、行李；

⑥禁止车辆在停放点清洗、维修、排放废气、废油以及进行其他有损站场卫生的工作（可指挥车辆到洗车台或维修厂）；

⑦上夜班时，对上述场所及办公室进行巡查，确认门窗是否关好，各种工作设备、电灯、电扇、空调等是否关闭，是否有外人藏匿，是否有其他可疑情况等；禁止各类人员在大厅、候车室、客车上留宿；

⑧积极配合运调部、车务部搞好客货运输各项管理工作，协助处理各类客运纠纷。

模块五　应急预案基本知识

1. 应急预案的定义

随着2006年1月8日国务院发布的《国家突发公共事件总体应急预案》出台，我国应急预案框架体系初步形成。是否已制定应急能力及防灾减灾应急预案，标志着社会、企业、社区、家庭安全文化的基本素质的程度。作为公众中的一员，我们每个人都应具备一定的安全减灾文化素养及良好的心理素质和应急管理知识。

应急预案，是指面对突发事件如自然灾害、重特大事故、环境公害及人为破坏的应急管理、

指挥、救援计划等。它一般应建立在综合防灾规划上。其几大重要子系统为:完善的应急组织管理指挥系统;强有力的应急工程救援保障体系;综合协调、应对自如的相互支持系统;充分备灾的保障供应体系;体现综合救援的应急队伍等。从文体角度看,应急预案是应用写作学科研究的重要文体之一。

总体预案是全国应急预案体系的总纲,明确了各类突发公共事件分级分类和预案框架体系,规定了国务院应对特别重大突发公共事件的组织体系、工作机制等内容,是指导预防和处置各类突发公共事件的规范性文件。

应急预案是针对具体设备、设施、场所和环境,在安全评价的基础上,为降低事故造成的人身、财产与环境损失,就事故发生后的应急救援机构和人员,应急救援的设备、设施、条件和环境,行动的步骤和纲领,控制事故发展的方法和程序等,预先作出的科学而有效的计划和安排。

应急预案可以分为企业预案和政府预案,企业预案由企业根据自身情况制定,由企业负责,政府预案由政府组织制定,由相应级别的政府负责。根据事故影响范围不同可以将预案分为现场预案和场外预案,现场预案又可以分为不同等级,如车间级、工厂级等;而场外预案按事故影响范围的不同,又可以分为区县级、地市级、省级、区域级和国家级。

2. 应急预案的级别

重大事故发生首先波及企业(现场)内部,当事故能量比较大时,就可能影响企业(现场)以外。此时,事故的控制单单靠一个企业来完成就不可能了,需要政府组织整个社会力量来处理。所以应急预案也相应分为企业(现场)应急预案和政府应急预案。现场应急预案由企业负责,场外应急预案由各级政府主管部门负责。

根据可能发生的事故后果的影响范围、地点及应急方式,建立事故应急救援体系。我国事故应急救援体系将事故应急预案分成六个级别:

①Ⅰ级(企业级);

②Ⅰ(级(县、市/社区级);

③Ⅲ级(地区/市级);

④Ⅳ级(省级);

⑤Ⅴ级(区域级);

⑥Ⅵ级(国家级)。

3. 应急预案的文件体系

应急预案要形成完整的文件体系,以使其作用得到充分发挥,成为应急行动的有效工具。一个完整的应急预案是包括总预案、程序、说明书、记录的一个四级文件体系。

1)一级文件——总预案

在总预案中作总体上的描述及必要说明。总预案包括法律法规及技术标准、指导思想及适用性、危险分析、应急能力评估、预案的评估与维护等。

2)二级文件——程序

它说明某个行动的目的和范围。程序内容十分具体,比如该做什么、由谁去做、什么时间和什么地点等。它的目的是为应急行动提供指南。一般包括基本要素、预防程序、准备程序、基本应急程序、专项应急响应程序。程序的编制力求格式简洁明了,多以文字叙述、流程图表相组合的方式表现。

3)三级文件——说明书

对程序中的特定任务及某些行动细节进行说明,供应急组织内部人员或其他个人使用。

4）四级文件——对应急行动的记录

包括在应急行动期间所做的通信记录、每一步应急行动的记录等。详细的应急记录便于应急事件结束后对应急预案进行评审。

4. 应急预案的要素

应急救援预案是一个开放、复杂和庞大的系统，应急预案的设计和组织实施应遵循体系要素构成和持续改进的指导思想。应急预案体系可以由6个一级和15个二级要素构成。

1）方针原则

2）应急策划

①危害辨识与风险评价；

②能力与资源；

③法律法规要求。

3）应急准备

①组织机构及其职责；

②应急设备、设施与物资；

③应急人员培训和预案演练；

④通告程序和报警系统建立；

⑤日常公共教育。

4）应急响应

①现场指挥与控制；

②通告、报警：

③事态监测；

④保护措施：人员疏散、警戒与治安、抢险抢修、医疗救护与卫生服务、应急人员安全防护；

⑤对外进行信息发布；

⑥资源管理。

5）事故后的恢复程序

6）预案评审与评审改进（或应急预案的维护）其中核心要素也是基本要素

①危害辨识与风险评价；

②能力与资源；

③组织机构及其职责；

④应急设备与设施；

⑤培训与演练；

⑥通告程序和报警系统；

⑦保护措施程序：

⑧信息发布与公众教育；

⑨事故后的恢复程序；

⑩预案评审与评审改进（或应急预案的维护）。

5. 生产安全事故应急救援预案的程序

（1）企业应急救援预案的编制原则。

①应根据本单位危险源的特点编制，要有较强的针对性；

②救援措施、避险要领应简洁明了，有较强的可操作性；

③企事业单位应急救援预案的编制应遵循企业自救与社会救援相结合的原则。

(2)应急救援预案的主要内容。

①危险源辨识及评价结果;

②事故类型及可能造成的危害分析;

③事故应急救援及紧急避险措施;

④事故应急救援组织指挥机构、救援队伍及职责分工;

⑤事故应急救援器材、装备;

⑥需请求社会救援的事项;

⑦事故应急预案演练的考核评价标准;

⑧事故应急预案管理制度。

(3)应急预案制定的基本程序及要求应急预案的制定是针对各项事故应急措施(含信息)、程序和行动计划的文件化过程。预案的制定应按如下程序及要求进行。

①危险及其发展过程分析。主要分析特大生产安全事故的危险特征、触发条件、触发后事故演变过程等。通过辨识危险因素和危险部位,确定危险(危害)类型。

②事故类型与危害分析。事故类型与危害分析是在危险源评估的基础上对其可能发生的危害类型进行分析认定,从而科学地预测可能发生事故的类型及事故产生危害的大小。根据事故可能造成的危害程度和危害空间范围不同,需要做应急预案的区域范围分为场内应急和场区周围,引起周围人员伤亡或财产损失的,就必须编制场外应急预案。由于场外应急涉及周围的单位和人群,通常需要政府负责协调。

③制定应急措施。根据不同的事故类别、事故危害等,研究制定相应的应对措施。对可能发生无法直接施救,或可产生较大灾害的事故要给予特别关注,制定紧急疏散等应急措施,防止盲目施救,导致伤亡扩大。可能受到影响的员工和承包方、其他可能受到影响的相关方根据危险源危险及其发展情况、企业生产工艺情况、地理环境情况等,分别按场内应急和场外应急编制应急预案。应急预案的核心内容是所采取的技术措施和组织措施。编制的预案需组织专家评审,并经修改完善后报上级部门审批。在制订计划过程中,应让熟悉设施的工人,包括相应的安全小组共同参与。

④根据事故应急措施需要,制定应急救援装备、器材配置方案。主要包括需配置的抢险器材设备、人员防护装备、通信设备、救护器材设备的种类和数量等。

⑤制定应急救援组织指挥机构和应急救援队伍方案,并明确职责分工。保证事故应急救援组织指挥机构在发生事故时能根据事故状况实施有效的协调指挥;应急救援队伍能够实施有效的应急抢险、排险、救援、救护等工作。

⑥分析确定需社会救援的事项。为了在发生重、特大事故时能够及时得到有效的社会救援支持,应依据可能发生的事故类型及危害,分析确定需要社会救援的事项,纳入预案管理。

⑦制定有关人员培训内容和预案演练考核标准。为使应急指挥人员和救援队伍掌握应急指挥与救援要领,危险岗位工作人员掌握事故状态下应急抢险或避险逃生的要领,应研究制定相关培训内容和预案演练考核标准。企业应让熟悉设施的工人参加应急计划的演习和操练,与设施无关的人,如高级应急官员、政府相关人员,也应作为观察员监督整个演练过程。每一次演练后,应核对该计划是否被全面执行,并发现不足和缺陷。企业应在必要的时候修改应急计划,以适应现场设施和危险物的变化。这些修改应通知所有与应急计划有关的人员。

⑧形成预案。在上述工作的基础上，经过专家评审和领导审批后，作为执行性文件在企业内执行。

(4)预案措施的落实与管理应急救援预案确定后，企事业单位的主要负责人要组织预案措施的落实工作。

(5)预案演练预案演练是保证一旦发生事故，预案可以有效发挥作用的重要环节。演练的主要内容：

①事故报告与接报。包括第一时间的事故现场人员或事故发现人员的报告；事故单位接报响应；事故单位向当地政府及其应急保障系统报告，请求外围应急救援支援及其接报响应。

②事故发生后第一时间的现场应急抢险或避险。

③事故应急调度指挥部指挥与抢险。包括指挥部人员迅速赶赴现场预定位置指挥抢险工作；通知各有关应急机构进入应急状态；指挥调动应急救援队伍开展抢险、排险、疏散、警戒、救护等相关工作。

④调用物资。包括应急抢险车辆、装备、通信器材、医疗器材、药品和个人防护用品等。

⑤演练总结和预案补充。根据演练考核标准，对演练情况进行总结，补充完善预案。

6. 应急预案的编制方法

应急预案的编制一般可以分为5个步骤，即组建应急预案编制队伍、开展危险与应急能力分析、预案编制、预案评审与发布和预案的实施。

1)组建编制队伍

预案从编制、维护到实施都应该有各级各部门的广泛参与，在预案实际编制工作中往往会由编制组执笔，但是在编制过程中或编制完成之后，要征求各部门的意见，包括高层管理人员，中层管理人员，人力资源部门，工程与维修部门，安全、卫生和环境保护部门，邻近社区，市场销售部门，法律顾问，财务部门等。

2)危险与应急能力分析

(1)法律法规分析。

分析国家法律、地方政府法规与规章，如安全生产与职业卫生法律、法规，环境保护法律、法规，消防法律、法规与规程，应急管理规定等。

调研现有预案内容包括政府与本单位的预案，如疏散预案、消防预案、工厂停产关闭的规定、员工手册、危险品预案、安全评价程序、风险管理预案、资金投入方案、互助协议等。

(2)风险分析。

通常应考虑下列因素：

①历史情况。本单位及其他兄弟单位，所在社区以往发生过的紧急情况，包括火灾、危险物质泄漏、极端天气、交通事故、地震、飓风、龙卷风等。

②地理因素。单位所处地理位置，如邻近洪水区域，地震断裂带和大坝；邻近危险化学品的生产、储存、使用和运输企业；邻近重大交通干线和机场，邻近核电厂等。

③技术问题。某工艺或系统出现故障可能产生的后果，包括火灾、爆炸和危险品事故，安全系统失灵，通讯系统失灵，计算机系统失灵，电力故障，加热和冷却系统故障等。

④人的因素。人的失误可能是因为下列原因造成的：培训不足，工作没有连续性，粗心大意，错误操作，疲劳等。

⑤物理因素。考虑设施建设的物理条件，危险工艺和副产品，易燃品的储存，设备的布置，照明，紧急通道与出口，避难场所邻近区域等。

⑥管制因素。彻底分析紧急情况，考虑如下情况的后果：出入禁区，电力故障，通讯电缆中断，燃气管道破裂；水害，烟害，结构受损，空气或水污染，爆炸，建筑物倒塌，化学品泄漏等。

(3)应急能力分析。

对每一紧急情况应考虑如下问题：

①所需要的资源与能力是否配备齐全。

②外部资源能否在需要时及时到位。

③是否还有其他可以优先利用的资源。

3)预案编制

4)预案的评审与发布

5)预案的实施

【案例 4-1】

某局突发公共事件应急预案

为了积极预防和处置因劳动保障纠纷等问题引起的影响生产、生活和社会秩序的突发事件，建立健全突发事件应急反应机制，切实提高保障公共安全和处置突发事件的能力，根据区政府有关通知精神，结合我局实际，制订本预案。

1. 指导思想

以党的十七大精神和科学发展观为指导，以维护社会稳定为目标，以《突发事件应对法》的实施为契机，以中央、省市及区政府预防处置各类突发事件的方针政策和工作原则为依据，以果断处置、及时化解为重点，建立统一指挥、综合协调、职责明确、信息畅通、反应迅速、处置果断的应急处置机制，保护人民群众的根本利益，切实维护社会稳定和正常秩序。

2. 适用范围

本预案所称突发事件是指因涉及劳动和社会保障方面的问题而引发企业职工、失业人员和离退休人员及其他有关人员集体上访、静坐、游行、罢工，围堵党政领导机关、公路等交通要道等影响生产、生活和社会秩序的事件。范围包括：①因企业改制改组、关闭、破产引发的职工安置、工资和社会保险待遇等突发事件；②企业克扣、拖欠职工工资以及其他合法权益而引起的突发事件；③离退休人员、失业人员、医保对象因社会保险待遇问题引发的突发事件；④失业人员因再就业政策的落实和劳务派遣工作等原因而引发的突发事件；⑤其他突发事件。

3. 工作原则

在区委、区政府的领导和市劳动保障局的具体指导下，本着“统一领导、属地解决、分工负责、快速处理”的原则，防止矛盾激化和事态扩大，确保我区社会稳定。

①以人为本、生命至上。在处置突发事件期间，把保障干部职工和人民群众的生命安全和身体健康作为应急工作的出发点和落脚点，提高科学指挥的能力和水平，最大限度地减少突发事件可能造成的人员伤亡和财产损失及其他危害，充分发挥各级领导、专家和广大人民群众的主观能动性，建立健全应对突发公共事件的长效机制。

②预防为主、有效应对。全面贯彻预防为主的思想，树立常备不懈的观念，提高全局防范突发事件的意识。落实各项预防措施，做好应对准备工作，切实做到早发现、早报告、早处置，把各类矛盾化解在萌芽状态。

③依法规范，加强管理。依据有关法律和行政法规，加强应急管理，维护公众的合法权益，使应对突发事件工作日趋规范化、制度化、法制化。

④加强训练，提高素质。加强对工作人员的应急知识培训，提高应对处置突发事件的能

力，避免发生次生、衍生事件。加强宣传教育，提高公众对社会稳定大局重要性的认识。

4. 组织机构及职责

(1)依照《突发事件应对法》的规定，根据应急处置工作需要，成立局突发事件应急处置指挥部，局长任总指挥，党组书记任副总指挥，全面负责突发事件的统一指挥和协调工作。

(2)下设突发事件应急处置指挥部办公室(以下简称局处置突发事件办公室)，主要负责拟订局突发事件应急预案；贯彻落实市、区应急领导机构和局突发事件应急处置指挥部的决定；组织、指挥、协调专项突发事件的应急处置工作；督促检查各专项应急处理小组应急预案的执行情况；汇总有关突发事件的各种重要信息，进行综合分析并提出建议，做好善后处理工作。承办突发事件应急管理日常工作；承担局突发事件应急处置指挥部交办的其他工作。

(3)成立各专项应急处理小组，负责突发事件发生后的现场应急处置工作。

①劳动关系协调应急处理小组(工资保险科、劳动保障监察大队、仲裁院)负责处理因企业改制改组、关闭、破产引发的职工安置、工资和社会保险待遇等突发事件；企业克扣、拖欠职工工资以及其他合法权益而引起的突发事件。在发生突发事件后，各部门应立即组织人员到现场进行复核确认，尽快判明事件性质和危害程度。同时组织力量采取必要的应急措施，并在第一时间向局处置突发事件办公室报告。

②就业再就业应急处理小组(就业培训科、就业管理科、创业指导科、就业训练中心)负责失业人员因就业再就业政策的落实和劳务派遣工作等原因而引发的突发事件等。在发生突发事件后，各部门应立即组织人员到现场进行复核确认，尽快判明事件性质和危害程度。同时组织力量采取必要的应急措施，并在第一时间向局处置突发事件办公室报告。

③企业退休人员管理应急处理小组(退管中心)负责离退休人员因养老保险待遇问题引发的突发事件等。在发生突发事件后，各部门应立即组织人员到现场进行复核确认，尽快判明事件性质和危害程度。同时组织力量采取必要的应急措施，并在第一时间向局处置突发事件办公室报告。

④各劳动保障中心负责本辖区内发生的涉及劳动保障业务的各类突发事件。无论级别高低，规模大小，应迅速赶往事发现场，协助各专项突发事件应急小组采取相应的处置措施，全力控制事态发展，减少社会影响。

5. 突发事件应急响应

1)突发事件的监测、预警与报告

(1)监测。

区劳动保障局建立统一的突发事件监测、预警与报告网络体系，各专项应急处理小组负责开展突发事件的日常监测工作。同时，要按照区政府统一规定和要求，结合实际，组织开展突发事件的主动监测，局处置突发事件办公室要加强对监测工作的管理和监督，保证监测质量。

(2)预警。

局处置突发事件办公室要根据各专项应急处理小组提供的监测信息，按照突发事件的发生、发展规律和特点，及时分析其危害程度、可能的发展趋势，及时做出预警。

(3)报告。

各专项应急处理小组及所有工作人员应遵循“迅速、准确”的原则，在第一时间向局处置突发事件办公室报告突发事件及其隐患。接待或接电话的工作人员，实行首问责任制，不论是否属本职工作范围，一律不得推诿，要迅速弄清情况，及时向局处置突发事件办公室报告。

发现突发事件可能发生、即将发生或已经发生时，各专项应急处理小组要立即根据其性质和危害程度，将有关信息报告局处置突发事件办公室。局处置突发事件办公室接报后，应立即组织人员到现场进行复核确认，同时组织力量采取必要的应急措施，并在第一时间向局处置突发事件应急指挥部报告。局处置突发事件应急指挥部认为必要时，向区政府有关部门报告。

2）指挥协调

①局处置突发事件办公室接到报告后，要快速反应、迅速行动，组织相关专项应急处理小组第一时间赶赴现场，按照事件种类和性质，调动相关部门和应急救援队伍赶赴现场，组织实施抢险救援和紧急处置行动，及时控制事态的发展和蔓延，并将有关情况上报局处置突发事件应急指挥部。

②各专项应急处理小组到达现场后，要察看事件发生现场，听取先期处理情况，对突发事件进行综合分析、评估。根据现场情况、相关预案和领导指示，具体负责现场应急处置工作，迅速控制或切断事件反应链，把损失降到最低限度。

③如果突发事件有扩大、发展趋势并难以控制时，局突发事件应急处置指挥部要及时将有关情况直报区有关部门和分管领导，直至主要领导。

3）应急措施

①各专项应急处理小组在获悉发生重大紧急情况的信息后，必须在10分钟内向局处置突发事件办公室报告，办公室必须在1小时内向区应急办公室进行报告。在报告突发事件时，应包括信息来源、时间、地点、范围、性质、动态、影响情况和采取的应急措施等内容，并根据事态发展及时续报。

②局处置突发事件办公室接到报告后必须立即向局处置突发事件指挥部负责人汇报。局处置突发事件指挥部对突发事件作出准确判断、分析后，决定是否启动重大紧急情况工作预案。局处置突发事件办公室负责做好物资、车辆、人员等具体安排，各专项应急小组接到启动预案的指令后，要根据职责分工快速到位、果断处理。

③处理重大紧急情况要注意运用国家法律、法规、政策，开展耐心细致的宣传解释和思想政治工作，进行法制教育，动员、疏导职工返回单位和岗位，尽快恢复生产和社会秩序。

④在处理过程中要为职工和企业之间进行协商对话创造和谐的气氛和条件，促使双方调解达成协议，使事件尽快得以平息和解决。

⑤协商和调解不成的，现场应急处理小组应在摸清情况的基础上提出切实可行的处理意见。对符合受案条件，引导当事人申请仲裁，并尽快按照仲裁法律、法规程序及时受理，快速结案。对明显违反劳动和社会保障法律、法规，严重侵犯职工和离退休人员合法权益的用人单位，由劳动保障监察机构迅速查处，责令改正。

⑥当有可能诱发暴力破坏活动时，应及时建议公安部门依法采取防范措施，防止事态进一步恶化和扩大。对无理取闹、违反治安处罚条例的人员，应建议公安部门依法处理。

⑦对影响国计民生，持续时间较长的重大紧急情况，要协助有关部门、单位组织后备力量，及时补充要害工作和生产岗位的空缺，以保证工作和生产正常运行。

4）善后处理

突发公共事件情况处理结束后，各专项应急处理小组要迅速采取各种有效措施，开展好善后安置工作，消除不良社会影响，尽快恢复正常的工作秩序并及时向局处置突发事件指挥部提交事件处理报告。内容包括：发生事件单位的基本情况、事件发生的原因、责任、经验教训、处理经过、有关对策、处理结果、政治影响评估、事态的发展趋势。局处置突发事件办公室要调查事件影响范围，评估、核实损失情况以及应急处置工作的综合情况，报告局处置突发事件应急指挥部,并向区应急办作出书面报告。

5)演练与教育

(1)救援演练。

每年不定期组织区劳动保障局全体人员进行突发公共事件应急救援演练。演练要从实际出发,深入发动应急处置小组和人员切实提高应急处置突发事件的能力。

(2)教育培训。

利用各种形式,广泛宣传有关突发公共事件应急知识,深入开展劳动和社会保障相关法律法规的宣传教育,坚持依法行政,努力构建和谐劳动,维护社会稳定。

6)保障措施

①局处置突发事件办公室要做好突发事件的各项后勤保障工作,包括现场应急物资的购置,应急车辆的安排,应急队伍的建立等。

②建立局突发事件应急处理信息网络,各部门指定专人负责突发事件的信息搜集、上报。局处置突发事件办公室加强对信息员和应急队伍的培训,提高他们的应急能力。

③建立局处置突发事件应急小分队。在全局范围内建立一支不少于30人的应急队伍,以团员青年为主。无应急任务时人员管理按照属地化管理,一有任务需要马上由局处置突发事件办公室统一调动,投入到事件地点完成任务。如需继续增加人员,在全局范围内人员实行大联动,所有人员应无条件加入应急队伍。

④局处置突发事件办公室要随时掌握全局工作人员的通讯联系方式,确保突发事件一旦发生,随时联系相关人员。全体工作人员有义务及时向局处置突发事件办公室报告通讯方式变动情况,并保证通讯畅通。领导干部要保持24小时通讯畅通。

【案例4-2】

某市公路交通事故应急预案

1. 总则

1)编制目的

贯彻落实党的十七大精神,从全面建设小康社会、统筹经济社会全面发展的高度,整合社会资源,提升救援能力,确保道路交通事故救援工作有程序、有步骤,快速、高效、安全地开展,最大限度地减少交通事故造成的人员伤亡和财产损失,以及对社会、环境产生的不良影响;确保把道路交通事故危害降到最低水平,实现救灾、减灾目的,维护社会稳定。

2)编制依据

依据《中华人民共和国道路交通安全法》、《中华人民共和国安全生产法》、《中华人民共和国道路交通安全法实施条例》、国务院《关于特大安全事故行政责任追究的规定》和《富锦市突发公共事件总体应急预案》,制定本预案。

3)分类分级

本预案所称交通事故是指车辆在道路上因过错或者意外造成的人身伤亡或者财产损失的事件。车辆发生伤亡人数较多的路外交通事故时,也应按照本预案立即启动应急救援工作。

4)适用范围

本预案适用于本市行政区域内可能发生或已经发生的,需要由市人民政府负责处置的较大、一般道路交通事故的应对工作。

5)工作原则

①以人为本、依法规范。把保障人民群众的生命安全和身体健康作为应急工作的出发点

和落脚点，最大限度地减少交通事故造成的人员伤亡和危害；切实加强处置事故人员的安全防护，提高科学指挥的能力和水平。按照有关程序制定、修订应急预案，做到依法行政，依法实施应急预案。

②防治结合，预防为主。任何单位和个人都有维护交通安全设施、遵守道路交通安全法律法规和提高交通安全意识的义务。

③整合资源、信息共享。按照降低行政成本的要求充分利用现有资源，对人员、资金、设备、物资等进行有效整合，保障应急处置工作的正常进行。加强情报信息的沟通与交流，以信息网络等为载体，建立信息服务平台，实现信息资源共享，为科学决策提供正确的依据。

④快速反应、密切协作。一旦发生交通事故，立即进入应急状态，启动应急预案，确保发现、报告、指挥、处置等环节紧密衔接，在最短时间内控制态势。各有关部门在指挥部的统一领导下，分工负责，互相支持，协调联动，整体作战。

2. 组织体系

1）领导机构

（1）成立富锦市道路交通事故应急指挥部（以下简称市应急指挥部），作为负责全市道路交通事故应急工作的指挥机构。市应急指挥部的主要职责是：根据市应急委员会启动道路交通事故应急预案的指令，统一组织、指挥市内的应急处置，向市应急委员会提出结束应急状态的建议等。

（2）市应急指挥部由市政府分管副市长任总指挥，市公安局负责人、市安全生产监督管理局、市交通局负责人任副总指挥。应急指挥部成员单位及其职责：

市公安局负责领导和组织公安机关对道路交通事故现场进行处置，并依法打击严重扰乱社会秩序、危害公共安全、侵犯公民人身安全和公私财产安全的违法犯罪行为。

市交通局负责优先运送救援人员和物资，组织调配紧急救援物资所需车辆等运输工具。

市安全生产监督管理局负责对交通事故的倒查工作。

市司法局负责协调律师、人民调解组织参与交通事故的调处。

市卫生局负责现场伤员的救治和紧急处理，并将伤员迅速送往医院救治，全力抢救伤员，减少人员伤亡。

市政府法制办负责提供法律法规支持和政策咨询。

市监察局负责组织各级监察机关对有关部门履行职责情况进行监督。

市气象局负责监测事故现场天气气候，做好分析预测，及时提供天气气候分析预测信息。建立道路交通安全工作预警机制，对雨、雾、冰、雪等恶劣天气情况，做到“早预测、早发现、早通告”。

市委宣传部负责收集信息和资料，并协调各新闻单位做好相关报道工作。

市保险公司负责灾后赔偿工作。

市广电局要通过广播电视开展交通安全宣传，播发交通事故案例情况，提供公益性的交通安全宣传广告等。

2）办事机构

市应急指挥部下设办公室，设在市公安局，作为其办事机构，由市公安局分管交警的局领导担任办公室主任，市公安局交通警察支队支队长担任常务副主任。其主要职责是：

①负责应急信息的接受、核实、处理、传递、通报、报告，及时传达和执行应急指挥部的各项决策和指令，检查和报告应急指挥部的应急指示的执行情况。

②负责与应急指挥部成员单位和现场应急组织保持联系。

③协调组织道路交通事故原因调查和快速评估，了解、汇总应急工作情况。

④负责处理应急指挥部日常事务，办理应急指挥部交办的其他事项。

⑤办理应急状态终止后决定的有关事宜。

⑥对市应急指挥部各成员单位履行预案中的职责进行指导、督促和检查。

⑦与市应急联动中心保持联络。

3）工作机构

道路交通事故发生后，在事故发生地成立现场应急指挥部，由政府主要领导任指挥，有关部门负责人为指挥部成员。现场应急指挥部的主要职责是：在市应急指挥部的领导下，具体负责指挥现场的应急处置工作，全面掌握事件发展态势，及时向市应急指挥部报告有关情况，为上级决策提出建议等。

3. 运行机制

公安机关要建立应对道路交通事故的预测预警、信息报告、应急处置和调查评估等机制，提高应急处置能力和指挥水平。要会同有关部门，整合各有关方面资源，建立健全快速反应系统；加强公安指挥中心建设，建立统一接报、分级分类处置的应急平台。

1）应急处置

（1）信息报告。

公安机关要建立基层交警中队，及时收集、监测发生在本行政区域的道路交通事故信息，由交警大队对监测的信息进行汇总、风险分析，并报本级应急指挥部办公室进行研判、划分等级。报送信息必须客观、真实、准确、及时，防止片面性。

公安机关对已经发生的本预案适用范围内的交通事故的信息，在立即向市政府报告的同时，应在半小时内向上一级公安机关报告，重、特大交通事故信息市公安局应在 1 小时内报至佳木斯公安局，必要时可越级上报。市公安局接警后，应在半小时内向市应急指挥部报告，市应急指挥部应在半小时内向市应急委员会报告。报告内容主要包括：报告单位、报告人，联系人和联系方式，报告时间，事故发生的时间、地点和现场情况；事故的简要经过、人员伤亡和财产损失情况的初步估计；事故原因的初步分析；事故发生后已经采取的措施、效果及下一步工作方案；其他需要报告的事项。

市应急指挥部应立即执行市应急委员会的指令，并及时掌握交通事故信息。

（2）先期处置。

道路交通事故发生后，政府、公安机关和有关单位在及时上报道路交通事故信息的同时，要对事故进行先期应急处置，全力防止事故损害后果扩大。公安机关的处置措施主要包括维护现场、抢救人员和财产、对现场实施交通疏导、维护正常的治安秩序、依法打击违法犯罪行为。

①特别重大交通事故和重大交通事故已经发生或者可能发生，由市应急指挥部按照省应急委员会的统一指挥调度，配合做好应急处置工作。

②较大交通事故已经发生或者可能发生，由市应急委员会迅速启动道路交通事故专项应急预案，由市应急指挥部按照预案统一指挥调度，进行应急处置。

（3）应急响应。

当事态难以控制或者有扩大、发展趋势时，市应急指挥部应当迅速向上级应急委员会报告，请求支援。当事态演变扩大到新的级别时，市应急指挥部及时报请佳木斯市应急委员会做出启动新的等级应急机制的决定,并按照该决定进行应急处置。

(4)指挥与协调。

预案启动后,市应急指挥部统一组织、指挥应急处置工作。必要时,建立现场指挥部,具体负责指挥事发现场的应急处置工作。主要包括:

①现场抢救。有关部门应当迅速组织人员,抢救人员、保护财产。必要时,可以请求武警部队予以协助和配合。

②交通管理。根据处置交通事故的需要,有关部门可以依法决定采取管制措施,限制人员进出交通管理区域,对进出交通管理区域人员的证件、车辆、物品等进行检查。

③医疗救护。卫生部门应当紧急派遣专业队伍,为受伤人员提供医疗救护和现场救援,尽量减少人员伤亡。经采取初步急救措施后,医疗救护人员应当将伤病人员及时转送有关医院抢救、治疗。

④调集征用。根据交通事故应急处置工作的需要,市应急指挥部有权紧急调集人员、资金和储备的物资、交通工具和相关的设施、设备。必要时,可以依照有关法律的规定向社会征用物资、交通工具和相关的设施、设备。

道路交通事故现场的指挥与协调以事故发生地指挥部为主,成员单位和相关的组织、单位和个人应当遵照当地指挥部的应急工作部署,各司其职、协同配合,全力以赴做好应急处置工作。

(5)应急结束。

交通事故应急处置工作完成后,由市应急指挥部组织有关部门、单位进行分析评估,提出结束应急状态的建议,报市应急委员会决定,并撤销现场应急指挥机构。

宣布应急状态结束后,相关部门和单位应按照交通事故专项应急预案的要求,及时补充应急救援物资和设备,重新回到应急准备状态。

紧急状态终止的决定以及决定的宣布、公布由有关机关依据法定程序办理。

2)事故后恢复

(1)善后处置。

有关部门要积极稳妥、深入细致地做好以下善后处置工作:

①道路交通事故发生后,政府和部门应当迅速采取措施,开展救济救助工作,恢复正常的社会秩序。

②应急指挥部应当会同相关部门及时组织调查、统计道路交通事故的影响范围和受灾程度,评估、核实道路交通事故所造成的损失情况,报同级应急委员会、上级应急指挥部和相关部门,并按规定向社会公布。

③有关部门应当组织卫生部门做好受伤人员的救护工作,民政等有关部门做好丧葬抚恤工作。

④有关部门应当及时归还征用的物资、设施、设备或占用的房屋、土地;不能及时归还或者造成损坏的,应当依照国家规定予以补偿。

⑤参加道路交通事故应急救援工作导致伤残或者死亡的,其抚恤事宜按国家有关规定办理。

(2)调查与评估。

处置结束后,市公安局要会同有关部门,对交通事故的事故原因、影响、责任、经验教训和恢复重建等问题进行调查评估,并向市应急委员会做出报告。调查报告的主要内容包括:道路交通事故的基本事实、事故发生后接警、出警及组织施救、现场处置情况、道路交通事故的直接原因、肇事和受损机动车驾驶人的基本情况、肇事和受损机动车的情况、交通事故责任认定、道路交通事故的间接原因及交通安全管理各环节存在的问题、对交通肇事行为人、相关责任单位和责任人追究刑事或党纪、政纪责任的情况以及整改措施。

市道路交通事故应急指挥部要于每年第一季度对上年度发生的本预案适用范围内的交通事故进行全面评估,向市政府汇报。

3)信息发布

道路交通事故的信息发布应当及时、准确、客观、全面。事故发生的第一时间要向社会发布简要信息,随后发布初步核实情况、政府应对措施和公众防范措施等,并根据事故处置情况做好后续发布工作。

较大交通事故的信息发布由市委宣传部、市公安局负责组织发布。

信息发布形式主要包括授权发布、散发新闻稿、组织报道、接受记者采访、举行新闻发布会等,通过市级和事故发生地主要新闻媒体、重点新闻网站或者有关政府网站发布信息。

4. 应急保障

市政府有关部门应当按照职责分工做好道路交通事故的应对工作,同时根据本预案切实做好对道路交通事故的人力、物力、财力、交通运输、医疗卫生及通信保障等工作,保证应急救援工作的需要和灾区群众的基本生活,以及恢复重建工作的顺利进行。

1)人力资源

①组建道路交通事故的应急预备队伍。应急预备队按照突发事件具体情况和应急指挥部要求,具体实施应急处理工作。

②应急预备队由公安、武警、医疗卫生等部门人员及有关专家组成。

2)财力保障

设立交通事故应急专项资金,保障应对交通事故所需经费。主要为应急机制、通信系统、数据库与信息系统、救援排险、医疗救治、应急装备器材、专业应急队伍训练和演习、人员培训与宣传教育应急准备和处置工作提供必要的经费保障。审计、财政等部门负责对应急经费使用进行监督和管理。

3)物资保障

①建立处置道路交通事故救援物资储备制度,储备足够的交通事故应急物资,包括抢险救援设备器材、防护器材、救治药品等,满足现场专业力量和公众防护的需要。储备物资以实物形式为主,在保证适当储备量的同时,应当进行生产能力和技术的储备。对有保质期或者有效期的储备物资,在保质期或有效期内或期满后,应及时调剂使用或更换。储备物资应存放在交通便利、储运安全的区域,确保应急需要。

②市发改委、市经贸委负责组织、协调交通事故应急物资的储存、调拨和紧急供应等物资保障工作,并拟订应急物资保障计划。

③卫生部门应当建立药品、试剂、医疗器械、救护设备、防护用品等应急物资的储备和调度制度。

4)医疗卫生保障

①卫生部门组织和参与因道路交通事故所造成的负伤人员的现场医疗救护工作,根据应急预案的要求,制定相应的应急准备措施,建立医疗应急救援队伍,建立应急医疗救治网络,指挥医院紧急救治伤员。

②医疗卫生部门要建立医疗救护动态数据库，包括医疗救治的各种资源分布、救治能力等。

5）交通运输保障

①公安交警部门负责对事发现场实施交通管制，对事故区外围的交通路口实施定向、定时封锁，严格控制进出事故现场人员，根据需要组织开辟应急“绿色通道”，保证救援车辆优先通行。

②交通部门要利用城市道路监控系统进行监控指挥，及时通报道路维修地段状况，随时引导救援车辆的通行。

③公路管理部门负责组织抢修被毁公路等基础设施，保障救援车辆通行。

④根据救援需要，调集一切可利用的交通运输工具，保证应急救援人员、物资、装备的优先运输。

6）治安维护

①公安机关要制定应急状态下维护治安秩序的各项工作方案。应急期间，要组织强大力量，参与现场和局部地区的现场管制、交通管制等工作；要采取各种预防性紧急措施，全力维护事故发生地周边地区的社会稳定和治安秩序。

②公安部门要坚持专门工作与群众路线相结合，加强情报信息工作，积极预防，有效预警。

7）人员防护

在处置交通事故时，应当对事故发生地现场的安全情况进行科学评估，保障现场人员的人身安全，并携带必要的安全防护用具。

当交通事故正在或者足以对公众的生命和身体健康造成威胁时，公安等部门应当及时疏散人群。

8）通信保障

①发生交通事故后，依托电信、移动通信等社会公众通信网络，以公安通信网络为主，社会公众通信网络为备份，建立通信调度指挥网络和现场移动通信指挥网络，保障通信畅通。交通事故应急通信网络应建立大队、中队、事故现场三级通信网，通过有线、无线、计算机和图像通信传输系统，实现话音、数据、图像的实时传输。

②公安交警部门以交通指挥中心为交通事故应急指挥部，中队以值班室为通信联络中心。

③交通指挥中心实行 24 小时值班制度，建立由值班领导和保障人员组成的战备值班制度。

9）公共设施

市政府有关部门要按照职责分工，分别负责煤、电、油、气、水的供给，以及废水、废气、固体废弃物等有害物质的监测和处理。

10）科技支撑

依托相应的科研、业务机构，建立相关的交通事故应急技术支持系统。组织相关机构和单位开展交通事故监测、预报、预警、应急处置和综合防范的技术研究。

5. 监督管理

1）预案演练

按照预案要求，适时组织不同类型的交通事故的实战演练，包括应急机制的演练、指挥协调系统的演练、应急专业队伍的演练、应急处置过程的演练等。演练科目可分单个、多个或综合性科目，采取现场模拟或模拟现场方式实施，综合性科目的演练原则上每年组织一次。对每次学习要组织有关人员进行评估并认真总结，不断完善、强化和提高各项应急处置的实战能力。

2)宣传和培训

对外公布道路交通事故应急预案及报警电话等。法制、教育、卫生、公安等部门和新闻单位应广泛开展道路交通安全常识的宣传教育工作。

定期组织各有关部门的领导干部以及指挥部工作人员进行常规培训或专业培训，将有关道路交通事故应急管理的课程列为行政干部培训内容，增强各级领导的应急意识，提高防范能力和应急指挥与处置能力。各应急成员部门、联动单位要有针对性地开展对指挥员、工作人员、救援人员及专业应急力量上岗前的培训和日常培训，不断提高本部门、本单位预防和处置交通事故的能力。

3)责任与奖惩

各有关单位由于玩忽职守，导致漏报、迟报、谎报、瞒报，致使国家利益和人民生命财产遭受重大损失的，依据国家有关法律法规追究相应责任。

道路交通事故发生后，有关部门拒不履行本预案规定的应急处置职责，或者拒不配合、阻碍、严重延误交通事故预警信息传送或应急处置行动，致使国家利益和人民生命财产遭受重大损失的，依照国家有关法律法规，追究当事人责任；构成犯罪的，依法追究其刑事责任。

对在参加道路交通事故应急工作中做出突出贡献的单位和个人，按照国家有关规定给予表彰和奖励。对在参加道路交通事故应急工作中表现突出而英勇献身的人员，按照国家有关规定，追认烈士。对因参与道路交通事故应急工作致病、致残、死亡的人员，按照国家有关规定，给予相应的补助和抚恤。

6. 附则

本预案是市政府进行交通事故应急准备和响应的工作文件，各有关单位应遵照执行，并参照本预案，结合本部门实际，制定相应的应急预案。

本预案实行定期评审与更新制度。

本预案自发布之日起实施。

【案例4-3】

某客运站抗震救灾应急预案

1. 编制目的

为确保临震状态下我站各项工作顺利开展，做好地震发生时各项应急准备以及地震发生时能够迅速高效有序地采取救灾行动，疏散引导广大旅客、司乘人员到达安全区域，最大限度地减少人员伤亡及地震造成的损失，结合我站实际，制定本预案。

2. 工作原则

(1)以人为本。把保障广大旅客、司乘人员及我站职工生命和财产安全作为应急工作的出发点和落脚点。

(2)各负其责。在站抗震救灾应急领导小组的指挥下，各部门按照各自职责开展自救和互救，并服从临时指挥。

(3)预防为主。坚持预防与应急相结合，常态与非常态相结合的原则，常抓常练，防患于未然。

3. 基本情况

建筑概况：站办公大楼为十五层综合楼，东西两边均有步行疏散楼梯。停车场为二层立体结构,南、北、西均有疏散逃生出口。

建筑结构:钢筋混凝土。

抗震烈度:八度

方位:坐北向南。南临长乐中路,北临和信市场,西临轻工市场,东临人和市场。

4. 临时应急疏散区域

我站设立3处地震临时应急疏散处:站前广场;二楼停车场西侧;一层停车场西侧。

5. 抗震救灾应急工作组织机构及职责

成立客运站抗震救灾应急指挥部:

总指挥:×××。

常务副总指挥:××。

副总指挥:×××、×××、×××。

指挥部负责应急命令的发布、应急事项的决策及其他相关重大事项的决定,指挥部下设应急工作领导小组。

组长:×××。

副组长:×××。

成员:×××、××、×××、×××、×××、×××、×××、×××。

抗震救灾应急工作领导小组下设办公室,设在站办公室,主任:×××。抗震救灾应急领导小组职责:

①负责临震状态命令的公布及地震来临时应急疏散决定的实施,根据具体情况,及时向指挥部报告相关事项。

②及时调配疏散、抢险力量,采取相应措施,保证应急疏散工作顺利进行。

③根据现场情况,及时划定危险区域,组织疏散区域内的人员和车辆,禁止无关人员和车辆进入危险区域。

④地震发生后,在外界救援队伍没有到达时,按照指挥部命令积极开展自救,尽快恢复正常的生产秩序。

⑤震后检查统计上报人员伤亡和财产损失等情况。

应急领导小组下设五个行动组

1)疏散引导组

具体分为5个实施小组:

第一小组负责站内现场司乘人员、旅客的疏散引导,车辆的现场指挥。

组长:××。

副组长:×××。

成员:车辆服务部全体在岗人员,其中一楼区域由×××负责;二楼区域由×××负责。

第二小组负责候车室、售票厅的旅客疏散引导。

组长:×××。

副组长:×××。

成员:旅客服务部全体在岗人员,其中候车室由×××负责,售票厅由×××负责。

第三小组负责机关办公区域工作人员的疏散。

组长:×××。

副组长:×××。

成员:办公室全体人员,其中东楼梯由 ××× 负责,西楼梯由 ××× 负责。

第四小组负责车辆出站口、调度室及周边司乘人员、旅客的疏散引导、车辆现场指挥。

组长:×××。

副组长:×××。

成员:客运经营部全体在岗人员,其中调度室由 ××× 负责,出站口由 ××× 负责。

第五小组负责例检办及周边司乘人员、旅客的疏散引导,车辆现场指挥。

组长:×××。

副组长:×××。

成员:例检办在岗人员,其中设置路障由 ×× 负责。

2)通讯联络组

组长:×××。

成员:计算机中心、审监部全体人员。

任务:临震状态时及时了解与地震有关信息,并向领导小组汇报;地震发生时,保证疏散现场通讯畅通,做好应急小组与各行动组的上情下达,下情上报联络工作,在地震发生后通讯受阻的情况下,要迅速利用应急广播、喇叭、徒步通讯等方式,确保通讯畅通,联络无阻。

3)宣传组

组长:×××。

成员:党群工作部全体人员。

任务:临震状态时相关信息的收集发布、防震抗震常识的宣传,地震发生时,在确保安全前提下,应急广播播出疏散公告,提醒和引导现场人员撤离;收集震中、震后的相关信息,加强与上级及驻地相关部门的信息沟通并做好宣传报道。

4)后勤保障组

组长:××。

副组长:×××、×××。

成员:物业公司全体人员。

任务:负责防震抗震物资的采购储备,划定应急疏散区域,临震状态下加强水电使用情况监管,重点设备加强巡查,水电值班人员坚守岗位,地震发生时,迅速切断配电室总电源,关闭家属院的天然气。震后及时检查设备、设施、房屋建筑,发现设备、设施损坏,应及时抢修,并及时恢复供电,受损情况及时向应急领导小组报告。

5)治安保障组

组长:×××。

成员:安全保卫部全体在岗人员。

任务:负责震后站内的治安秩序和安全,划定地震时警戒区域,维护站内所有财物安全,禁止非工作人员进入危险区域,及时处置火灾等地震次生灾害,协助公安部门搞好警戒工作,随时向应急领导小组报告情况。

6. 地震时的应急疏散防护原则

①震时就近躲避,震后迅速撤离,地震中首先要保持清醒冷静的头脑,及时判断震动状况,无法及时撤离时,可就近躲避在坚实的家具下、墙角处、承重墙较多、开间小的房间,震后应迅速向开阔地区和安全区域撤离,防止余震再次发生。

②保护头部,防止拥踏。在撤离过程中,防止大楼外侧混凝土碎块、广告牌及窗户玻璃等掉下伤人,应在跑动过程中保护好头部,同时由于车站人员较多,在疏散时应提醒旅客,防止乱挤乱拥,发生拥挤踩踏事件,车辆在行进过程中应迅速减速,逐步制动,乘客应在车内抓牢护好,待震后即刻下车撤离。

7. 地震后的救助原则

震后,在外界救灾队伍未能立即赶到救灾现场的情况下,全体职工在做好安全防护前提下,必须听从抗震救灾应急领导小组的命令,坚持统一指挥,科学决断,目标准确,方法恰当,积极开展震后互救工作,及时处理可能发生的意外事件,防止次生灾害的发生,严禁盲目行动,不听指挥或临阵脱逃,力争最大限度地减少人员伤亡损失,为救灾工作赢得时间。

8. 几点要求

①发布进入临震状态时,站各部门负责人手机处于24小时开机使用状态,对讲机在工作期间正常开启使用,随身携带,此期间必须坚守岗位,不得擅离职守。

②在发生地震时,应先疏散旅客、司乘人员,引导他们撤离到安全区域,不得自顾逃离、不服从指挥或胡乱指挥。

③发生地震后,物业公司应派人到家属区了解人员疏散情况,引导疏散撤离。

④各部门负责人在进入临震状态时,应随时掌握职工出勤上岗情况,对无故不上班者及时取得联系明确去向,地震发生后在撤离区域各部门负责人应迅速清点人数,查明人员情况并组织好现场秩序。

⑤各岗位人员在撤离时,在确保人身安全前提下,尽最大能力做好财物安全,关闭房门防止偷盗事件发生,造成不必要损失。

⑥临震期间,各办公室开门办公,以便迅速疏散,室内严禁存放个人贵重物品,关闭东电梯,打开步行楼梯门锁,方便疏散撤离。

9. 本预案自印发之日起实施。

【案例4-4】

公路客运站站内突发事件应急预案

1. 目的

以"三个代表"重要思想为指针,坚持"安全第一、预防为主"的方针,按照统一指挥、分工协作、迅速控制、减少损失的原则,科学有效地预防和控制公路客运站站内的突发事件,最大限度地减少人员伤亡、财产损失和社会影响。

2. 组织指挥机构及职责任务

组长:客运站站长、支部书记(负责突发事件的总体工作)

副组长:客运站副站长(负责协助总指挥工作、总指挥未到场时行使总指挥职责权力)

成员:客运站中层以上干部(负责疏散、扑救、报警、宣传、消毒、救护、信息反馈、事故调查、治安管理、物资配备等)

3. 应急响应

1)发生火灾、爆炸时的应急响应

发现灾害事故后,由通讯组迅速拨打"119"报警,同时向运管处、公安部门报告。若发现伤亡人员要与医院联络前来救助。通讯组要利用有线、无线等通讯方式保持火场指挥与各行动组之间的联络,同时保持与公安、消防、医院、电力等外界部门的联络,并保障通讯的畅通有效。

在专业抢险部门未到之前,事故总指挥立即组织疏散和现场扑救,疏散组通过广播或直接口头通知,利用旅客通行门、检票口和安全出口对旅客和站内工作人员进行疏散,引导至安全的场地。在组织疏散过程中要搞好宣传,稳定旅客和工作人员情绪,保持疏散秩序,防止造成混乱和恐慌。抢险车辆到来后,由疏散组引导抢险车辆进入事故现场。

破坏组要疏通防火通道,保证疏散人员的道路畅通无阻,打出防火隔离带,切断电源。

扑救组要按照火灾情况、起火物的性质启用灭火器、消火栓、砂土及其他扑火工具进行初期扑救。

在火灾失去控制涉及抢险职工生命安全时,总指挥下达紧急疏散命令。各组携带重要物品、现金、账簿等转移到指定地点。

2)发生群体斗殴时的应急响应

站内发生群体斗殴事件时,站派出所要迅速拨打“110”报警,并组织人员尽力控制事态发展,疏散围观群众,等公安机关到达后配合公安机关处理。若发现伤亡人员站派出所应拨打“120”请求救助,由医院处置伤亡人员。

3)发生重大上访事件时的应急响应

发现职工、经营者有集体越级上访迹象时,由部门负责人、信访工作人员、主管站长到现场进行劝说,做好相关政策解释工作,阻止上访群众进一步行动,同时由办公室将情况报告运管处、交通局,并由站派出所进行监视,防止上访群众失控。

发现职工、经营者集体越级上访时,部门负责人、信访工作人员、主管站长要迅速查明上访群众自然情况、上访规模、行进路线、乘坐车次等,立即将情况报告运管处、交通局,并成立协调处理小组赶赴指定地点,配合上级有关部门积极进行处理,防止事态进一步扩大。对上访群众进行阻拦、劝说,有关领导要同上访群众见面,了解情况,宣传政策,答疑解难,共同商议解决问题的办法,并将上访群众安全带回。

群众驾车集体到省上访时,要迅速将情况报告市运管处、交通局,同时通知公路管理部门设卡拦截,并立即派出追截小组进行追截。

群众到市委、市政府集体上访时,站办公室要立即向市信访办报告,并成立协调小组到现场进行劝说,力争将上访群众劝离。

信访事件处理结束后,信访工作人员及时将情况上报市运管处、交通局。

4)发生疫情时的应急响应

发现人员或家禽出现疫情的,立即对人员或家禽进行隔离,并向运管处、交通局、市防疫部门报告,由卫生防疫部门对其进行检查,拒绝检查的,要请公安部门协助。

对经卫生防疫部门确定的病例,卫生防疫部门应迅速将病人运送到指定医院或将家禽等运送到指定地点销毁,客运站要协助卫生防疫部门组织疏送。

对与该病例有密切接触的人员由客运站进行登记。登记的主要内容包括姓名、性别、年龄、家庭住址或工作单位、联系电话等,以留备查。

对发现病例的场所在卫生防疫部门的指导下立即进行彻底的消毒。必要时卫生防疫部门和公安部门可驻站进行防疫检查和治安管理,客运站要配合卫生、公安机关,并要配备充足的防疫用品,坚持每日消毒,直至疫情结束。

分析:以上第一二案例对客运站务有借鉴作用。客运站是“多事”的场所,客运站务管理人员要防患于未然,对突发事件的应对要了然于心。

课题六 调度管理

模块一 客运信息处理

利用行车路单,GPS 系统、汽车行驶记录仪收集到的信息,对调度人员安排下一阶段的调度计划至关重要,调度人员要定期对车辆的信息、旅客的信息、线路的信息、车辆利用率的信息进行汇总分析,筛选,比较,分析运输各环节的信息价值。

1. 旅客运输量

体现旅客运输量的两个主要指标是客运量和客运周转量。旅客运输量统计的原始资料,为“客票”或“行车路单”。

客运周转量 = $\sum$(旅客人数 × 运送里程)

由于在旅客运输过程中,客车既要运输旅客,还要运输旅客的行李包裹,而燃料、轮胎、折旧、工作等的消耗是合并一起核算的。因此,为了综合反映道路运输企业在一定时期内客货运输总的运输工作量,并满足车辆运用效率、劳动生产率、成本等方面的计算需要,我们在实际对客运周转量的统计常常使用换算周转量。

换算周转量,是指将旅客周转量按一定比例换算成货物周转量,然后与货物周转量相加成为一个包括客货运输的换算周转量指标。它综合反映了各种运输工具在报告期实际完成的旅客和货物的总周转量,是考核运输业的综合性产量指标。计算公式是:

换算周转量 = 货物周转量 + (旅客周转量 × 客货换算系数)

我国现行的报表制度规定的客货换算系数为:1t · km = 10 人 · km。实际完成的货物周转量或旅客周转量,应根据行车路单上的运输量记录整理计算。

2. 车辆运行情况统计

车辆运用情况的统计指标分为数量指标和质量指标两部分。数量指标即汽车所处状况及运转情况的总量指标。质量指标,即技术经济指标,是用平均数或相对数反映车辆运输生产过程的技术经济效果的指标。

1)数量指标

(1)总车日:是指公路运输企业在报告期内每天实际在用的营运车辆的累计数。其计数单位为:车日。

车日的计算方法:一辆营运车辆,不管技术状况是完好还是在修理或待修,是工作还是停驶,只要企业在用一天,即为一个车日。在车辆发生增减变化时,新增车辆,自交通部门检验合格并发给牌照及行驶执照之日起计算;报废车辆,自主管机关批准之日起,不再计算;输入、调出车辆,以双方交接车辆之日为期,调入单位开始计算,调出单位不再计算。

(2)完好车日:是指在总车日中,车辆技术状况完好,不必进行修理和维护即能参加运输的车日。包括实际参加运输的和由于各种非技术性原因而停驶的车日。完好车日计算公式:

完好车日 = 总车日 - 非完好车日

(3)工作车日:是指在完好车日中,实际进行工作的车日。一辆营运车辆,只要当天出过车(以签发行车路单为依据),不管其出车时间长短,车次班次多少和完成运输量多少,也不管是否发生维修、修理、停驶或中途抛锚等情况,均应算为一个工作日。为吊车和其他工作而出车,应算为工作车日。为进行试车而出车,不算工作车日。

(4)工作车班:是指按企业规定的多班制工作制度出车运行的车班数。一辆营运车在一个工作日内,出车运行一班,计为一个工作车班;日夜两班出车运行,计为两个工作车班。

(5)总车吨(客)位日:是公路运输企业在报告期内每天实际在用的营运车辆的吨位或客位的累计数。载货汽车、载货挂车用"车吨位日"表示;载客汽车、载客挂车用"车客位日"表示。车吨位日、车客位日的计算方法,以每辆车的车日分别乘其规定载质量(吨位或客位),加总求得。

(6)总行程:又称总车公里。是指车辆在实际工作过程中,所行驶的总里程数。总行程中包括了重车行程及空驶行程,但不包括为进行维修、修理而进出保修厂及试车的行程。车辆的行程,应根据行车路单上行驶记录整理计算。行程的记录,以营运路线的测定里程为准。无测定里程者,则可以路码表记录的里程代替。其计算单位为:车 km。

在计算行程方面几个具体问题的处理方法:因故绕道或循环运输,其行程一律按实际行驶的里程计算;出车后未达到达装、卸货地点,中途因故返回,其往返行程应全部计算。载有客货的车辆,并应计算其重车行程。但其运输量为虚耗运输量,不应计算。

重车行程:又称重车 km。是车辆在总行程中载有客货的行驶里程。车辆只要是重车行驶,不管装卸多少,均应作为重车行驶计算。

空车行驶:又称空车 km。是指车辆在总行程中空车行驶的里程。空车行驶中包括回空及空车调车等的行程。

总行程 = 空车行程 + 重车行程

2)质量指标

(1)平均车数:是指公路运输企业在报告期内平均每天实际使用的营运车辆数。平均车数根据"总车日"计算求得。其公式为:

平均车数(辆) = 报告期总车日/报告期日历日数

(2)平均总客位:是指公路运输企业在报告期内平均每天实际在用的营运车辆的总客位。其计算公式为:

平均总吨(客)位 = 报告期总车吨(客)位日/报告期日历日数

根据"平均车数"和"平均总客位"两项指标,可计算营运车辆的"每车平均客位"。其计算公式为:

每车平均客位 = 平均总客位/平均车数

每车平均客位 = 总车客日/总车日

(3)车辆的利用率

①里程利用率是指重车行程在总行程中所占的比重,用以反映车辆行驶里程的利用程度。其计算公式为:

里程利用率 = 重车行程/总行程 × 100%

②重车载客量利用率又称客位利用率,是指汽车自载的换算周转量占其重车行程载质量[又称重车吨(客)位,km]的比重,用以反映重车行程载质量的利用程度。其计算公式为:

重车载质(客)量利用率 = 自载换算周转量/重车行程载质量 × 100%

③实载率又称载质(客)量利用率,是指汽车自载的换算的周转量占其总行程载质量的比重。用以反映总行程载质量的利用程度。其计算公式为:

实载率 = 自载换算周转量/总行程载质量 × 100%

实载率是里程利用率与重车载质(客)量利用率两项指标的综合反映。对一组吨(客)位

相同的车辆来说,其实载率等于里程利用率与重车载质(客)量利用率的乘积。即:

实载率 = 里程利用率 × 重车载质(客)量利用率

如车辆吨位不尽相同,综合计算时,则因里程利用率的计算没有考虑吨位大小的利用比重不同的因素,所以,全部车辆的里程利用率、重车载质(客)量利用率的积与实载率稍有出入。

3. 燃油消耗

汽车行驶燃料消耗是反映行车燃料的实际消耗量,检查燃料消耗定额的执行情况,分析研究行车燃料节约和超耗的原因,为编制行车燃料供应计划、修改或调整燃料定额提供依据。汽车行车燃料消耗统计范围为道路运输企业的营运汽车在运输生产过程中的燃料消耗。汽车行车燃料消耗统计的原始资料为行车路单和燃料领发凭证。主要统计指标有:燃料实际消耗量、燃料平均实际消耗量、按定额计算的燃料应消耗量、燃料节约或超耗数量、节(亏)油率。

燃料实际消耗量,是指报告期营运汽车进行运输生产实际消耗的燃料数量。不包括维护、修理作业和试车时所消耗的燃料数量。其计算单位为升。实际消耗量应按燃料种类、卸货汽车和载客汽车以及不同的车辆厂牌、型号分组计算。

燃料平均实际消耗量。是指报告期营运汽车进行运输生产实际消耗的燃料数量。不包括维护、修理作业和试车时所消耗的燃料数量。其计算单位为升。实际消耗量应按燃料种类、卸货汽车和载客汽车以及不同的车辆厂牌、型号分组计算。

燃料平均实际消耗量,是指营运汽车行驶一定里程或完成一定运输量平均实际消耗的燃料数量。其计算公式为:

按行驶里程计算:

$$\text{平均每百车公里燃料消耗量(升/百车千米)}=\frac{\text{燃料实际消耗量}}{\text{总行程}}\times 100\%$$

按运输量计算:

$$\text{平均每百吨(人)公里消耗量(升/百吨(人)千米)}=\frac{\text{燃料实际消耗量}}{\text{主、挂车换算周转量}}\times 100\%$$

按额定计算的燃料应消耗量,是指营运汽车实际行驶里程或完成运输量,按规定的燃料消耗定额应消耗的燃料数量。行车燃料消耗定额,是省、市、自治区交通厅(局)统一规定。按定额计算的燃料应消耗量、燃料节约或超耗数量、节(亏)油率。

燃料实际消耗量,是指报告期营运汽车进行运输生产实际消耗的燃料数量。不包括维护、修理作业和试车时所消耗的燃料数量。其计算单位为升。实际消耗量应按燃料种类、卸货汽车和载客汽车以及不同的车辆厂牌、型号分组计算。

燃料平均实际消耗量,是指营运汽车行驶一定里程或完成一定的运输量平均实际消耗的燃料数量。其计算公式为:

按行驶里程计算:

$$\text{平均每百公里燃料消耗量(升/百吨(人)千米)}=\frac{\text{燃料实际消耗量}}{\text{总行程}}\times 100\%$$

按运输量计算:

$$\text{平均每百吨(人)公里消耗量(升/百吨(人)千米)}=\frac{\text{燃料实际消耗量}}{\text{主、挂车换算周转量}}\times 100\%$$

按定额计算的燃料应消耗量,是指营运汽车实际行驶里程或完成运输量,按规定的燃料消耗定额应消耗的燃料数量。行车燃料消耗定额,是由各省、市、自治区交通厅(局)统一规定。按定额计算燃料应消耗数量时,应根据有关规定将由于路面等级、重车和空车、托带挂车以及其他各种因素而应加发或减发的燃料数量计算在内。

燃料节约或超耗数量，是指营运汽车实际消耗的燃料数量与按定额计算的燃料应消耗量比较的差额。其计算公式为：

燃料节约或超耗数量 = 燃料实际消耗量 - 按定额计算的燃料应消耗量

按计算结果，负数(-)为节约数量，正数(+)为超耗数量

节(亏)油率 = 燃料节约或超耗数量占按定额计算的应消耗量的比重。其计算公式为：

$$节(亏)油率 = \frac{燃料节约或超耗数量}{按定额计算的应消耗量} \times 100\%$$

通过调度员对相关运营指标的统计分析，并与运行作业计划指标进行比较分析，评价作业计划的完成情况，为下一个计划期编制运行作业计划提供依据。

模块二 班车运行计划编制

(1)客车运行作业计划的含义：是将运输生产计划在时间上和岗位上具体落实的计划。客车运行作业计划的主体是每一辆客车。

(2)客车运行作业计划编制依据。

①运输量(运量、周转量)计划和车辆运用效率计划；

②客流调查资料；

③道路通阻情况及近期天气预报；

④车辆保养修理作业计划；

⑤驾乘人员配备计划等。

(3)客车运行作业计划的编制过程和方法。

客车运行作业计划的编制过程和方法，与货车运行作业计划基本相同。首先要制定班车时刻表和客车运行周期表，然后以此为依据，结合车辆保养修理作业计划，按日历顺序安排每辆车的运行班次及进出场保养修理时间，编制总的客车运行作业计划。在车辆出车执行任务时，由调度员签发行车路单，起点站、中间站填写上车旅客人数及其到达站，完成任务后交回调度员结算。

模块三 填写调度日志

《调度日志》是调度人员记载车辆进入站场和安排发车的时间、地点、顺序、车号、载客数等数据的表册。每个站场配发一本，《调度日志》由站场值班调度员持有并填写。《车辆运行日志》是由驾驶员持有并填写，记载驾驶员当日运行线路、趟次、里程的表册，驾驶员每天的《车辆运行日志》须经值班调度员签章认证，才能作为数据统计的依据。

为提高调度效率，实行调度签章制，当班调度各配备一枚调度专用章，由调度自己持有，值班调度员在《调度日志》上安排被调度车辆发车时间、地点，并在驾驶员持有的《车辆运行日志》上签字后，才能发出发车指令。

各站场调度员通过调度专用手机随时联系，掌握游客流量和流向，机动灵活地调整运力。如果调度通知驾驶员需途中临时加载客人或调整运行线路的，驾驶员必须无条件服从，否则，视为违调行为。

如有客人临时变更行车目的地，必须由客人(或导游)联系公司调度中心，获得调度中心许可后才能变更，否则，视为违调行为。如调度中心的指令和调度人员的安排不一致的，必须

按调度中心的指令执行，调度人员必须认真填写《调度日志》，尽量做到无差错、无遗漏，调度人员必须妥善保管《调度日志》，并在收班后或更换时上交站长保管，第二天上班时在站长手中领取。一本填写完后，由所在站场站长将旧《调度日志》上交给分部统计人员，并领取新《调度日志》。

1. 简述车辆进站安全检查流程。
2. 如何核对《客运班车报班安全例检合格通知单》？
3. 简述磁读卡的操作方法。
4. 运输班线的安排内容。
5. 简述行车路单的填写。
6. 客运结算单的注意事项。
7. 谈谈如何制止私自揽客、漏客行为？
8. 简述站务调度方法。
9. 如何加强出站口和外站场的管理？
10. 谈谈对车辆故障等突发事件的处理。
11. 应急预案的定义？

单元五　乘务服务

学习目标

本单元主要的学习内容包括客车途中服务、途中行包服务等。

知识要求

掌握票据和单据管理知识；掌握营运区域旅游地理相关知识；掌握行包处理相关知识。

技能要求

通过学习，能够处理途中售票及结算；能够处理旅客遗留及可疑物品。

课题一　途中服务

模块一　介绍沿途风景

车站根据日常旅客所咨询的有关旅行中需要知道的问题，如换乘飞机、轮船、火车等其他交通方式的时间、班次、乘坐地点；旅游区的旅游路线、风景古迹情况等问题，汇编成广播词，主动宣传介绍所用的咨询性语言。车临终点站时，应及时播报停靠地点，介绍当地主要单位地址、乘车路线及当地的风土人情、名胜古迹、各种交通工具、换乘时间及本次班车返回(发出)的时间，并报结束语。车辆进站停稳后，组织旅客按先后顺序验票下车，对未购票的旅客按客运规定补办客票或行包票。

在客运班车或旅游班车离开客运站后，乘务员或导游人员应介绍沿途风景，旅游班车根据旅客要求在风景点停靠，并购票游览。

模块二　按车上空座位和规定票价发售车票

营运班车不得乱停乱靠，必须进站上下旅客。在农村线路上，须进入招呼站点停靠，按规定票价发售车票。属普通班车，途中不用餐、不停歇，在道路状况能确保车辆和乘客安全，且不违反道路管理条例的情况下，途中可上下客，可在车上售票(不配备乘务员，途中售票工作由驾驶员负责)；驾驶员必须使用在本公司领取的票据，按上下站点的实际票价给票；驾驶员于每一个单程开车前和收车后，填写售票起止号码。

模块三　进行票据和单据管理

票据管理是实现对票据(含客票、行包票)的购入、发放、回收、使用、库存等方面的管理。普通班车需要随车发售车票时，要做好票据的领取、登记、发售、保管和营业款的日清日结工作。辖站必须配备专职票据管理员。乘务员按限额一次领用周转票，营业收入按日结清上缴，凭缴款单换领等额的票据。这样便于循环周转加强管理。每月组织一次乘务员、代办员的票据互查互审，既可提高他们的业务水平，也能全面加强票据营业收入的管理。发现侵吞票款，出售假、废票等，一要开展群众教育，使广大群众自觉抵制这种不法行为；二要结合廉政建设和纠正行业不正之风的工作，对当事者严肃处理，决不能以罚款了事。运输票证是有价证券，它是核算营业收入的依据。票据的混乱、丢失或营业收入的短收、溢收与收缴不及时、拖欠、挪用、贪污、烂账，都会给企业造成财务混乱和经济损失。车站必须按照有关财务规定，加强票据营业收入管理。

执行乘务任务前，要做好必要的准备工作，以便能够保证乘务员在工作时方便、迅速地进行各项乘务作业，提高工作效益。如备好车票及有关票据，适量的找补零用钱，旅客意见簿，以备急用的药品，插好班车线路牌，准确掌握客车车型、车座情况，检查车厢内清洁卫生及座椅等设备完好状况，领取签发的行车路单。督促驾驶员在执行运输任务前，自觉检查车辆、牌证、行车路单、客货票据及随车安全设备、工具等是否齐全可靠，检查车辆有否超员，物资、行李装捆是否牢固可靠。

到站前要及时告知旅客做好下车准备，客车停稳后，开车门引导旅客下车，向有关人员办理行包交接手续，送交行车路单，向乘务室（股）汇报途中情况，并联系下次出车时间、运行线路、班次等事宜。严格执行票据管理制度和营业收入报结规定，到票据（财务）室或票据管理员办公处（所）结算票、款，做到日结、日缴、日清，并办好票据请领手续。收车后，待班时间要认真搞好车厢内清洁卫生。

模块四　旅游地理知识

旅游地理系指观光旅游而言，娱乐地理则包括康乐在内，是广义的旅游地理，二者均为人文地理的分支。

旅游和娱乐是指人们闲暇时间内进行的旅行游览、观赏风景、交流文化、增长知识、锻炼身体、度假疗养、消遣娱乐、探险猎奇、宗教朝觐、考察研究、购物留念、品尝佳肴以及探亲访友等非定居性的暂时移居过程，也是一种以各种不同方式分配空间和利用时间的社会现象。通常，旅游仅指离家在外逗留至少一夜以上的活动，而娱乐包括离家不超过一昼夜的活动。

构成旅游的三大要素是：旅游主体（旅游者）、旅游对象（风景名胜和娱乐活动等）和旅游手段或旅游媒介（旅游宣传、组织、运输和接待设施）。旅游地理学所研究的主要内容有：旅游的起因及其地理背景，旅游者的地域分布和移动规律，旅游资源的分类、评价、保护和开发利用论证，旅游区（点）布局和建设规划，旅游区划和旅游路线设计，旅游业发展对地域经济综合体形成的影响等。

旅游是人类的一种特殊的社会活动，它起始于剩余劳动出现之时，随着社会生产水平的提高而发展。早在 1986 年，全世界参加旅游的人数已达 40 亿人次，旅游业总收入突破 10000 亿美元。2007 年是世界旅游业连续第四个快速增长的年份。国际游客人数比 2006 年增加 5200 万，增长 6.2%，超出了 4.1% 的长期预测。2007 年，由于游客比上一年增长 10%，亚太地区成为世界上游客量位列第二的地区，而发展中国家的增长速度达 8%。从目前的世界范围而言，城市目的地旅游停滞不前，而乡村旅游方兴未艾。乡村旅游是一个巨大的市场，也是全球旅游业面对的更高挑战。2008 年金融危机爆发，到 2008 年 10 月份，中国入境旅游总人数已经连续第三个月出现下降，这表明金融危机对我国旅游业的影响已经开始显现。中国是世界上最大的旅游市场之一，国内旅游市场已经达到 15 亿人次，出境旅游市场发展到 4000 多万人次，入境旅游市场达到一亿人次。全国旅行社接近两万家，全国旅游总收入已突破人民币一万亿元，入境旅游收入占旅游整体收入的 25% 左右。中国旅游业抵御风险的能力已经大大增强，只要调整营销和服务，危机也可以化为机遇。再加上中国宏观调控力度空前，2008 年 11 月 5

日国务院常务会议上，确定了当前进一步扩大内需、促进经济增长的十项措施，这些措施将使得旅游产业长期受益。

在中国古代文献中，有关旅游记述大量地见诸诗歌、散文、游记和专著中。如《水经注》、《佛国记》、《大唐西域记》、《徐霞客游记》等。中国的方志也含有极为丰富的古典旅游资料。

现代旅游地理研究始于20世纪20年代。麦克默里发表的《娱乐活动与土地利用关系》，被认为是现代旅游地理学的第一篇论文。早在1935年，英国地理学家布朗就倡议地理学家应把更多的精力放在研究旅游业上。他和詹姆斯、卡尔森等先后论述了局部地区的自然资源、发展基础、聚落构成的差异对旅游业发展的影响，测定了旅游形态及其经济价值，并阐述了旅游形态和旅游设施的意义。

20世纪40年代艾塞林、迪赛对游客客流进行了分析。20世纪50年代，前联邦德国地理学家哈恩从游客的性质、逗留时间、季节性变化方面划分了德意志联邦旅游地类型。可是，这段时间内绝大多数旅游地理著作主要是描述某些旅游胜地，或限于一般论述旅游的经济意义，对旅游地理学的基本理论极少探讨。

20世纪60年代以来，旅游地理学的学科属性和理论问题逐渐为人们所重视。1964年，加拿大地理学家沃尔夫指出：旅游地理学是从经济地理学中分离出来的，可以从不同的角度进行研究。英国地理学家罗宾逊则把旅游地理学当作一门应用地理学。70年代鲁彼特等结合联邦德国实例，对旅游市场和旅游区位做了分析研究。法国在这一时期对地中海沿岸的沼泽、沙丘地进行规划建设，成功地建成了富有魅力的国际海滨旅游胜地。同期，国际地理联合会(IGU)和国际地理大会(I. G. C)开始专门讨论旅游和娱乐地理。

旅游地理学的理论研究存在不同的见解。如1966年意大利的布鲁诺提出5个方面的研究课题：旅游的基本动力；旅游的环境和空间；旅游对人们居住地的影响；旅游的运行；旅游区规划。罗宾逊在《旅游地理学》中，着重阐述了旅游的发展，人类需求的演变，旅游的动力，国际旅游者的流向，旅游的计量和范围，旅游的组织、运输、经济、社会意义以及旅游规划，旅游与环境，世界区域旅游的发展等。

前苏联地理学家科特利亚罗夫所著《休憩与旅游地理》，主要阐述游憩地域综合体形成的理论基础，游憩地域综合体形成和发展的前提，游憩用地区划和评价，游憩地域综合体的布局，游憩用地的自然保护和改造。美国地理学家布里顿1979年提出了闲暇地理学的概念，他认为闲暇地理学的研究包括国际旅游、国内旅游、娱乐旅游、城市娱乐、运动等活动，旅游和娱乐只是存在着功能上的差异。

目前，旅游地理学研究已从传统的定性描述转入结合数量方法、系统工程，模型研究，参与旅游区(点)布局和开发规划。

模块五 旅途售票结算管理知识

见模块三。

课题二 行包服务

模块一 处理旅客遗留行包物品

拾到旅客遗留的物品，必须要妥善保管，并公告限期招领。逾期无人认领时，应按有关规定，进行处理。其处理的具体办法应该是：

1. 上交

公路客运工作人员在汽车客运站内拾到的旅客遗失品，应送交客运站站长或其指定的客运部门、客运工作人员。

在公路汽车上拾到的旅客遗失品，应送交行车人员、客运组长或其指定的客运人员。如当时无人认领，应由上述人员将失物交往前方或最终到达的客运站。

2. 检查

客运站在收到交来的旅客遗失品后，必要时要会同公安人员，对遗失物品的内容进行检查。如果失物是加锁或者封固的，除必须了解物品内容之外，一般没有疑点的不进行开封检查。

3. 查找

旅客无论在客运站还是在车上遗失物品后要及时向站客运人员和行车乘务人员将遗失经过情形、物品名称、形状、地点等做口头或书面叙述，请求查找。有关人员接到查找请求时，应积极负责查找。必要时，要会同公安人员共同查找。如请求人要求用电话或电报向有关处所查询时，所需费用由请求人承担。如失物查获，并经验明符合后，应凭失主收据，将原物交还；如未查获，应进行登记，待查获后再通知失主。

4. 登记

客运站应备置“旅客遗失物品处理记录簿”（见表5-1），随时登记失物。对他站或客运车辆转来的遗失物品，也须同样登记备查。

旅客遗失物品处理记录　　表5-1

编号	拾得	品名	包装	件数	拾得	经办人	领取者	签收人	记事
	时间地点				转运月日		姓名住址		

5. 招领

客运站收到旅客遗失物品后，除政府禁止私有或携带的物品，且认为与犯罪行为有关的遗留物品外，须及时在客运站站内公告栏上，将遗失物品的主要事项公布一定时间。必要时，可以登到当地报纸招领。如知道失主地址，应迅速通知失主本人前来领取。

6. 交还

交还旅客遗失物品时，须先由失主填写失物清单或口头说明物品的品名、数量、形状、包装情形、遗失地点及特征等，经审查无误，确认其为失主时，方准出据领取，并在“旅客遗失物品处理登记簿”上签名盖章。如系贵重物品或认为其填写的清单或口头说明有疑时，应要求认领者持机关、企业、人民团体的证明信证实后，给予发还。

7. 保管

每件遗失物品，须拴挂货签放在妥当处保管。如系贵重物品，更须安全保管。如系鲜货及危险品，因保管困难，可立即移交当地主管部门处理。遗失物品在保管期间，免费保管一个月，超过一个月认领时，应向失主收取下列费用：

①保管费：按逾期提取行李、包裹办法收取保管费；

②其他发生的费用。

如失主请求将遗失物品转送其所指定的地点，客运站可酌情照办，并按托运行李、包裹费率收取运费及其他必需的费用。

8. 提交

下列遗失物品拾得后，应由客运站站长立即填写“旅客遗失物品提交书”(见表5-2)，连同物品一并提交当地公安机关处理：

①政府法令禁止私有或携带的物品；

②认为与犯罪行为有关的遗留品。

9. 逾期无人认领拾物的处理

凡旅客遗失的物品自招领后经过两个月仍无人认领，即按逾期无人认领处理：

①军用品、历史文物、违禁品无偿移交当地主管机关；

②一般物品无偿移交当地公安部门。

旅客遗失物品提交书 表5-2

编号	品名	包装	数量	拾 得		拾 得		备考
				日期	地点	姓名	住址	
客运站长 年 月 日								

模块二 能处理可疑行包物品

①在候车厅内悬挂有“严禁携带易燃易爆危险品上车”的标语牌，乘务员及车站管理员应注意观察是否存在可疑情形。必要时，要求旅客配合进行安全检查(通过安检设备检测)。站务人员在四周巡逻确保安全；

②站场保安人员通过闭路电视，对车站内重要位置安全状况进行监视，通过检测器，对可能导致易燃易爆危险性的可疑行李物品进行检查；

③行驶中乘客丢失行李等物品。

首先了解上车地点、丢失地点和时间的长短，然后动员乘客协助查找，一般不能影响正常运营。如乘客发现可疑对象，可向附近派出所或治安队报案；如贵重物品被盗，不要开车门放行，将车开到附近派出所或治安队；

④交还旅客遗失物品时，须先由失主填写失物清单或口头说明物品的品名、数量、形状、包装情形、遗失地点及特征等，经审查无误，确认其为失主时，方准出据领取，并在“旅客遗失物品处理登记簿”上签名盖章。如系贵重物品或认为其填写的清单或口头说明有疑时，须要求

认领者持机关、企业、人民团体的证明信证实后，给予发还。

模块三 行包安全知识

行包是指行李与包裹的总称。道路客运作业基本程序包括发售客票、行包受理、候车服务、客车准备、组织乘车与发车、客车运送、客车到达、交付行包及其他服务作业等内容。行包运输是道路客运的重要组成部分。行包托运与提取等手续应力求简便，一切从方便旅客出发，是在激烈的客运市场竞争中取胜的重要促销手段之一。旅客在旅行过程中为了生活和工作上的需要，常需随身携带一些生产或生活用品，这些物品能否安全、及时运送，直接关系到旅客的切身利益。因此，确保行包安全无损和准确及时地运达目的地，是行包运输工作组织的基本要求。

旅客运输安全性包括旅客和运输者的人身安全、行包安全和运输工具运行安全。行包安全是指在运输过程中，除保证旅客不发生伤亡事故外，尚应保证旅客行包和随身携带的物品不因经营者的责任而发生丢失或损坏。

1. 行包托运安全事项

行李应由托运人包装完整，捆扎牢固，行包单件质量不得超过30kg，体积不得超过0.12m^3（危险品、政府禁运品、机密文件、贵重物品、易碎品等不得夹入行包内托运）。关于中途站行包托运，由于班车在中途站停车时间短，站务人员又较少，为了避免差错及事故，各中途站应提前与始发站或前一站取得联系，以便事先做好准备工作，待班车到达后，先卸后装，从而加快速度，节省时间。

1）运输责任划分

运输质量同时包括行包运输质量。行包运输工作的基本要求是安全、准确及时运达目的地。行包运输常出现不及时、不安全的因素有旅客和车站两方面的责任。

（1）旅客方面的责任。

①交运过迟。未按规定提前交托，行包来不及与旅客同行；

②包装不符要求。质量过重和体积过大；

③包装捆扎不牢固。行包在运输过程中松散而需重新捆扎以致延误旅行，甚至导致行包丢失；

④旅客违规夹带危险、易燃、易爆、违禁、易碎、易污等物品。

（2）车站方面的责任。

①仓库保管不慎；

②运输交接清单和标签填错；

③行李架防雨设备不全或简陋；

④行包交接手续混乱；

⑤责任心不强或提取手续不全；

⑥装运不慎或捆扎不牢。

2）运输企业的工作

由于以上责任会影响到运输质量，为了使旅客和汽车运输企业免受经济损失，要求汽车运输企业抓好以下几方面的工作：

（1）加强对客运职工的教育，使每一位职工都深刻认识保证行包运输安全和及时的重要性；

（2）建立健全行包运输规章制度。认真办好入库、装卸、运输等过程中的交接手续，做到责任明确。认真清楚地填写行包运输票据；

(3)做好行包的收托宣传工作；

(4)搞好行包收托的组织工作。要注意观察候车旅客中是否携带危险物品、易燃品、易爆品或有应该托运而未进行托运的行包，及时督促旅客妥善处理和办理托运，以免影响正点发车和造成事故；

(5)坚持当班的行包随旅客同行。当行包运量过大，车顶行李架无法装载时，可按每个座位60kg计留座位装运；

(6)客车顶行李架要做到设备齐全，绳索牢固和篷布完好。

3)收运操作程序

为方便旅客，行包收托处应设在售票窗口或售票室附近，且应设有通向车场和通向车站外面的门。在行包收托工作开始前还应做好对衡器的校正以及票证、标签、业务工具等的准备。

(1)询问行包内容，检查行包的体积和质量，查看包装、捆扎是否牢固，有无爆炸品、危险品、违禁品、贵重物品、有(无)价证券的夹带。听取旅客对托运行包的要求，如轻放、忌压、忌挤、忌倒置等；

(2)查看车票是否有效，是否和行包托运的到达点相符；

(3)对行包进行点件、过磅、填写清单，同时向托运人交代件数及质重；

(4)计算运费，填写行包票。该项工作要求认真和仔细，最后要在车票上加盖“行包已托”字样的戳记，经办人要签章；

(5)将标签栓挂在行包上。标签的记载内容应逐一填写清楚，不要涂改。

4)仓储要求

仓库要注意防火、防盗、防鼠、防虫、防潮。应建立交接制度，有关人员要按点交接并签字负责，行包票存根、交接清单要按日装订成册，妥善保存以备查询。行包进仓后要分线、分班、分站堆码，且应留意行包外部标志和包装情况，注意标签朝外，合乎下重上轻、下大上小的要求。收运行包时要计算其全部质量，当达到400kg时，就要用满载标志牌显示出线别、班次、件数、总计质量，为下一道装车做准备，避免临装车时行包超重或质量不足而延误正点发车。

2. 行包发送安全事项

行包的发送作业，包括承运、保管和装车作业。装载行包时，应注意每件行包的长度和宽度都不应超过行包架，高度自地面起最高点不得超过4m。行包在装运时要软硬件搭配，轻轻放，捆扎牢固，盖好篷布，防止甩落、雨淋。

3. 行包到达安全事项

行包的到达作业，包括卸车、保管和交付作业。行包自承运时起到交付时止，公路运输部门要承担安全运输责任。在运输过程中，因运输部门责任发生损坏或丢失，应由运输部门负责修理或赔偿。但若因自然灾害而发生损坏、丢失或包装完好但内部物质损坏、变质、减量等情况，运输部门不负赔偿责任。行包在运输过程中要经过很多环节，彼此间应办好交接手续，以便分清责任，防止差错。驾驶员在行包装运和交付时，如发现交付单与货物不符或行包破损和有其他异状时，经确认后应在交托单上注明，由交出方签章，以明确责任。行包运价由各省、市、自治区自行制定。

站务员应查对到达客车的行包件数与件重，与驾驶员、装卸工办好交接手续，在行包交接清单上签收，入库堆码，并及时通知托运人前来提取。旅客提取行包时，工作人员要仔细核对提单和标签，查明件数，交付时要收回行包提取单，并加“行包提取”字样的戳记，收回的行包单要按班、日分装成册，以便保存及查询。到达站应对无人认领的行包，妥善免费保管2天，超过两天每件核收保管费。逾期3个月仍无人领取的行包，可视为无法交付行包，可由车站会同有关人员开启、查验和清点成册后，报请上级主管部门批准，然后向当地有关部门作有价移交。移交所获价款，扣除应付的费用外，在6个月内仍无人领取时，上缴国库。

1. 如何介绍沿途风景?
2. 什么是旅游地理?
3. 如何处理旅客遗留行包?
4. 如何处理可疑行包物品?

第三部分

汽车客运服务员（高级）

单元一　售票服务

学习目标

本单元主要的学习内容包括汽车客运票据发售、旅客运输市场分析等。

知识要求

掌握团体订票、旅行社订票方法；掌握客运售票系统工作原理；掌握旅客市场分析方法。

技能要求

通过学习，能够办理团体票业务；能够根据客流市场，给出班车调整计划。

课题一　票 据 发 售

模块一　处理团体订票、旅行社订票业务

售票工作的基本要求是：准确、迅速、方便，其中最重要的就是准确无误（包括乘车日期、车次及发车时间、票款等）。为使广大乘客能迅速、方便地购到车票，车站应采取多种形式售车票，如预约售票（电话订票、旅行社订票）、团体订票和送票、多点售票、流动售票、窗口售票、背袋售票、车上售票等。

1. 团体订票

1）介绍信等信函预约团体订票

旅客通过中心查询具体班车发车、候车时间，然后到相应的售票网点、客运站购票。由于采用了先进的管理系统，各站点实行电脑联网，旅客购票十分方便。

2）电话团体订票

电话订票也因通信设施改善而得以实现，对需中转换乘其他交通方式的旅客，客运站代为提供订联运客票业务；站外组客服务部人员负责电话订票。各站应建立电话订票和站外组客组货人员业务档案，详细记录其名称、地址、电话号码、联系人姓名，签订电话订票和站外组客协议书，建立健全组客、组货网络，统一服务管理规范。

3）团体网络订票

团体网络订票即登录客运站网站订票系统或其他交互平台，预定团体票。

①登录客运站网站订票系统或其他交互平台主页；

②注册用户名；

③填写用户信息：进入网上订票系统，根据表格要求填报信息，信息必须真实，不得虚报，填写完毕点击“提交”键；

④填写用票信息:用户先进行统计、汇总乘车数据(包括乘车日期、车次、到站、席别、人数),然后按网页要求填写用票信息;

⑤汇总及修改用票信息:为确保信息无误,用票信息填写完毕后请汇总并认真核对,核对后发现报票张数有误的请直接在原数上修改为准确报票张数,日期、车次、到站或席被漏报的请返回"填写用票信息"中补填,全部修改完毕后请务必点击"提交"键提交,否则报票信息将无法传输到车站;

⑥查看、删减、回复预排结果:车站对报票信息进行预排,用户在计算机上查看预排结果,对预排结果中不需要的张数可进行删减,不论是否删减,均须点击"回复"键回复车站,否则车站将视为用户不同意预排结果不予办理;

⑦打印取票凭证:请在"打印取票凭证"中按日期逐日打印取票凭证,加盖院校公章,作为取票时的凭证。

⑧取票:取票时间及地点,请注意网站公告。

2. 旅行社订票

旅游客源可以通过一些中介组织机构(如旅行社等)来组织,同时可以与一些宾馆、饭店等单位签订协作合同。当然也不排除设置专职组织客源的业务人员和建立相应的旅游代办点。

办理旅行手续简捷,收费规范化,对团体客票给予优惠;为方便旅客售票实现计算机售票,增设售票点,逐步开设电话订票业务;优化客车开行方案,提倡客车高密度、多等级,在一些大城市间开行夕发朝至的高等级客车;要全面提高旅客客车的旅行速度。

模块二 处理计算机售票系统使用过程中出现的故障

售票系统操作人员应经过系统培训,持证上岗。在使用过程中出现故障,不能自作主张,以免造成无可挽回的损失。本模块主要从如下几方面介绍售票系统使用中存在的问题及解决的办法。

1. 客运站计算机售票系统简介

客运站计算机售票系统是以车站调度主机的调度命令为依据,设计出客运站各售票窗口全方位售票的班线和定员、站点和运价率。窗口售票时,由打印机打印专用发票,由结算终端记录各窗口售票情况进行结算。全系统以售票信息为依据,对旅客流量、流向、分布及客流规律进行统计分析,并可以定期生成报表。有的客运站还增加了班线显示屏,方便了旅客对乘车班期的选择,增强了售票透明度。也有的站在车站售票的基础上深化开发,拓宽到客运企业的经营管理。系统的应用,改变了传统的手工售票作业,大大改善了售票员的工作条件,减轻了劳动强度。同时,提高了客运企业的科学管理水平。

2. 客运站计算机售票系统发展历程

我国客运站计算机售票系统开发起步较晚,始于20世纪80年代后期,在汽车运输企业推广应用则起步更晚,始于20世纪90年代后期,之后开始得到了迅速地推广和应用,那时称为微机辅助管理系统。最早揭开我国汽车运输企业微机辅助管理序幕的是山东德州汽车站、江苏南京汽车站和陕西西安汽车站。由交通部科研院公路科研所、北京创益电子公司和山东德州汽车站共同合作开发的"山东德州汽车站计算机售票系统"(简称"德州系统")于1989年投入运行。南京、西安两汽车站的售票系统开发周期较长,系统投入运行拖得较晚。"德州系统"的运行成功,极大地促进了我国汽车运输企业管理领域计算机的应用推广工作。推广应用行动最快的是山东、河南两省，其次是江苏、浙江、广西等省(自治区)。1990 年，我国在郑州召开全国公路客运工作会议，把计算机售票管理系统列为全国推广的科技进步项目，对全国大部分省市积极研制开发汽车运输企业微机辅助管理系统起到了重要的推动作用。

当时烟台汽车站、德州汽车站先后投入应用国内第一代售票系统，该售票系统的主要特点是：采用 MS/PC DOS 操作系统、纯硬件联网方式(RS232)，软件没有采用数据库，数据格式完全自定义，系统的稳定性、可维护性及扩充性很差，实际投入应用的车站数量较少。第一代售票系统第一次提出了“全线售票”的概念，即每个售票窗口都出售车站所有班次的车票，改变了传统手工售票分线路售票的局限性。与手工售票相比，提高一倍以上的售票效率，准确性也大大提高，大大减少了售票窗口数量。从这时起，国内售票系统的一些主要特征已经基本确定，如车次查询售票、到站台询售票、废票售票；采用市场上的档针式打印机打印客票等。

第二代售票系统诞生于 1991 年 11 月，该系统由烟台交运集团自行开发设计，并成功通过山东省交通厅组织的鉴定，在蓬莱汽车站首先投入应用。1992 年，山东省交通系统在省内二级以上汽车站推广应用该系统。第二代售票系统的丰要特点是：服务器采用了美国 NOVELL 公司的 NETWARE2. 15 网络操作系统，工作站采用 MS/PC DOS 操作系统，第一次采用网络技术，网线采用作为当时主流联网方式的细缆，软件设计上采用通用数据库设计(FoxBase 2. 1)。与第一代系统相比，系统的稳定性有较大提高，特别是可维护性、扩充性等方面有了突破性的进展，用户可以自行扩充。第二代售票系统的缺点主要有：受当时硬件设备限制，软件总体设计有一定的局限性，从而影响到软件功能的扩展，且灵活性受到一定限制；由于当时主流的细缆联网方式是环形，工作站连接易出故障，故障排除费时。

第二代售票系统当时在国内得到了广泛的应用，带来了整个公路客运行业管理的变革，形成了一系列适用于微机票据的管理制度。由于缺乏检票程序的制约，随后出现的售票员作弊——“废票套票”现象，以及 20 世纪 90 年代中期公路客运市场秩序混乱，对第二代售票系统的应用造成了沉重打击，部分车站干脆停止使用售票系统，部分车站则进行了一定的变通。

第三代售票系统是伴随着国家对整个公路客运市场的整治、软件厂商着力解决售票系统本身的逻辑漏洞而诞生的。第三代售票系统采用的丰流网络平台，是美国 NOVELL 公司的 NETWARE3. 12、NETWARE4. 1X 网络操作系统，在性能、可靠性、稳定性等各方面很成熟。当时，星型联网技术——双绞线联网开始在国内普及，克服了细缆联网的弊端，使硬件设备的可维护性、稳定性都大大提高，网线接口更加可靠、方便。由于微机检票、报单打印、报单结算(第三代售票系统有别于第二代的主要标志)等相关功能的加入，使软件的应用范围，车站管理水平上了一个台阶。在检票效率、报单填写准确性和规范化、结算价统一及车站管理效率等方面，都有很大提高，促进了整个行业的发展。

从 20 世纪 90 年代中期起，随着数据库语言在国内的流行，公路客运售票软件设计的进入门槛已大大降低，市场上的售票系统产品也大大增加，部分省市开始将售票系统的应用作为车站评级的必要条件之一。随着国内高速公路通车里程的增加，超豪华客车进入公路客运领域，航空式服务等概念出现并深受人们欢迎；流水班车的出现，与铁路、航空的竞争加剧等，都极大地促进了公路客运行业的变革。为适应这种变革，第三代售票系统的功能进一步增强、细化，不对号售票、对号售票、挑号售票等功能同时出现，大屏幕显示、条屏显示等普遍采用，远程售票功能成为许多车站的迫切需求之一。

从 2002 年起，国内进入了从第三代售票系统向第四代售票系统发展的过渡期，DOS 平台正式退出主流市场，取而代之的是WINDOWS平台。国内车站应用的售票系统出现第二、三、四代并存的特殊现象，这反映国内车站对售票系统的要求差别很大，部分中小车站根本不需要像第四代这样复杂的产品；另一方面，中西部地区的广大中小车站对售票系统的需求刚刚开始，比东南沿海地区要落后5~8年的时间。

3. 客运站计算机售票系统应用存在的问题

为了推进国内售票系统应用向更深层次发展，提高车站的整体管理水平和管理规范性，更好地促进国内公路客运业发展，结合行业实际，认为国内公路客运行业售票系统应用方面需解决以下问题：

①客运市场混乱现象依然存在。虽然经过多年治理，客运市场的混乱并没有得到明显改善，如：车辆超载、车票可以砍价、旅客随便上车等；

②车站服务人员层次低，中西部地区尤为明显，大中城市车站要明显好于其他车站。许多服务人员缺乏基本的计算机操作能力，许多人不会汉语拼音，甚至连26个英文字母都认不全，给售票系统的推广应用带来很大困难；

③售票系统管理维护人员极为缺乏，许多现任微机管理人员的管理维护水平太低；

④售票系统相关的管理制度缺乏。大部分使用售票系统的车站没有相应的管理制度，微机设备安装不规范，管理不严格，不能定期检查维护，设备脏、乱、差现象十分严重；

⑤对软件系统维护外包服务不认可。尽管车站自己的售票系统管理维护水平低，大部分车站认为这应是软件开发商的职责，这给软件开发商造成很大的售后压力；另一方面，由于无利可图，软件开发商的服务质量无以保障；

⑥售票系统软件价格低，开发人员工资低，复合型开发人才奇缺。现在，国内大部分从事售票系统设计开发人员的经验与水平与实际要求存在巨大差异。

4. 客运售票系统问题的解决途径

①加强对客运市场无序竞争的整治；

②加强对车站的监管，实行人车分流；

③加强运价管理，规范车站的收费制度，杜绝随意调价现象的发生；

④加强企业制度建设，使企业走向制度化管理的轨道；

⑤加强企业人才队伍建设，提高车站服务人员的微机应用水平；

⑥加强行业复合型人才队伍建设，通过各种途径引进人才、留住人才、用好人才，做到人尽其才；

⑦制定、完善各种与计算机管理相关的规章制度，加强对设备的使用、日常维护和维修工作的管理；

⑧正确认识售票系统在车站日常管理中的作用，增强车站管理的规范性，提高工作效率。

模块三　团体票据业务知识

见模块一。

模块四　售票系统工作原理

新一代客运售票系统应达到如下要求：

①必须达到城域网规模。同时具有远程售票、结点售票、站间互联三大功能。新一代售票系统最具突破性的特点。目前，国内大城市的车站已经普遍设立远程售票点和补票点，同一城

区的各车站之间也通过实现互联售票来提高车站总体服务水平，通过结点售票以提高偏僻线路上豪华客车的实载率，车站间联网售票已非常必要。

②系统总体设计必须采用大型数据库和三层以上模式，这是实现远程售票、结点售票、站间互联三大功能的要求。它可以简化软件设计，有效地保障网络安全，大大提高系统高负载条件下的运行速度和稳定性。

③软件的伸缩性、扩展性要求高。售票系统应能根据车站的不同需求对软件功能进行自由地组合，形成具有不同风格的产品，满足不同车站的需求；可以扩展新的功能，如网上查询、网上订票、电话订票和语音应答等。

④软件应提供第三方接口，包括第三方结算软件的接口。允许第三方代售客票服务、银行卡售票等。如银行联网，通过银行的网点代售客票；允许与第三方的道路客运企业 ERP 系统、结算软件联网；允许与其他售票软件、上级售票管理部门管理软件联网，并提供上级管理部门对车站的监管技术支持等。

⑤软件应支持广域联网售票，即满足未来国家级、省级、地市级、公司级及车站级联网售票及售票结算支持。

⑥规范站间联网售票的收费标准，包括售票结算、站间退票、第二方退票等标准的相关内容。

⑦广域大面积联网售票所需的有关编码，在全国范围内统一的编码支持。现在，国家虽然有统一的地区编码及有关车站编码方面的国家标准，但是，缺乏全国统一的车站编码数据。

总之，售票系统目前并不具备需达到的成熟条件，特别是各车站的管理水平有待提高，广域联网需要的相关数据及规范准备不足，各车站在广域互联售票管理、售票结算等方面的准备工作都严重不足。因此，售票系统仍然需要软件开发企业、道路客运企业的共同努力、共同探索。

课题二　旅客市场分析

模块一　根据旅客流向、流量、流时情况，及时反馈售票信息，并给出班车调整计划建议

旅客的流向、流量、流时情况，是客流的主要内涵。客流是指由发送地点至到达地点进行位移的旅客的集合。客流的内涵还包括流程。在我国，班车客运营运线路由运输行业管理部门根据旅客流向、流量、运力及道路等情况进行统一管理、统筹安排。公路客运企业或个体运输业户经营旅客运输的线路或区域，应分别报经县以上交通运输主管部门审查批准。

客流反映了社会对道路旅客运输的需求。运输需求是在一定时期内，社会经济生活对人与货物的空间位移所提出的有支付能力的需要。运输需求与运输需要既有联系又有区别。简单地说，需求是有支付能力的需要。运输需要是指货主或旅客对运输供给者提出的为实现空间位移的要求，而运输需求，则是指这种要求当中的有支付能力、可以实现的部分。对于具体的道路旅客运输需求来说，一般包含以下几项要素：

①运输需求量，也称流量，通常用客运量来表示，用来说明道路旅客运输需求的数量与规模；

②流向，指旅客发生空间位移的空间走向，表明客流的产生地和消费地；

③流程也叫运输距离，指旅客空间位移的起始地至到达地之间的距离；

④运价，是运送每位旅客和运输单位质量或体积的行包所需的运输费用；

⑤流时和流速，前者是指旅客发生空间位移时，从起始地至到达地之间的时间；后者指旅客发生空间位移时，从起始地至到达地之间单位时间内的位移；

⑥运输需求结构，是按不同旅客出行目的或不同运输距离等，对运输需求的分类。

客运站通过生产组织与管理，收集客流信息和客流变化规律资料，根据旅客流量、流向、类别等，合理安排运营运线路，开辟新的班线与班次，以良好的服务和公关活动吸引新客源。客运站务工作人员不仅要懂得一些心理常识及一般思想工作方法，以便能区别不同情况，对旅客提供“文明礼貌，热情周到”的良好服务，而且还要掌握旅客流量、流向及其变化规律。

组织道路旅客运输，首先要进行客流调查，掌握旅客流量、流向和流时，研究分析每条营运线路上的客流变化规律，然后据以编制客运班车班次表和行车时刻表，在预测客流的基础上，编制旅客运输量计划和车辆运用计划，并按月、旬、日编制汽车运行作业计划，组织车辆运行。客运站务工作人员按照客运班次计划，根据旅客运输的需求，搞好客车运行组织工作。客运班次计划是客运服务活动有秩序进行的重要基础工作。它是根据客流调查，掌握了解各线、各区段、区间的旅客流量、流向、流时的基本规律，再结合企业的客运能力，从而可确定营运线路、客运班次、停靠站点、编排班次发车时刻的计划，然后对外公布。

搞好公路旅客运输的关键是客车运行组织工作。这项组织工作，主要包括确定客运班次，编排行车路牌，编制单车运行作业计划、调度工作以及保证安全正点运行等。客运班次主要包括行车路线、发车时间、起讫站、途经站及停靠点等。安排班次通常要考虑下列因素：

①旅客流向规律。这是确定班次起讫地点和中途停靠站点的依据，凡有条件开行直达班次的就不要中途截断而分成几个区间班次，以减少旅客中转换车次数。充分考虑到始发站及中途站旅客乘车的需要；

②旅客流量大小。这是安排班次的多少的依据，如遇节假日以及会议、交流等活动，客流突然增长，要及时增加班车或提供包车等业务；

③旅客流时规律。安排班次时刻需要考虑该因素。例如农村公共汽车要适应农民早出晚归的习惯。当要经由其他线路、其他班次或火车、轮船中转的旅客很多时，各线班次安排要考虑到相互衔接，还要与火车、轮船和飞机的开、到时间相衔接；

④运力、车站和道路条件。在确定客运班次时刻表时，要注意与客运能力相适应。一个班次发出的车辆数，要与车站的车位数相协调。班次与车型、车型与道路条件要相符合；

⑤根据旅客流量、流向、流时的变化及道路情况，及时组织人员、调整运力，实现合理运输。工作中，要注意长短途、干支线班车的相互配合以及公路客运与其他客运方式的紧密衔接；

⑥客运分析部分。对车站、某车次、某线路客流的流量、流向进行任意时段的分析与排序，以饼图、直方图、折线图等形式显示出来。同时，还可以对车站收入，各班次收入、实载率、行驶里程等进行分析；

⑦注意观察客流动态，及时向运调部报告客流流向、流时变化情况，必要时提出增加班次的请求；

⑧调度员要经常深入客运站点，及时掌握客运市场信息和客流的流时、流向，及时了解班车站内与途中的座位利用情况，广泛征求旅客与司乘人员的意见与建议，使编制的班车运行计划、发班时间、车次安排等更为合理，尽量做到运力运量的平衡。

模块二 客流市场分析方法

1. 市场分析的概念

市场分析是对市场规模、位置、性质、特点、市场容量及吸引范围等因素进行的经济分析。是指通过市场调查和供求预测,根据项目产品的市场环境、竞争力和竞争者,分析、判断项目投产后所生产的产品在限定时间内是否有市场,以及采取怎样的营销战略来实现销售目标。

市场分析的主要任务是:分析预测全社会对项目产品的需求量;分析同类产品的市场供给量及竞争对手情况;初步确定生产规模;初步测算项目的经济效益。

市场分析是工业发展与工业布局研究的组成部分之一。按其内容分为3类:

①市场需求预测分析。包括现在市场需求量估计和预测未来市场容量及产品竞争能力。通常采用调查分析法、统计分析法和相关分析预测法。

②市场需求层次和各类地区市场需求量分析。即根据各市场特点、人口分布、经济收入、消费习惯、行政区划、畅销牌号、生产性消费等,确定不同地区、不同消费者及用户的需要量以及运输和销售费用。一般可采用产销区划、市场区划、市场占有率及调查分析的方法进行。

③估计产品生命周期及可销售时间。即预测市场需要的时间,使生产及分配等活动与市场需要量配合适当。通过市场分析可确定产品的未来需求量、品种及持续时间;产品销路及竞争能力;产品规格品种变化及更新;产品需求量的地区分布等。在工业发展与布局研究中,市场分析有助于确定地区工业部门或企业的发展水平和发展规模,及时调整产业结构;有助于调整产品结构,提高竞争能力;有助于在运输和生产成本最小的原则下,合理配置资源。

2. 道路客流市场分析

在如今竞争激烈的道路客运市场中,客流市场分析是参与竞争的一种重要手段,要提高客运服务质量,随时接收旅客对我们服务的意见反馈,进一步改进我们的服务等,构成市场化运营的一个完整的过程,任何一个环节的失误,都会导致旅客的流失,直至影响企业经济效益。提高经营管理水平,强化市场参与意识,深入市场分析、制定切实有效的营销策略,是我们必须努力做到的。

道路客流市场分析的目的在于通过对客运企业的市场情况以及直接和间接影响客运市场的各种因素分析,对企业在运输市场中的运量占有份额进行预测,以论证企业的阶段发展目标,从市场角度来衡量其可行性,同时对实现企业目标所需要的运力、资金和人力的安排进行定量计划。对于道路客运市场来说,通过客流市场分析,预测运输市场的发展趋势和规律,可以有效化解运力与运量失衡的矛盾、客运线路布局不合理的矛盾、站运双方矛盾等。市场分析还要根据市场规模(运量)对收益、成本和利润进行预测。

早在1994年,河北省"汽车站微机售检票及客运分析网络系统"(简称"河北售检票及客运分析系统")于1995年在河北省各中心城市组织推广,同年底已完成了邯郸、唐山、秦皇岛、张家口、保定、沧州等中心城市长途客运站及各县级站的推广任务。该系统内下设微机售票和微机检票两个子系统,微机售票子系统将原来的分窗口分线路售票改为了各窗口全线售票,售票速度提高三倍,准确率达100%;由于微机检票系统引入了条形码识别技术并采用先进的红外激光条形码自动阅读器进行检票,因此能有效地将微机售票和不可避免的人工售票统一处理。售、检票两个子系统相互联结共用一个服务器,使售票、检票、结算、分析、调度、管理形成了完整的闭环系统,因而,为车站完成多种形式、任意时段的客流分析提供了可能,对提高车站工作效率、服务质量及现代化管理水平起到了有力的推动作用。

思考题

1. 简述团体订票的途径。
2. 客运售票系统存在的问题及解决途径。
3. 简述客流及其要素。
4. 客流市场分析的目的是什么？

单元二　行包托运

学习目标

本单元主要的学习内容包括行包市场分析、市场拓展等。

知识要求

掌握行包市场调查和分析方法;掌握客运行包市场的开拓方法。

技能要求

通过学习,能够处理行包市场存在的问题;能够进行简单的行包市场分析和调查等。

课题一　行包市场分析

模块一　对行包运输中存在的问题提出改进措施

行包是行李与包裹的总称。行包运输是旅客运输的重要组成部分。旅客在旅行过程中为了生活和工作上的需要,常需随身携带一些生产或生活用品,这些物品能否安全、及时运送,直接关系到旅客的切身利益。因此,确保行包安全无损和准确及时地运达目的地,是行包运输工作组织的基本要求。

行包运输工作的基本要求是安全、准确及时运达目的地。运输质量同时包括行包运输质量。行包运输直接关系到人民群众的切身利益和旅客运输的方便性、适应性程度,在客运工作中占有重要位置,尤其是一些需要中途换乘其他运输工具的旅客更有其突出的重要性。因此,在行包工作管理中,应建立健全行包运输制度和操作程序,提高行包运输质量。行包运输总的要求是:保证行包运输安全无误,尽可能与旅客同车到达。而要达到这一要求,就需要做好以下工作:

①做好行包的收托宣传工作,采用多种形式广泛宣传托运行包的各项规定、时间、地点和注意事项;

②做好行包收托的组织工作,督促旅客妥善处理和办理托运,业务人员应做好准备工作,严格承运条件,及时办理手续,确保安全正点;

③严格责任制度,认真履行收找、入库、装卸、运输等过程中的交接手续,明确责任;

④坚持当班的行李随旅客同行,车顶行李架装载不下时,可预留座位装运;

⑤客车行李架设备要齐全,篷布要完好,绳索要牢固,运行途中要加强检查和整理;

⑥行李到达后,应及时通知收件人提取,签订送货协议的应及时组织送达。旅客凭票提取行李时,应仔细核对单证、货签、品名、件数等,并在收回提货单上加盖“领讫”章。逾期3个月仍无人领取行包的按无法交付行包处理。

客运站行包运输应注意改善生产流线条件。生产流线是交通场站、枢纽设施总体布局、旅客和行包运输工作组织的主要依据。合理组织与设计生产流线，是客运站适应多元多变的客运要求和生产设计以及建筑设计的关键，也是评价客运站总平面设计和站房生产设计优劣的重要因素。交通流线的好坏，直接关系到交通场站、枢纽运输组织的合理程度。在客运站生产流线组织时，应满足下列原则与技术要求：

①正确处理人流、车流、行包流三者的关系，避免互相交叉和干扰，保证分区明确；

②流线的组织，要力求简捷、明确、通畅和不迂回，尽量缩短流线的距离，并能使各种流线自成体系又有机地联系在一起；

③旅客流线的组织既要考虑正常情况下的人流组织，又要考虑节假日人流的组织，应具有适应性强和灵活便捷的特点；

④站前广场内各种流线较为复杂，应采用适当的分流方式，如可采用前后分流或左右分流。前后分流是把人流、车流分别组织在站前广场前后两个部分，前部为行驶、停靠车辆，上下旅客；后部为旅客活动区域。左右分流是车流、人流沿站前广场横向分布，人流右边进站，左边出站，车流按流量、流向分别组织不同的区段，达到人车分流，互不干扰的目的；

⑤发送行包流线与到达行包流线应分开设置，并尽量避免行包流线与旅客流线相互交叉；

⑥车辆进出站口应沿站外主干线的顺行方向分开设置，入口位于出口之前，以减少车辆流线的交叉干扰；

⑦根据站前广场的地形特点与站内流线的情况，处理好各种流线与城市交通流线的衔接问题，避免相互交叉干扰。

模块二　客运市场调查和预测知识

1. 运输市场调查

1）运输市场调查的意义

运输市场调查，就是运用科学的方法和手段，通过一定的形式和渠道，搜集、了解市场环境，掌握市场信息，并通过分析研究，找出其发展变化的规律，作为制定政策、编制计划、进行科学管理的依据。科学的市场调查及其研究，可以摸清市场供求的动向和变化情况，对用户的现实和潜在需求以及产、供、销状况，应做到心中有数，为市场经营活动减少或防止盲目性，提高企业经营的经济效益。通过市场调查，了解和掌握运输经济腹地的客货源构成及流向、流量等，为客货源组织工作准备资料，发挥本企业的优势，实现开拓经营。

具体地说，道路运输市场调查对运输生产经营的重要意义表现在：

①是运输企业进行经营决策和制定经营计划的基础，保证企业经营决策的正确性。

②可使运输企业及时、敏锐地觉察到运输市场的变化情况，保证企业经营决策的及时性。经营决策的及时性，是指能够准确地把握市场变化，敏感地做出相应的决策，以立于不败之地。

③使企业视野开阔，具有谋求发展和开拓经营的远见，提高经营决策的质量。

④为企业经营、生产状况的稳定提供了重要的前提条件。企业可根据外部环境的变化，来调整其生产经营活动。

2）运输市场调查的内容

道路运输市场调查，目的是为了获取影响运输市场变化因素的信息。道路运输市场的广泛的社会性，决定了市场调查内容的广泛性和复杂性，下面将众多的内容进行分类整理，就道路运输市场经营管理所必须的调查内容归纳如下：

(1)市场供需调查。

市场供需调查包括市场供给调查和市场需求调查两方面。

①市场供给调查。

市场供给调查的主要内容包括调查本地区各种运输方式的运力布局、运输结构，车辆技术水平和服务能力，运输结构还可细分为运力经济结构、经营结构和运力的技术结构。同时，还要调查本企业在同类运输生产中所处的地位和市场占有率等。

②市场需求调查。

市场需求调查主要包括客货源调查，即客货的流量、流向、流时、流距、种类及发展变化的趋势；消费者及消费者行为调查，主要了解货主及旅客购买运输劳务的各种情况及规律。

(2)市场环境调查。

运输市场环境调查包括以下几个方面：

①政治环境调查。

政治环境调查，指国家的政治制度和方针政策、法规法令等。如国家对经济体制改革的政策措施，国家对道路运输业的发展政策，相应的价格、税收，信贷、费收及调整方向等。

②社会环境调查。

社会环境调查，主要是指本地区的家庭人口结构，人口流动趋向，城市与农村的文化教育水平，生活习惯等。

③技术环境调查。

技术环境调查，主要是指道路运输行业的科学技术水平，新产品的开发能力和科技政策。例如车辆修理、制造的新工艺、新材料、汽车工业、保修工业和电子计算机在道路运输行业中的开发利用等。

④经济环境调查。

经济环境调查，主要是指经济发展情况。如本地区工农业增加值、居民收入、分配增长情况、社会发展的近远期规划对道路运输的要求、消费结构与消费水平和生产力布局等。

⑤生产环境调查。

生产环境调查，主要包括两方面的内容。一方面是燃料供应、配件供应、公路通车里程、等级、密度、车流量等情况。另一方面是其他运输方式的运力规模、站点设置、经营范围和方向、运输劳务的质量及运输效率和本企业的优劣势等，以便企业正确决定自己的经营方向，发挥自己的优势，在竞争中立于不败之地。

(3)市场行情调查。

主要包括运输业户的经营状况、营运效率、运价水平、盈亏情况和顾主承受能力。

(4)企业微观环境调查。

企业微观环境调查，主要包括运输业户的经营指导思想，业户在市场上各项业务的供求情况和发展趋势，业户的销售渠道，客货源组织情况，运输业户的供油、资金、技术、各项税费负担情况等。

除此之外，还要对本企业计划指标的执行情况进行调查，如调查企业在运输、价格、广告和服务质量等方面的情况，包括用户的反映、实施效果、经营策略的适应性与效果。这些对于道路运输的生产经营都是非常重要的。

3)运输市场调查的类型

(1)全面调查。

全面调查是指道路运输企业根据调查目的和任务要求，向全部调查对象进行同一内容的调查方式,如对货源情况的调查。由于每个货源单位可提供的货源数量不同,就可以对所有单位印制并发出统一表格,按表格中所列指标,由每个货源单位填写。全面调查的优点是能够掌握全面情况,缺点是工作量大、成本高,花费的时间长。

(2)抽样调查。

抽样调查是指运输企业按照随机原则,从调查对象总体中抽出一部分样本单位进行调查,借以推算全部调查对象总体情况的方法。抽样调查的组织方式,有简单随机抽样、等距抽样、类型抽样、整群抽样。抽样调查的误差可以事先计算和控制,并且抽样调查具有可推断性,所以在实际工作中应用很广。道路运输经济成分复杂,车辆较多,范围较广,抽样调查可以省时省力,节约人力、物力和财力,保证调查的时效性。

(3)重点调查。

重点调查也叫做个别调查或专题调查。主要是针对总体中重点或个别调查对象的特殊问题进行深入细致的调查,如实载率问题的专题调查等。

(4)典型调查。

典型调查是道路运输企业根据调查目的和要求,在对被研究总体作全面分析之后,有意识地从中选取具有代表性的单位进行深入调查研究的一种非全面调查。运用典型材料,解剖同类问题,提出改进建议。这种方法具有机动灵活、省时、省力的优点,有利于提高工作效率。既可以搜集有关数字资料,又可以掌握具体、生动的情况,研究事物发生、发展过程和结果,有利于探索事物变化的规律性。缺点是不太精确。典型调查的成效,很大程度上取决于所选择的典型调查对象的代表性怎样。

4)运输市场调查的技术

运输市场调查的技术是指搜集资料的具体方法和技巧。常用的资料搜集方法有直接观察法、采访法、报告法、实验法、

(1)直接观察法。

直接观察法是调查人员亲自到现场,对被调查的现实情况和数量进行清点、测定、计量和记录,以取得第一手资料的方法。例如调查人员亲赴托运单位,主要站点、港口或参加订货会、工矿企业生产计划制订会议等,观察了解运输质量、运输价格、运输速度及客货运输的需求情况。

(2)采访法。

所谓采访法就是当面或通过电话、书面向被调查者提问,根据被调查者的答复来搜集统计资料的一种方法。这一方法又可以分为个别访问和开调查会两种。例如召集被调查者开座谈会,个别面谈了解,让被调查者填写调查表以及通过电话询问等都属于采访法。这种把调查对象请进来或调查者走出去的方法,可以全面了解各方面的情况,搜集所需信息。

(3)实验法。

实验法是运输市场调查中用途广泛的方法。凡是客运班线的开辟或延伸、零担运输的开展、办理公路快运、搬家业务以及新型客车的使用等,都可以采用此方法作小规模的运输实验,以了解用户和市场的反映,从而决定本企业的经营策略。

(4)资料研究法。

资料研究法是间接调查的方法。它是利用已有的市场统计资料对调查的内容进行分析研究,以获得市场情况。

5)运输市场调查的程序

运输市场调查涉及工业、农业、采矿业、商业、外贸及产、供、运、销等行业,所以调查接触面广,一般可按以下三个阶段进行:

(1)准备阶段。

①确定市场调查的任务和目的。任务和目的不同,调查的内容和范围也就不同。目的不明,任务不清,就无法确定向谁调查,调查什么,以及用什么方式进行调查。如为什么要进行调查?想要调查了解哪些问题?

②根据调查的任务和目的,把各项调查问题分类,规定每项问题应搜集的资料,明确调查对象和调查时间,选择适当的调查方法。

③制订出周密的工作计划,拟订调查提纲,划分调查腹地,组织调查人员学习党的有关方针政策和业务知识,做好调查设计,突出重点,抓住主要矛盾,做到条理清楚,拟定出调查表。

(2)实地调查阶段。

运用一定的方法,根据调查提纲,向被调查的地区、部门和单位了解情况,收集资料,取得有关的信息。调查过程中应注意重点深入与一般相结合,全面调查与典型调查相结合,外部调查与内部调查相结合,定量调查与定性调查相结合,历史资料与当前情况和发展趋势相结合,以提高调查的质量。

(3)资料整理与分析阶段。

调查所得资料应按照以下程序进行整理分析:

①资料的审查、分类和分析。

审查的目的主要是去粗取精,去伪存真,把调查资料中偶然不准确的或不符合事实的部分剔除出去。如:抽样的样本不符合要求,调查表记录不完整,前后答案相互矛盾等。在审查时还要检查在资料的搜集过程中是否有遗漏和错误部分,同时要考虑是否需要补足已被剔除或不完整的资料。审查的结果应明确资料的真实程度。分类的目的在于把搜集到的情报资料按本企业的要求进行整理。分类的条目要和企业的要求挂上钩,且应便于查找、归档,统计和分析。把调查资料编入适当的类别之后,还要加以编号,并将已经分类编号的资料进行统计计算,制成统计表,绘制统计图,并在此基础上进行分析研究。

②写出调查报告。

原始资料经过整理分析后,要加以综合概括,写出调查报告,以供决策者参考。调查报告一般包括三部分内容:

基本情况,主要说明调查对象的现状以及其他需要说明的问题。

调查报告的主体部分,即针对调查对象,根据调查目的提出问题,分析情况,做出结论,提出建议,内容要力求客观,切忌主观臆断,文字要简明扼要,主题应突出。

附件,主要是报告主体部分中引用过的重要数据和资料,必要时可以把较详细的统计图表和调查资料作为附件,以便为预测和决策提供详细的信息情报依据。

【案例 2-1】

佛坪县农村客运市场情况调查报告

1. 基本情况

佛坪县地处秦岭南麓,位于陕西省汉中市东北部,东接安康市宁陕县、石泉县,北临西安市周至县和宝鸡市太白县,西南连洋县,距汉中 150km、西安 200km。古有傥骆、子午道,今有 108 国道和西汉高速公路穿越县境。全县辖 6 乡 3 镇,59 个行政村,1 个居民委员会,人口 3.5 万,其中农业人口 2.7 万，总面积 1279km^2。

因为受经济、自然等条件的限制，佛坪农村客运市场较为落后，基础设施薄弱，农村客运刚刚起步。县道 78km，其中三级公路 47km，乡道 113km，村道 216km，总里程 407km（数据来源于佛坪县农管局），全县有农村客运线路 9 条，农村客运站 3 个，车辆 25 辆，343 个座位，全县的乡镇通班车率为 100%，村庄通班车班率为 60%。

佛坪农村客运发展缓慢，在 2006 年以前，佛坪尚无 1 个农村客运站，由几个个体户挂靠县运司经营佛坪至陈家坝、佛坪至大河坝、佛坪至岳坝等几条农村客运班线。车辆以路为站，抢班抢线、超员超载的问题普遍存在。“十一五”以来，佛坪县抢抓社会主义新农村建设的大好机遇，一方面通过加大农村客运市场秩序整顿力度，逐步引导客运经营户走集约化经营的道路，到 2005 年底全县农村客运经营户全部纳入公司化经营，2006 年农村客运也纳入更规范的公司化管理，经营秩序逐步走上正轨。另一方面在省、市、县、乡四级政府的关怀支持下，通过加大投资改善基础设施、减免规费、发放燃油补贴、优化服务等措施鼓励经营农村客运，农村客运市场得到发展，从 2006 年至今新建了大河坝、陈家坝、岳坝客运站三个农村客运站，农村乘车难的问题得到逐步缓解。

2. 存在的问题

佛坪经济落后，自然条件恶劣，交通基础设施薄弱，极大地制约了佛坪农村客运市场的发展。存在的主要问题有：

（1）通村道路等级低，通行能力差，而且水毁频繁。以佛坪至瓦寨村为例，从国道到瓦寨村村委会 20km 全为砂石路面，弯道大、坡度高，仅能供摩托车和小型越野车通行，2008 年连续遭受大的水毁就有 2 次，好路率不超过 70%。完全不具备发放班车的安全通行条件，当地群众叫苦不休。

（2）客源不稳定。在农村，人员流动季节性变化大，在一年中，旺季从当年 10 月开始至次年的 4 月结束，上座率平均达到 95% 以上，而淡季，上座率不足 60%，收入极不稳定，经营户经营农村客运的积极性很受打击，据汉运司佛坪分公司掌握的情况，目前已有一些投资人计划在经营期满后退出农村客运市场。

（3）经济效益有限，影响投资积极性。目前佛坪农村客运班线票价是单人单公里 0.21 元，一辆 19 座客车的年营业收入在 14 万左右，年成本在 12～13 万元之间，可见农村客运赢利空间十分有限，影响了业主的投资积极性，业主普遍呼吁政府给予一定的扶持政策。

（4）农村客运站建设征地成本高。建设农村客运站是加快完善农村客运网络的关键环节，我们在建设农村客运站的过程中深深感到征地成本高。修建一个标准的农村五级客运站需征地 2 亩，目前佛坪征地费每亩平均在 25 万元左右，仅征地一项就需要资金 50 万元，投入巨大。

（5）农村客运站收入有限，不足弥补运转成本

大河坝客运站和陈家坝客运站分别于 2005 年和 2006 年投入使用，从营运的情况看，客运站的收入不足以弥补正常营运的费用，以陈家坝客运站为例，日均售票额为 5000 元，按 1% 的比率收站务费，平均日收入 50 元，而正常营运的成本为每日 100 元（人员工资 60 元，水、电杂费等 40 元），企业长期亏本经营，不利于农村客运市场的长远发展。

3. 佛坪农村客运发展规划及思路

根据全县农村公路建设及通达水平，以及群众的需求，经与汉运司佛坪客运公司沟通，我们规划在这一时期重点鼓励和引导经营户购买适合农村道路的微型客车，从事农村短途客运。

计划增加佛坪至陈家坝、佛坪至大河坝，陈家坝至宁陕、岳坝至汉中的中型客车各 1 辆，新增佛坪至龙草坪、佛坪至沙窝子、佛坪至东岳殿、大河坝至高桥 4 条微汽班线，在佛坪至瓦寨子的道路得到改善后适时开通佛坪至寨瓦子的微汽班线。

分析：为实现以上规划，应从下面几方面努力：

(1)鼓励企业走多种经营的道路，充分利用农村客运站的地理、房屋、场地等资源优势，发挥综合服务功能，发展商贸、餐饮、住宿等三产，扩大农村客运站的收入渠道。

(2)把农村客运站建设和地方经济发展战略结合起来。“远抓旅游、近抓药”是佛坪县委县政府确立的经济发展战略，因此我们将优先在药源基地、主要风景区建设一批农村招呼站，服务当地经济发展。

(3)呼吁当地政府加快地方道路建设步伐，完善公路路网，为发展农村客运提供基础条件。

(4)加大“打黑”力度，对黑车营运和利用农用车、摩托车载客行为进行深入打击，提高农村客运的经济效益。

(5)对发展农村客运班线给予一定的政策优惠。

【案例 2-2】

关于全市客运线路设置情况的调查报告

公交车和线路客车既是城乡群众出行的重要交通工具，又是展示城市形象的流动窗口。前段时间，市人大常委会组织调查组，对全市客运线路设置情况进行了调查。其间，听取了市政府的工作汇报，召开了由市交通局、市公安局、市政管理局、市公交公司、市客运办、四个镇人大负责同志、部分驻我市的潍坊市和高密市人大代表以及客运业主参加的座谈会，实地察看了有关客运线路设置情况。现将调查情况报告如下：

1. 基本情况

近年来，市政府认真执行《山东省道路运输管理条例》，坚持“立足市情、着眼发展、科学发展、统筹规划、节约资源、方便群众”的原则，不断探索客运发展管理模式，保持了线路设置和运营秩序的相对稳定，方便了城乡群众生产生活。目前，我市有 12 条公交线路，169 辆公交车；有市内客车线路 35 条，客车 135 辆，全市 956 个村通达了客车，通车率达 99% 以上。

(1)公交线路设置不断规范。近年来，市政府和交通主管部门依据城市规划指导和规范公交线路设置，定期组织有关部门对公交线路、停车站点设置情况进行实地察看，广泛听取征求社会各界的建议意见，对设置不合理的 1 路、2 路、3 路、7 路公交线路作了及时调整，并根据城区道路状况及商业网点的变化，统筹安排公交站点、线路、亭牌、运力等设施建设，相继开通了 18 路、19 路、20 路公交车，线路、站点、亭牌设置基本合理。目前，我市共设置安装公交站牌 702 个、候车亭 30 个，市区覆盖面达到了 95% 以上，主要机关、学校、医院、娱乐场所、工业园区和新建居民小区附近基本设有公交站点，方便了市民乘车。

(2)客运交通网络不断完善。市政府积极争取上级交通部门的支持，为我市客运线路与全国公路运输网络的对接做了大量工作，实现了通达市内外的客运网络。调查中了解到，我市现有市内和长途客运线路 64 条，线路客车 255 辆。其中，省际线路 3 条，客车 4 辆；跨市(地级)线路 20 条，客车 61 辆；跨县(市)线路 6 条，客车 55 辆；市内线路 35 条，客车 135 辆。目前，我市到青岛、潍坊以及周边的县市已实现流水发车，全省 17 个地级市全部有客车通达或经行，方便了群众出行。

(3)基础设施建设力度不断加大。市政府根据全市加快服务业发展需要，采取有力措施，加强了基础设施建设。一是建新公交站。总投资8000万元，占地150亩的新公交站，已列为我市社会事业重点建设项目。目前，部分用地已经落实，有关部门、单位正在做开工前期的准备工作。新公交站将成为集公交车始发依靠、维修保养、加油等基础设施为一体的大型现代化服务基地。二是建新汽车站。位于齐鲁纺织城南侧，总投资约1.5亿元，占地96.3亩的新汽车站，用地指标已获上级批准，年内开工建设，2010年前投入使用。三是开通28路公交车。今年9月份市公交公司将新购40辆公交车，在城区振兴街、昌安大道、康成大街、夷安大道四条主要街道所形成的环线内新开通一条环城线路。

(4)社会效益不断凸显。近年来，市政府积极引导客运经营企业转轨改制，对汽车站进行了经营体制改革，成立了汽车站有限公司，实行新的管理机制后，干部员工的积极性和服务水平明显提高。市公交公司通过推行管理人员入股制度，激发了管理人员的责任心，管理水平不断提高。调查中我们了解到，由于公交公司加强了内部管理，在低票价政策、燃料连续涨价、社会福利乘车增加、驾驶员工资不断提高的情况下，仍实现了微利经营。

2. 存在的主要问题

近年来，我市客运事业在满足城乡群众生活需要、促进经济社会又好又快发展中发挥了积极的作用。但是，调查中我们也了解到，仍存在一些需要进一步研究解决的问题。

(1)服务意识和服务质量有待于进一步提高。一是没有很好地落实老年人免费乘车的有关规定。对老年人乘车要求办理乘车卡，一次收取成本费高达20元，并要求1~2年更换一次，且限时办理，群众对这种变相收费的做法反映强烈；对老年人乘车存在歧视现象，老年人乘车被拒载或上车后被司乘人员冷言冷语时有发生。二是有的线路客车驾驶员袒胸露背，态度蛮横，乱停乱靠车辆；个别客运线路存在让乘客途中等车、倒车和见有月票的乘客不停车等现象。三是车辆“脏乱差”影响了城市形象。调查中我们看到，有的车辆卫生不清洁，座套长时间不清洗，异味刺鼻，车身广告没有及时清理、更换，外观形象极不雅观。

(2)有的线路和站牌设置不够及时合理。镇街行政区划调整后，原来的客运线路有的已不能满足群众出行需要，如原呼家庄镇合并到井沟镇后，从呼家庄到井沟镇驻地没有线路客车通过，群众到井沟办事很不方便。调查中看到，有的公交站点因站牌设置过多，导致多路公交车有时相聚一起，造成堵车或超车占道行驶，影响交通秩序。

(3)拍卖客运线路导致客运垄断，服务水平降低，引发社会矛盾。线路拍卖后，由原来的多家变为独家经营，营运无竞争，致使一些线路发车不及时、车辆间隔时间不固定、车票随意涨价；有些客运业主在自己营运的路线上采用野蛮手段阻挠出租车拉客和过往车辆捎客，甚至发生械斗。这一做法，一方面给广大群众出行带来了不便，另一方面破坏了和谐的乘车环境。

(4)客运基础设施落后亟待改善。调查中我们了解到，由于资金投入相对不足，制约了客运事业的发展。主要表现在：一是场站。我市目前没有公交站，现在公交公司的停车场和办公地点是租用市交运公司的厂区，仅2万m^2，根本无法满足车辆集中停放的要求，9月份陆续到位的40辆新车无处可放，缺乏维修保养、加油等基础设施；现有的汽车站场地狭小、设施落后，按照我市经济发展水平、城市发展规模，汽车站占地应在90亩左右，而现在汽车站占地仅18亩，已不能满足农村和长途客运的发展需要。二是车辆。调查中了解到，95%的公交车没有按规定挂牌，只使用本市内部号牌；部分车辆陈旧，车况差，噪声大、排气污染严重，影响城市形象，应尽快进行更新；节假日、上下班期间，因投入运营的公交车辆不足，运力明显紧张。三是亭牌。目前城区共有179个公交站点，只设置了30个候车亭，不到17%，乘车群众有时饱受日晒雨淋之苦；损坏的站点亭牌不能及时修复、补换，有的站点有亭无牌；因道路维修施工，变更行车线路,不能及时设置、更新站牌内容;公交站牌设计简单、制作粗糙,不够人性化;因拍卖站牌冠名权,出现站牌名不符实,误导了乘客;市内线路客车站牌的设计规划还有待进一步落实。

分析:客运事业是一项复杂的社会工程、民心工程,关系到社会的方方面面,牵扯到千家万户,需要全社会和广大人民群众的共同参与、支持和理解。为确保这项事业健康发展,应在以下几个方面继续加以完善和提高。

(1)强化组织领导,为客运事业提供可靠保障。要从构建和谐社会的高度,把客运事业作为一项永不竣工的“民心工程”摆上重要议事日程。要切实加强组织领导,建立交通、财政、建设、规划、国土、公安、公交公司、城管执法等部门联席会议制度,形成部门之间的联动机制,及时协调解决出现的问题,为我市客运事业发展创造一个良好的环境。要对公交站点亭牌加大保护措施,严厉打击破坏、盗窃亭牌等违法行为,维护好客运市场秩序。

(2)搞好线路规划,满足群众出行需要。要尽快组织有关职能部门对公交线路、停车站点进行一次拉网式排查,对符合公交车通行条件的居住区,要及时设置公交线路及相应的公交站点亭牌,对设置不合理的,要及时进行移位改建。特别是镇街区划调整后,人大代表提出开通高密经呼家庄至井沟客运线路、20 路公交延伸至夏庄镇政府、12 路与 11 路公交在柏城对接、高密到李仙村的 16 路公交在夏庄镇官庄村设公交站的建议意见,相关部门要尽快给予办理和答复。

(3)继续加大投入,加快客运基础设施建设步伐。一是要加快新公交站和新汽车站的建设速度。市政府要协调有关部门尽快做好新汽车站和公交站开工建设前的准备工作,按照预期的时间完成“两站”的建设,早日改变我市客运基础设施滞后的局面。二是要积极探索建设和养护管理的新路子,尽快分期分批把城区所有公交站点建成候车亭,为市民提供良好的候车环境。三是每年要安排一定比例的资金,用于公交车辆、站点亭牌以及其他配套设施等基础设施的配置。

(4)深化内部管理,进一步提高服务水平。一是要逐步健全完善各项规章制度。要建立健全岗前培训、车辆卫生、文明行车、车辆报废等各项规章制度,彻底解决车辆的“脏乱差”问题。二是要继续开展“创文明行业,建满意窗口”为主要内容的创建活动,实行上下车报站名,方便群众乘车。三是进一步规范站点名称,要用机关单位名称和人们熟知的地名作为公交站点名称。四是科学调度车辆,为乘客服好务。要适当加大车辆密度,缩短乘客等候时间;根据季节变化,及时调整发车、收车时间;坚决杜绝客流高峰期间限制老年人乘车现象发生,废除老年人乘车卡,让老年人能够凭老年证乘车。

3. 运输市场预测

1)道路运输市场预测的内容

道路运输市场预测是进行经营决策、编制经营计划的重要依据。其内容是由市场需求决定的。市场需求多种多样,凡是能够影响道路运输市场发展变化的诸因素都可以作为市场预测的内容,归纳起来主要有以下几个方面:

(1)运输量预测

根据国民经济和社会发展对运输的需求,就未来的旅客运输量作定性和定量的计算和分析。它是研究分析未来运输业需要担负的任务,寻求发展运输能力的目标和途径,研究各种运输方式之间运输量的合理分配和综合运输网建设,以形成合理的运输业结构的依据。做好运输量预测对于保证运输业适应国民经济的发展和人民物质文化生活水平的提高有重要意义。

预测的运输量包括铁路、公路、水路、航空等运输方式的旅客运量、旅客周转量。运输量预测按期限通常分近期预测、中期预测和长期预测。一般5年以内为近期,5~10年为中期,10年以上为长期。

运输市场预测的中心内容之一是研究本企业承运的运输量或营运额在运输市场上发展变化的趋势。所以,企业必须首先在市场需求预测的基础上预测道路运输市场中可能承运的运输量或营运额,即本企业的市场占有率。道路运输市场占有率就是在一个营运区域内,某道路运输企业承运的运输量或营运额与该营运区域内全部道路运输量或营业额之间的比率。

$$道路运输市场占有率=\frac{某营运区域内由本企业承运的运输量或营运额}{该营运区域内全部道路运输量或营运额}\times 100\%$$

运输企业市场占有率的大小,在很大程度上决定于运输企业在运输市场上的竞争能力。因此对企业市场占有率的预测,实际上就是对企业市场竞争能力的预测。

(2)资源预测。

包括本企业和竞争企业在一定时期内运输生产能力的变化状况,原材料、配件的供应及价格变动趋势、企业劳动力,特别是技术力量变化状况,运行燃、润料的供应和价格变动趋势及运价浮动幅度等。

(3)竞争情况预测。

在营运区内,其他各种运输方式的发展变化情况,各种运输方式运量的增长情况,以及对其他道路运输企业生产能力、市场竞争趋势作出预测。

2)市场预测的步骤

(1)明确目的,确定目标。

就是要先了解预测什么、达到什么目标,预测的目的应与市场调查的目的相联系。

(2)收集和分析资料。

预测工作中收集资料和数据是非常重要的一个环节。资料来源主要是政府部门的统计和计划资料,本行业或有关行业的统计和计划资料,市场调查资料,国外有关的技术经济情报等,对已获得的数据资料加以整理归纳和综合分析,方能作为预测的依据。

(3)建立预测模型。

首先分析所取得的资料,找出各种经济变量之间的数量关系。然后,提出理论假设,建立相应的预测模型,经过参数估计和验证分析之后,如果认为理论假设是成立的,则该预测模型就可被采用。

(4)计算预测值。

根据所建立的预测模型,进行预测。

(5)分析预测误差。

不论采用哪一种预测方法总会存在预测误差,甚至是较大的误差。预测误差的大小除了可以按一定的数理统计方法进行置信区间的概率分析外,还可以利用已有数据进行内插或外推式的验算比较,从而得出误差的程度,并分析原因,采取相应补救措施。

(6)改进和修正。

当预测误差超出允许范围时,就要改进和修正。如果是模型误差就改进模型,如果是采用的预测方法不当,应当另选方法。

3)市场预测的方法

市场预测的方法有很多,由于预测目的、对象的不同以及运输业户自身条件的不同,预测的方法也不一样。预测分析所利用的科学方法和手段,我们将它们统称为预测技术,又称为预测方法,预测的理论与方法就是由预测分析和预测技术组成。

市场预测方法分为两大类,定性预测方法和定量预测方法。

(1)定性预测方法。

定性预测方法,一般是在没有或缺少进行定量分析所必需的资料,而且这些资料难于收集的情况下采用,它侧重于研究与推断预测对象未来发展的趋势和性质,所以,定性预测的质量,主要取决于参与人员的专业知识和经验。

定性预测方法是根据已经掌握的资料、数据和情况,依靠预测人员的业务水平和经验,以及集体的智慧,对预测的主要目标作出符合客观实际的判断。这种方法简便易行,主要取决于预测人员的业务水平,分析判断能力,以及对预测数据和情况掌握与认识的程度等。

①用户需要直接调查法。

用户需要直接调查法就是直接向用户了解在预测期内,他们需要的运输量和营运额。这种方法是以用户报来的数字资料为基础,所以预测的结果接近实际。

②经理评判意见法。

经理评判意见法是由运输业户的经理(或总负责人)召集有关或熟悉运输市场情况的各类人员讨论和研究运输市场情况,并把各种意见汇总起来,进行分析研究,作出判断,得出运输市场预测结果。它的主要优点是迅速、及时、经济、不需要经过反复的计算,能够发挥集体智慧,预测比较准确。如果运输市场发生变化,可以立即进行修改。其主要缺点是预测结果容易受主、客观因素影响,对市场变化了解不够细致。如果经理评判时,都以平时掌握的大量资料为基础,这个缺点便会被克服。

③组货人员估计法。

在做运输市场预测时,首先把本企业所有组货人员集中在一起,让他们对自己负责的组货区(或单位)在预测期内的货运量或营运额做出估计,然后加以汇总,进行分析研究,做出货源预测。这种方法不需要复杂的计算。因此,预算速度比较快,也比较经济。由于组货人员对他们所在地区的市场情况熟悉,对用户比较了解,因而预测结果较为准确。但这种方法具有一定的主观因素,容易受个人各方面情况的影响。例如,有的组货人员对形势发展比较乐观,预测数字就可能偏高。反之,如果对形势发展抱悲观态度,预测数字就可能偏低。

④特尔菲法。

它是美国兰德公司于1964年首先用于技术预测的一种方法。特尔菲是古希腊传说中的历史名城,城中有座阿波罗神殿可以预卜未来,因而借用其名。

特尔菲法是专家会议预测法的一种发展,实质上,就是聘请一个专家组,发给调查表和有关的背景资料,采用不记名的方式通过几轮讨论,也即第一次的调查表收回后,根据对第一次问题表的答复制定第二次调查表,再发给各位专家。这种做法能使专家获得他们以前所得不到的情报,根据这些情报资料,他们修正自己的判断,提出新的看法。如此经过多次反复,意见逐步趋于一致。最后进行统计计算,得出预测的结果。这种预测方法比较成熟,也比较节省时间。

运用特尔菲法预测,首先制定调查表,然后开始预测。一般分四轮进行,若预测的范围较小,时间较短,也可分两轮进行。预测过程中要创造条件,使专家能够自由地、独立地进行判断。

第一轮:发给专家第一轮调查表,不带任何框框,只提出预测的任务。专家根据预测任务,指出需要预测的事件。预测小组对专家寄回的调查表进行汇总整理，归并同类事件。排除次要事件，提出一个事件一览表，作为第二轮调查表发给每个专家。

第二轮：专家对第二轮调查表的每个事件做出评价，阐明理由。

第三轮：根据第二轮的统计材料，专家们再次进行判断和预测，并充分陈述理由。有些预测在第三轮时仅要求持不同意见的专家陈述理由，因为他们的依据经常是其他专家忽略的一些外部因素或未曾研究过的一些问题。

第四轮：在第三轮统计结果的基础上，专家们再次进行预测，有的成员要重新做出论证。

通过四轮的轮回反馈，专家们的意见一般可以相当协调，然而许多短期预测，通过二轮或三轮，专家们的意见亦可相当一致。

在运用特尔菲法时，应注意以下两个问题：

专家的选择。所谓专家，是指掌握某一特定领域的知识和技能的人。怎样选择专家是由预测任务决定的。在选择专家时，除了选择运输部门有名望的专家外，同时还需要选择边缘学科、社会学和经济学等方面的专家。人数一般以 10 ~ 15 人为宜。人数太少，缺乏代表性，影响预测精度，人数太多，难于组织，对结果的处理也比较复杂。

问题的设计及对回答的要求、预测问题要有针对性，不要过于分散，以便使各个事件构成有机整体，问题要按等级排队。先综合后局部，在同类问题中，先简单后复杂。这样由浅入深地排队，易于引起专家回答问题的兴趣。

此外，对问题的回答，一般还有如下的一些要求。如标明概率，对问题作出定量回答，对判断的依据及对所作判断的影响程度作出说明，对问题的预测程度，熟悉程度作出估计。

(2)定量预测方法。

定量预测方法，是指用已经掌握的历史资料作为基础，建立适当的数学模型，对未来的事物作出测算的方法，其特点是有明显的数量概念，侧重于研究测算对象的发展程度(包括数量、时间、相关因素的比值、发展过程等)。

各种定量预测方法都是基于这样一种前提假设，即存在一种基本模式，这种模式以历史数据为依据，并能用数量来表示，然后运用这个模式进行测算并作为预测的基础，通过对所预测的各种变量的历史数值的分析，可以揭示以下两种关系：一是随时间发生变化的一种或数种模式；二是两个或更多的变量之间的某种因果关系。

常见的方法有时间序列预测分析法、因果分析法或回归分析法。

①时间序列预测分析。

时间序列是观察或记录到的一组按时间顺序排列起来的数字序列，通常是按一定的时间间隔，比如按日、周、月、年进行观察统计。时间序列用于运量预测的基本思路就是认为某一范围内运量的发展变化总是有某种规律的，将来的运量和过去的运量之间，存在某种内在的联系，根据过去运量的变化规律，可以测算出将来的运量，因此，这种方法有时也称为外推法。

a. 简单移动平均法。

简单移动平均法是用所采用的历史运量的平均值作为未来的运量预测值，每次取一定数量周期的运量序列数据并将其平均，逐次推进，每推进一次，舍去最初的一个数据，增加的数据再进行平均。其计算公式是：

$$\hat{Q}_{t+1} = \frac{Q_t + Q_{t-1} + Q_{t-2} + \cdots\cdots + Q_{t-(n-1)}}{n}$$

式中：

$$\hat{Q}_{t+1}——代表第 t+1 期的预测值；$$

$Q_t、Q_{t-1}、Q_{t-2}、\cdots、Q_{t-(n-1)}$——各期实际值。

n——预测资料期数。

n 取值不同，结果不同，n 取值小，预测结果较灵敏，能较快地反映数据变动的趋势，取值较大时，灵敏度差，"滞后现象"显著增加。究竟取何值适宜，不仅要从灵敏度考虑，还要与生产的具体条件一起考虑。

b. 加权移动平均法。

如果考虑到预测资料期中每一期的数据对未来的预测值影响程度是不同的，就可以应用加权移动平均法，愈是靠近预测期的历史资料影响愈大，则给予较大的权数，离预测期愈远的资料影响就愈小，给予的权数就愈小。借以分别加重近期缩小远期历史资料时预测结果的影响程度。计算公式如下：

$$\hat{Q}_{t+1} = [F_t \cdot Q_t + F_{t-1} \cdot Q_{t-1} + F_{t-(n-1)} \cdot Q_{t-(n-1)}] / \sum F_i$$

式中：

F_i——各期资料的权数，按远小近大排列，如果各期权数是小数，则 $\sum F_i = 1.0$，如果各期权数是整数，则 $\sum F_i$ 应等于各期权数相加的和。

c. 指数平滑法。

指数平滑法实质是加权平均的一种特殊形式，它是从加权平均法发展而来，其优点是可以减少预测时的数据储存量。其计算公式为：

$$\hat{Q}_{t+1} = \alpha Q_t + (1-\alpha)\hat{Q}_t$$

即：预测值 = 平滑系数 × 前期实际值 +（1 − 平滑系数）+ 前期预测值。

可见，指数平滑法得到的预测值，是上一时段 t 的实际值 Q_t 与预测值的加权平均值，或者是上一时段的预测值加上实际值与预测值的偏差的修正值。

平滑系数 α 取值的大小对时间序列均匀程度影响很大，它可按过去的预测数与实际数的比较而定，当本期的实际数与预测数相差较大时，α 取大值，则下期预测值偏向于本期实际值，预测值的变化大；若 α 取小值，则下期预测值偏向于本期预测值，预测值的变化较小，比较平滑，实际应用中，α 值取 0.7 ~ 0.8 为宜。

在应用指数平滑法进行预测时，需确定一个初始预测值，一般说来，初始值距离预测期愈远，所给予的权数愈小，对预测值的影响愈小，当观察值较多时，可以用最早一期（第一期）的观察值来代替。如数据较少，初始值影响较大，可选前三个观察值求平均数作为初始值。一般多用前种方法。

以上几种方法，在预测过程中，不考虑事物发展的因果关系，而是设法避开事物发展过程中一些偶然性因素的影响，把时间序列作为随机变量序列，运用数学平均或加权平均等方法作出趋势预测。因此。这种方法只运用于中、短期预测，而用于长期预测时准确性较差。

d. 趋势预测法。

运量预测的时间趋势分析，就是把历年的运量数据按年顺序排列，构成统一的数列，并根据其动向，建立适宜的数学模型，这种数学模型，是以时间为自变量，运量作为因变量的方程，然后把所要预测的年份代入方程，即可得到欲求的预测量。这种方法适合于做长期预测，一般要用10年以上的历史数据,以利正确判断运量变化的趋势,建立合适的数学模型。

常用的数学模型有三种,直线型 $y=a+bx$,指数型 $y=ab^x$,以及抛物线型 $y=a+bx+cx^2$。

确定何种数学模型较为适宜,通常使用以下两种方法:

①将历年的实际运量按时间序列描在直角坐标图上,再根据曲线的形状选用合适的方程。

②计算历年运量逐年的增减量,如大致相同,则用直线方程;如果动态数列的发展变化有一个转弯形态或二次增长量大致相等时,说明现象的发展大体表现为二次曲线,则用抛物线方程;如逐年的增减率大致相同,即运量以每年相同的速度递增或递减,则用指数型方程。

对于直线型,其数学模型为 $y=a+bt$,预测时首先要求得 a、b 然后代入年序数进行预测;采用最小二乘法,即可得 a、b 的计算式如下:

$$b=\frac{n\sum ty-\sum t\times\sum y}{n\sum t^2-(\sum t)^2}$$

$$a=\frac{\sum y}{n}-b\frac{\sum t}{n}$$

② 因果关系预测分析。

因果关系预测法是通过分析影响预测目标的各因素及其影响程度,找出它们之间的相互关系(正相关、负相关)与强度(强相关、弱相关)以预测未来的一种预测方法。

a. 回归分析法。

回归分析法,是研究预测目标 y 与影响因素 x 之间因果关系,并据此计算预测目标值的方法。这里的自变量 x 不是代表时间序列,而是代表某种社会经济因素,其通用数学模型为:

$$\hat{y}=a+\sum_{i=1}^{m}b_ix_i$$

式中:

$\hat{y}$ ——客货运量预测值;

i ——影响因素序列,$i=1,2,3,\cdots,m$;

a、b ——回归系数。

当影响因素 x_i 与预测目标之间为线性关系时,称线性回归,其中:若 $i=1$,称一元线性回归;若 $i>1$,则称多元线性回归;而当 x_i 与 $\hat{y}$ 之间呈非线性关系时,称非线性回归。

比较起来,一元回归分析方法较简便,预测精度受到限制,主要用于中、短期预测,多元回归分析方法较繁琐,但预测精度较好。常用于中、远期预测。

现以一元线性回归分析为例,来说明预测客、货运量的主要过程。

b. 弹性系数法。

运输业的运输量增长速度同工农业总产值增长速度之间的比值,称为弹性系数,即:

$$弹性系数=\frac{运输量增长速度}{工农业总产值增长速度}$$

弹性系数表明:工农业总产值增长一定幅度时,运输量增长的百分比。这种预测方法是根据历史形成的工农业总产值增长速度与运输量增长速度之间的比值变化,探索其弹性系数的变化规律与发展趋势,并根据预测期内工农业总产值推算出未来的运输量。计算公式为:

$$\hat{Q}=P(1+kn)^t$$

式中：

$\hat{Q}$——预测的运输量；

P——预测期前一年的实际运输量；

n——预测期内工农业总产值增长速度；

t——预测年限；

k——预测期内的弹性系数。

c. 乘车系数法。

某地区的客运量一般与两项因素有关，一是预测区域内的人口数，二是平均每人在一定时间内的旅行次数。这种关系可表示如下：

乘车系数是此种方法的关键，与各地区的经济状况、人民的生活水平和文化水平有关，一般较难确定一个比较准确的数值。

课题二 市场拓展

模块一 应对市场变化，开拓行包市场

客运站企业开展行包服务是件新生事物。客运站面对市场变化带来的挑战以及竞争激烈的快件市场，应早布置、早安排，采取多种措施，保增长，促发展。应利用自身优势，拓展行包快件业务，促进企业的发展。常采取的措施包括：

①打造精品行包班线。与对开站洽谈进一步开展好两站“门对门”业务，以及两站快件价格对等以及加大对货主更多便利达成共识，以吸纳更多的货主进站办理业务。

②加强与周边省市行包快运单位的联系，大力发展中转运输业务。通过协商，签订了站与站之间货物中转业务，进一步开拓快件运输空间，更加方便顾客的需求。

【案例 2-1】

行包代办及全天候托运

为拓展行包快运业务。六月下旬，广州天河客运站与广州邮政物流公司、越秀南汽车站合作共同经营行包快件业务。为贯彻落实市交委交管总站“关于规范行包快运管理的通知”精神，公司领导高度重视，7 月 1 日，成立了以营运部霍剑华经理为组长、邱桂全主任为副组长的领导小组，与粤侨旅行社、车方单位磋商粤侨行包快件运输业务有关事宜。为保障行包代理点能准时顺利地开业，行包中心主任邱桂全带领谭晋荣、郑友洪等人不辞辛劳，展开公关手段，多次深入车方，与有关单位沟通，经公司黄副总经理亲自指导，多次组织召开公司行政部、财务部、计算机中心、工程部、安全保卫部等协调会。为保障行包代办点业务正常开展，营运部从业务、站务、票务中心等部门中调整业务骨干充实行包中心工作。经协商，最后达成三方共同经营受理点的协议，行包业务粤侨受理点如期开业。为不辜负公司领导的期望，令车方单位对我们的服务工作满意，能得到车方单位的理解和协作。行包快运中心的员工在三伏天，顶着烈日，来回奔走于各个仓库之间，身上衣服常常是给汗水湿了又干干了又湿。他们的努力终于赢得了协作单位理解和配合，得到车方人员的称赞，他们为公司新业务的开展尽心尽力，向公司、合作单位交上了一份满意的答卷。

此外，继开通“门到门”快递服务和“三站联运”服务后，广东省汽车站行包快运近期又推

出了24小时营业服务。24小时快件营业是延伸服务的一种尝试，旨在更大程度上地满足客户的托运、提货要求。为做好该项工作，省站快件部门不断完善门市夜班服务的流程管理，逐步理顺工作交接程序，尤其注重加强夜间作业时的安全巡查，同时注重加强对夜班人员的业务技能培训。

目前，行包快运24小时服务开展顺利，工作得到了广大旅客的肯定，并在不断完善。

分析：客运站开展行包托运是一项前景很大的业务，能够实现站、车、人各方多赢的局面，值得推广。

模块二　市场分析方法

市场分析的方法，一般可按统计分析法进行趋势和相关分析。

从估计市场销售潜力的角度讲，也可以根据已有的市场调查资料，采取直接资料法，必然结果法和复合因素法等进行市场分析。

对任何事物的认识是有一个从抽象到具体的过程，对市场进行系统分析时，市场是一个非常复杂的现象，对它的分析研究也必须遵循这一认识规律。市场分析在对市场这一对象进行研究时，首先对市场问题进行了概括的阐述继而又以基础理论、微观市场、宏观市场对市场进行了较为详尽的分析，最后又对市场的各种类型进行了具体的解剖，从而使人们对市场的状况和运行规律既有了概括的了解，又有了具体的认识。

1. 系统分析法

市场是一个多要素、多层次组合的系统，既有营销要素的结合，又有营销过程的联系，还有营销环境的影响。运用系统分析的方法进行市场分析，可以使研究者从企业整体上考虑营业经营发展战略，用联系的、全面的和发展的观点来研究市场的各种现象，既看到供的方面，又看到求的方面，并预见到他们的发展趋势，从而做出正确的营销决策。

2. 比较分析法

比较分析法是把两个或两类事物的市场资料相比较，从而确定它们之间相同点和不同点的逻辑方法。对一个事物是不能孤立地去认识，只有把它与其他事物联系起来加以考察，通过比较分析，才能在众多的属性中找出本质的属性。

3. 结构分析法

在市场分析中，通过市场调查资料，分析某现象的结构及其各组成部分的功能，进而认识这一现象本质的方法，称为结构分析法。

4. 演绎分析法

演绎分析法就是把市场整体分解为各个部分、方面、因素，形成分类资料，并通过对这些分类资料的研究分别把握特征和本质然后将这些通过分类研究得到的认识联结起来，形成对市场整体认识的逻辑方法。

5. 案例分析法

所谓案例分析，就是以典型企业的营销成果作为例证，从中找出规律性的东西。市场分析的理论是从企业的营销实践中总结出来的一般规律，它来源于实践，又高于实践，用它指导企业的营销活动，能够取得更大的经济效果。

6. 定性与定量分析结合法

任何市场营销活动，都是质与量的统一。进行市场分析，必须进行定性分析，以确定问题的性质；也必须进行定量分析，以确定市场活动中各方面的数量关系，只有使两者有机结合起来，才能做到不仅问题的性质看得准，又能使市场经济活动数量化，从而更加具体和精确。

7. 宏观与微观分析结合法

市场情况是国民经济的综合反映，要了解市场活动的全貌及其发展方向，不但要从企业的角度去考察，还需从宏观上了解整个国民经济的发展状况。这就要求必须把宏观分析和微观分析结合起来以保证市场分析的客观性。

8. 物与人的分析结合法

市场分析的研究对象是以满足消费者需求为中心的企业市场营销活动及其规律。作为企业营销的对象是人。因此，要想把这些物送到所需要的人手中，就需要既分析物的运动规律，又分析人的不同需求。以便实现二者的有机结合，保证产品销售的畅通。

9. 直接资料法

直接资料法是指直接运用已有的本企业销售统计资料与同行业销售统计资料进行比较或者直接运用行业地区市场的销售统计资料同整个社会地区市场销售统计资料进行比较。通过分析市场占有率的变化，寻找目标市场。

10. 必然结果法

必然结果法是指商品消费上的连带主副等因果关系，由一种商品的销售量或保有量而推算出另一种商品的需求量。

11. 复合因素法

复合因素法是指选择一组有联系的市场影响因素进行综合分析，测定有关商品的潜在销售量。

模块三 营销策划方法

营销策划是对营销活动的设计与计划，而营销活动是企业的市场开拓活动，它贯穿于企业经营管理过程。因此，凡是涉及市场开拓的企业经营活动都是营销策划的内容。

1. 点子方法

从现代营销角度来说，点子是指有丰富市场经验的营销策划人员经过深思熟虑，为营销方案的具体实施所想出的主意与方法。

2. 创意方法

创意是指在市场调研前提下，以市场策略为依据，经过独特的心志训练后，有意识地运用新的方法组合旧的要素的过程。

3. 谋略方法

谋略是关于某项事物、事情的决策和领导实施方案。

1. 行包市场调查的步骤。
2. 简述行包营销策划方法。

单元三　客运调度

学习目标

本单元主要的学习内容包括客运报班、调度组织、应急处理和调度优化等。

知识要求

掌握报班中存在的常见问题的处理方法；掌握运输班线的优化方法；能够应对紧急事件；能够编制和优化客车运行作业计划；掌握客运信息处理知识。

技能要求

通过学习，能够处理问题车辆；疏散滞留旅客；编制规划。

课题一　报　　班

模块一　安排没有安全检查的车辆进行安检

调度员将发车情况在“调度班车日志表”中予以记录，之后返回或抵达本公司的各车队司乘人员会前来报班，调度员将当天各车队各班次发车情况一一在日志表中予以记录，并对前来报班的司乘人员所持路单及安检证明核查后，加盖调度专用印章，准予继续发车；如没有安检合格证明，必须到本站的安检台进行安全检查，合格后才准予发车，否则运输调度部门有权停班或另派车辆应班。

模块二　安排洗车记录不符合要求的车辆进行重新清洗

安排洗车记录不符合要求的车辆进行重新清洗，禁止车辆在停放点清洗、维修、排放废气、废油以及进行其他有损站场卫生的工作（可指挥车辆到洗车台或维修厂）。

客车外部洗刷分为人工洗刷和机械洗刷两种，在较大型的客运站，车底洗刷采用机械化洗车机。洗车时，车底通过紧靠车厢侧壁高速旋转的刷子，开始时从刷子旁边的管道里向车厢喷洒洗涤液，使车壁上的污垢融化，经旋转的刷子摩擦，污垢顺车壁流下，到后面再以清水喷向车壁，将车壁和车门洗刷干净。

模块三　按规定对被投诉或有事故记录的车辆作出处罚

客运站秉持“让旅客以良好的建议取代投诉”的宗旨。旅客的满意，是我们一切工作的最终目的。应当建立举报、投诉处理制度，公开举报、投诉电话、通信地址或者电子邮件信箱。客运站编制年度管理评审计划，按计划由总经理定期主持召开管理评审，评价公司的质量管理体系（包括质量方针和目标）是否有变动的需要，以确保管理体系持续的适宜性、充分性、有效性和效率。管理评审的输入一般包括:旅客投诉的处理,旅客的满意度测量结果及反馈的重要信息;运输质量安全事故的处理,运输服务过程的业绩和符合性;质量方针、目标,以及纠正预防和改进措施的实施情况等。各类异常及改善情况司乘人员在"日常工作核查单据"中予以记录。不按规范服务或与旅客争吵,被投诉,经调查核实后,服务不好被投诉、与人打架、被登报(或电视台)批评等将按规章制度给予处罚。与此同时,当事人负责赔偿旅客全部经济损失。

旅客投诉时,由车站车队、稽查部、总经办及投诉接受部门等根据不合格事实的类别,发出相应的纠正和预防措施处理单,并确定责任部门,由责任部门进行原因分析评价,必要时填写纠正措施,经发出部门确认后实施。发出部门对该措施的执行情况进行跟踪、评审并记录。

安全员负责行车事故的组织调查、分析和处理;发生行车事故后,安全员在"行车事故记录表"中记录事故概况,组织调查及处理事故后的各项工作,处理结束后详细收集相关资料制作"行车事故档案袋",组织驾驶员分析事故原因和订出防范措施,教育当事驾驶员,并在安全会议上通报;同时将历次事故情况统计在"年度行车事故情况"的白板上,提醒大家注重安全(行车事故记录表记录驾驶员姓名、车号、出事时间、地点、天气、事故简况、处理机关、责任界定,结案日期、处理结果、赔偿与损失等内容)。

模块四 运输班线安排注意事项

道路客运班线属于公共资源,归国家所有。客运经营者在取得客运班线经营许可后,应向社会提供连续运输服务,未经许可机关批准,不得擅自暂停、终止或者转让班线运输。

经许可机关同意,在农村客运班线上运营的班车可采取区域经营、循环运行、设置临时发车点等灵活的方式运营。农村客运班线是指县内或毗邻县间至少有一端在乡村的客运班线。

对计划区内班线、班次、时刻安排的班次时刻表,要本着方便旅客上下、转乘、途中食宿、及时运送、经济合理的原则进行编制。

监督从事长途客运班线的客车按规定逐步安装使用符合国家有关标准的行车记录仪和GPS等。

遵照交通部门客运班线管理规定,对途经三级以下(含三级)山区公路达不到夜间安全通行条件路段的夜间客运班线不予通行,并监督落实客运班车夜间运行的规定。

车队各班组编制相应的"日常工作检查表",对每天的服务、工作内容进行检查记录,车务部编制"运输服务工作评价标准",依据评价标准及相关的服务、作业规范,每周一次对各班线的服务情况进行检查记录。

注意掌握当日营运班线车型定员、预售票和其他方式售票票号情况,以便做到合理配载,一视同仁。

从事定期国际道路旅客运输的,还应当根据提交的定期国际道路旅客班线运输的线路、站点、班次方案,安排运输班次。

课题二 调度组织

模块一 对违规停放、不按时出发车辆进行及时处理

1. 对违规停放车辆的处理

对各线路的车辆进、出站实行统一管理,同时安排进站后的车辆停放(停放时要到运调部

领取"班车停场证"，防止阻塞道路、停车位及交通事故的发生）、维修和调度，对于出站后的车辆，进行全路线的定位和动态跟踪，并在发生紧急情况时组织救援和处理。对各站场停放的车辆进行检查、看护，防止车辆被破坏或设施被盗。

班车到站后，站务人员应指挥车辆停放在适当地点，查看路单，交接清单等有关资料，了解本站下车人数，点交本站的行包、公文及物品等情况，立即通知有关人员进行各项站务作业，包括照顾旅客下车，向车内旅客报唱本站站名，提醒下车旅客不要将随带物品遗留在车厢内，检验车票，解答旅客提出的有关问题。

禁止一切车辆从进站口出站、在门口附近停放及上下客货，防止大门阻塞和意外事故的发生，确保通道顺畅。目前常用的停放方式有三种：平行式、垂直式、斜放式。考虑到垂直式用地最紧凑，并且较为整齐，因此场内主要采用垂直式，边角地带若无法采用垂直式，可考虑采用其余两种形式。检查停车场的车辆停放是否整齐、出入方便。

指挥进入站场的车辆按规定的线路、车速行驶，按规定的时间、位置停放，检查停场候客的班车是否悬挂站内统一规格的标志牌，牌上列清起止站名及途经站，不准悬挂其他站名牌，以免误导乘客乘错车。

2. 不按时出发车辆的处理

保证发车正点率，是全面达到企业质量目标要求。发车是站务工作的最后一道程序。在较大的车站，发车前由值班站长和值班工作人员对车辆前后、左右、上下作最后检查，一切就绪后方能发出允许开行信号。客车驾驶员在得到信号后方可起步运行。较常采用的信号有电铃、旗和笛。班车离站时，负责引导旅客乘车的服务人员，应目送旅客出站。

班车发出前，车站值班站长或值班人员应作最后检查。乘务员、车辆调度员在"行车路单"及"结算单"等行车单据上作好相应记录后，驾驶员按规定时间准时发车，在此之前车辆必须已做过安全检测且合格。确认各项工作就绪，车辆前后左右上下情况正常，才能发出允许放行信号。目前一般采用旗、筒指挥，驾驶员在得到允许放行信号方可起动运行。

发车前面向旅客站立，进行"七报二宣"（报车属单位、驾乘人员服务号、运行方向、班次、运行时间、全线里程、中途停靠站点；宣传旅行常识和安全卫生常识）；仔细核对行车路单、行包运送交接单，做到人数、行包件数与单据相符。接到发车信号后，关好车门，举手向车站服务人员示意告别。

进站客运经营者应在发车 30 分钟前备齐相关证件进站等待发车，不得误班、脱班、停班。认真填写调度班车日志表，记录当天公司所有班车线路的实际发车时间、车牌号码，记录加班、失班等各种异常情况及处理结果。不按时应班，1 小时以内视为误班，1 小时以上视为脱班。但因车辆维修、肇事、丢失或路阻等特殊原因不能按时应班的，并已在发车时间前告知客运站的除外。因故不能发班的，应提前 1 天告知客运站，双方要做好协调并调度车辆顶班。对无故停班达 3 天以上的进站班车，客运站应及时报告当地运管机构。

模块二 根据车方和客流情况，适时优化调整调度计划

客运站场调度人员必须根据参加营运客车的具体情况，调整调度计划。在营运过程中，可以车辆可能因为进行二级维护等原因不能正常报班，客运站场调度人员应当及时调派后续车辆，保证准时发车。客运站场调度人员必须根据现场客流的情况，调整调度计划。经过充分的调查，进行必要的分流，防止车站发生拥堵、滞留的现象。同时，对客流量比较大的线路，应当加派加班车辆进行运力填补，以补充运力的不足。

模块三 运输班线安排和优化方法

运输班线管理(班车客运线路管理、客运班线管理)是道路运政管理机构的监督检查活动重要内容。班车客运线路管理的内容主要包括:班车客运线路的确定;客运班次的安排;班车客运线路经营权审批等。

1. 客运班线的类型

根据经营区域和营运线路长度的不同,客运班线可分为以下四种类型:

一类客运班线:地区所在地与地区所在地之间的客运班线或营运线路长度在800公里以上的客运班线;

二类客运班线:地区所在地与县之间的客运班线;

三类客运班线:非毗邻县之间的客运班线;

四类客运班线:毗邻县之间的客运班线或县境内的客运班线。

以上所指的“地区所在地”是指地市级人民政府所在城市市区,直辖市市区视为地区;“县”包括自治县、旗和县级市,直辖市和地级市所辖的远郊区、县视为县。县城城区与地级市市区相连在一起的,分别按起讫客运站所在地确定。客运班车应按照许可的线路、班次、站点运行,在规定的途经站点进站上下旅客,无正当原因不得改变行驶线路,不得站外上客或兜圈拉客。经许可机关同意,在农村客运班线上运营的班车可采取区域经营、循环运行、设置临时发车点等灵活的方式运营。农村客运班线是指县内或毗邻县间至少有一端在乡村的客运班线。

2. 客运班线对营运车辆数量的要求

①经营一类客运班线的班车客运经营者应自有营运客车100辆以上、客位3000个以上,其中高级客车在30辆以上、客位900个以上;或自有高级营运客车40辆以上,客位1200个以上;

②经营二类客运班线的班车客运经营者应自有营运客车50辆以上、客位1500个以上,其中中高级客车在15辆以上、客位450个以上;或自有高级营运客车20辆以上、客位600个以上;

③经营三类客运班线的班车客运经营者应自有营运客车10辆以上、客位200个以上;

④经营四类客运班线的班车客运经营者应自有营运客车1辆以上;

⑤经营省际包车客运的经营者,必须自有中高级营运客车10辆以上、客位300个以上。经营省内包车客运的经营者,必须自有营运客车5辆以上、客位100个以上。

3. 客运班线的经营权

(1)对于同一客运班线有3个以上申请人提出申请的,或运管机构根据实际情况,可采取服务质量招投标的方式许可客运班线经营权。相关省级运管机构协商确定对跨省客运班线经营实行服务质量招投标的,可采取联合招标、各自分别招标等方式进行。一省不实行招投标的,应允许另外一省进行招投标;

(2)申请从事班线客运经营的,还应当有明确的线路和站点方案。客运班线的经营期限为4~8年。经营期限届满需要延续客运班线经营许可的,应当重新提出申请;

(3)客运经营者、客运站经营者需要变更许可事项或终止经营的,应当向原许可机关提出申请,按有关许可的规定办理。客运班线的经营主体、起讫地和日发班次变更和客运站经营者、站址变更按照重新许可办理。客运经营者和客运站经营者在取得全部经营许可证件后无正当理由超过 6 个月不投入运营或运营后连续 6 个月以上停运的，视为自动终止经营；

(4)客运班线经营者在经营期限内暂停、终止班线经营，应提前 30 日向原许可机关申请。经营期限届满，需要延续客运班线经营的，应在届满前 60 日提出申请。原许可机关应依据有关的规定作出许可或不予许可的决定。予以许可的，重新办理有关手续。客运经营者终止经营，应在终止经营后 10 日内，将相关的《道路运输经营许可证》和《道路运输证》、客运标志牌交回原发放机关。

客运经营者在客运班线经营期限届满后申请延续经营，符合下列条件的，应予以优先许可：

①经营者符合“申请从事道路客运经营应具备的条件”；

②经营者在经营该客运班线过程中，无特大运输安全责任事故；

③经营者在经营该客运班线过程中，无情节恶劣的服务质量事件；

④经营者在经营该客运班线过程中，无严重违规经营行为；

⑤按规定履行了普遍服务的义务。

4. 申请道路客运班线经营应当提供的材料

①《道路旅客运输班线经营申请表》；

②可行性报告，包括申请客运班线客流状况调查、运营方案、效益分析以及可能对其他相关经营者产生的影响等；

③进站方案。已与起讫点客运站和停靠站签订进站意向书的，应当提供进站意向书；

④运输服务质量承诺书。

5. 客运班线的加班客运管理

遇有下列情况之一，客运车辆可凭临时客运标志牌运行：

①原有正班车已经满载，需要开行加班车的；

②因车辆抛锚、维护等原因，需要接驳或顶班的；

③正式班车客运标志牌正在制作或不慎灭失，等待领取的。

凭临时客运标志牌运营的客车应按正班车的线路和站点运行。属于加班或顶班的，应持有始发站签章并注明事由的当班行车路单；班车客运标志牌正在制作或灭失的，应持有该条班线的《道路客运班线经营许可证明》或《道路客运班线经营行政许可决定书》的复印件。

6. 班次时刻表的编制

对计划区内班线、班次、时刻安排的班次时刻表，要本着方便旅客上下、转乘、途中食宿、及时运送、经济合理的原则进行编制。其具体编制程序如下：

①根据旅客流向，确定要开办客运的营运线路和起止站点；

②根据旅客流量，确定各线路需要安排的班次数；

③根据旅客流时，确定各个班次的发车时间以及同一班次发出的客车数；

④为每个车次编代号；

⑤根据上述资料，编制班次时刻表报主管部门，批准后正式公布实行。

相对稳定的班次时刻表不仅有利于企业客运工作的正常进行，而且也能为乘客旅行提供方便。当然，客车班次时刻表为了适应季节和气候变化的需要，也应做季节性的变动。此外，由于客流变化、班次增减，线路改道等原因，班次时刻表也可作相应的变更。无论何种原因需要改变次时刻表时，均应按照一定的审批程序上报上级主管部门，并事先发出布告。

⑥完成当次班线任务回站后，要主动交回行车路单，同时，应将途中有关情况如实报告，以便车站补填记录。

7. 国际道路旅客运输与危险货物运输

从事定期国际道路旅客运输的，应当提交定期国际道路旅客班线运输的线路、站点、班次方案。从事危险货物运输的，还应当提交驾驶员、装卸管理员、押运员的上岗资格证等。

已取得国际道路运输经营许可，申请新增定期国际旅客运输班线的，应当向所在地省级道路运输管理机构提出申请，提交下列材料：

①《道路运输经营许可证》及复印件；

②拟新增定期国际道路旅客班线运输的线路、站点、班次方案；

③拟投入国际道路旅客运输营运的车辆的道路运输证和拟购置车辆承诺书；

④拟聘用驾驶员的机动车驾驶证、从业资格证，驾驶员近3年内无重大以上道路交通责任事故证明。

课题三　及时组织疏散节假日等高峰时期滞留在车站和停滞在途中的旅客

调度员要组织及时疏散因误班、脱班、停班和路阻等原因滞留在车站和停滞在途中的旅客，做好加班和换班等协调工作。需要派出机动或支援车辆时，及时发放临时客运线路标志牌，运调部经理或值班经理与各部门保持密切联系，调配公司整体资源，确保当日班车运行计划的完成。

课题四　调 度 优 化

模块一　进行客车运行作业计划的编制和优化

1. 客车运行作业计划及其任务

1）客车运行作业计划

运行作业计划是客运班次计划的继续，它是有计划地、均衡地组织企业日常运输生产活动，实现企业运输生产计划的基础，建立正常运输生产秩序的重要手段。

2）客车运行作业计划的任务

客车运行作业计划的主要任务，就是一方面把车主、车站和车间以及有关职能科室有机地组织起来，协调一致地开展工作，即将客运班次计划中所规定的各项任务及各项指标进行分解，落实到车站（车队）配属的单车的计划，保证企业生产计划能够保质、保量如期完成；另一方面，企业通过运行作业计划，实现在一定时间和空间范围内，对运输活动的具体组织与管理，使工作的各环节衔接，相互配合，力求不断提高运输效率，保证企业按期均衡地完成运输任务，全面地完成各项技术经济指标。

客车运行作业计划规定了每辆客车在计划期内所要完成的运输任务（客运量、旅客周转量），运行的线路，担任的班次和要达到的效率指标及保修安排等，因此，它又是组织客车按班次运行和按保修计划进出厂（场）保修的综合性计划，有节奏进行的必要手段，也是建立客运工作正常秩序，实现客运计划的重要条件。

2. 客车运行作业计划的形式

客车运行作业一般编制月度计划。计划期如过长,会因情况变化大,干扰因素多而失去指导意义;过短则不仅会增加编制计划的工作量,而且会因计划经常变动而打乱正常工作秩序,失去指导生产和工作的意义。但具体情况仍可灵活处理。通常可根据其间隔期的长短,大致划分为下面几种:

1)长期运行作业计划

这种形式适用于经常性的运输任务,其行驶线路、起讫地点、运送旅客数量比较固定的地区。计划周期有半月、一月不等。质量较高的作业计划,还可对发放班次,到开时刻,作业内容等做出具体规定。这种计划编制工作量不太大,但效果较好。

2)短期运行作业计划

这种形式适应于起讫点多,旅客流向繁多的地区。计划周期一般为3~5天。计划编制工作量较大,对于调度水平也有较高的要求。

3)日运行作业计划

这种形式适用于客源多变,临时性任务较多的地区。车辆的日运行作业计划编制频繁,工作量较大。

3. 客车运行作业计划的编制依据

(1)月度旅客运输任务及车辆运用计划指标;

(2)月度客源调查资料;

(3)车辆技术状况及保修作业计划,据以确定车辆完好率和出车实力;

(4)车辆本期运行作业计划中的动态,尤其应注意期末动态,以保证作业计划的依次衔接和运输生产的顺利进行;

(5)车辆运行主要技术参数有:

①站路,即沿一办理客运业务两相邻站点之间的距离;

②平均技术速度,即车辆实际行驶时的平均速度;

③途中技术作业时间,即按技术管理规程规定的要求,在运行途中停车进行技术检查的时间。长途运行时,还应考虑驾驶员的食宿等生理需要时间;

④作业时间定额,即由企业规定完成旅客上下所需要的时间。

4. 客车运行作业计划的编制要求

①根据运力供应(车型、车数)和经营线路上的客流及道路情况等,按照各种车型的技术性能,对营运客车进行合理安排,确定所要担任的线路班次,制定客车运行周期表。

②根据班车线路长短,注意客车的循环使用和长短途班次的有机结合,采用以长挂短的套班方法,以便充分发挥客车的利用效率,从而节约运力和能源。

③安排运力要适当留有余地,以备顶替脱班客车和驳运抛锚客车,也可承担包车或其他临时性任务。

④要与车辆保修计划相协调,同时考虑到客车的运用和保修安排,确定客车在运行作业计划期内要保修的内容、日期和占用的车日。当运行周期暂时中断时,要安排好顶班客车。

⑤要与企业年度、季度及月度的生产计划和经济技术指标及班次计划保持一致,落实到单车后的汇总数一般应略大于分月计划,以防因出现特殊情况,影响整个计划的完成。要杜绝采取绝对平均的方法,落实单车计划切忌不分车型和座位,不区别具体情况地下达同样的任务,要通过单车计划保证企业运输计划和效率指标的完成。

5. 客车运行作业计划的过程与方法

(1)确定运行作业计划客运量、周转量和配备客车数。

确定运行作业计划客运量、周转量和配备客车数的依据是企业客运量计划和车辆计划。

(2)确定运行作业计划期完好车日、工作车日、总行驶里程和平均车日行程。

确定运行作业计划期完好车日、工作车日、总行驶里程和平均车日行程的依据是客车运用计划所定的完好率、工作率、营运速度。计算公式如下:

计划期完好车日数 = 计划期营运车日数 × 计划完好率

计划期工作车日数 = 计划期营运车日数 × 计划工作率

计划期总行驶里程(km) = 计划期营运速度(km/h) × 计划期总出车时间(h)

$$平均车日行程 = \frac{计划期总行驶里程(km)}{计划期工作车日数}$$

(3)确定客车运行循环方式。

客运班次确定后,就要安排车辆如何运行。对于几百千米的长途班次,一辆客车每天可能仅安排一个班次,而几十千米的区间车或农村郊区公共汽车,一天要安排较多班次。对属于本企业本单位经营分工范围内的全部班次,通过合理编配,可把全部客车班次分为若干个带有代号的班次组,使每个班次组成为每辆客车运行一天的任务。通常把这种与每辆客车一天运行任务相对应的客车班次组称为循环代号。因此,循环代号数即为每天行驶各班次所需要的客车辆数。全部循环代号就包括全部班次。编排循环代号既要考虑充分发挥车辆效率,又要合理分配运行任务,考虑驾驶员的劳逸结合,并使各代号车日程保持相对均衡。各个代号的本日行程要大致相等,代号与代号要首尾相连,便于循环,使各单车均衡完成生产任务,调剂劳逸,也便于开展竞赛。根据不同班次和不同的车型,也可以分为小组定循环,在特定条件下,也可以定线定车行驶。一般有三种运行循环方式。

①大循环运行。

该循环运行方式适用于各线路道路条件相近、车型基本相同的情况。它是将企业所经营的所有线路班次统一编排成一个运行周期表,每辆客车均按表中确定的顺序运行。其优点是,每辆客车的任务基本相等,每个驾驶员都将参与营运区内任一班次的运行,无论长途还是短途,干线还是支线,劳动条件相同,车日行程接近,驾驶员的工作量比较均衡,易于安排任务,调度也较容易。不足之处是,循环周期较长,驾、乘人员频繁更换运行线路,不利于掌握客流及道路变化等情况,从而可能影响为旅客的服务效果。对安全行车,节约燃料均有一定的影响。此外不同的车型在不同的运用条件下,其适应性也有很大的区别,难于充分发挥每一辆车的运输效率;而且采用此循环方式时,一旦某局部计划被打乱,就会影响整个计划的实行,并难于及时弥补。

②小循环运行。

在采用大循环方式不足时,也可将营运区的道路和运输条件相似的若干线路班次结合在一起,使每辆车安排在较小的区域内运行,从而形成小循环式的运行周期,在很多情况下,各小循环运行周期是某个大循环运行周期的组成部分。一般来说,该方式在营运区域内各线路道路条件、车型等情况不同时采用。它是将企业营运的班次分成几组,将各组班次编排成几个小运行周期,使用同类型客车在一定范围内循环的运行方式。其优点是有利于驾、乘人员对运行范围的线路和客流变化等情况进行了解和掌握,安全运行,服务良好,缺点是有时客车效率较低。

③定线运行。

该方式通常在营运区域内道路条件复杂或拥有较多车型时采用。它是将某一车型固定于某条线路上运行的方式。它除了客车定线外,可以实行以车定人、定任务。其优点是有利于驾、乘人员对运行线路客流变化等方面情况较详细地了解和掌握,有助于提高服务质量,缺点是客车不能套班使用,从而影响车辆运用效率。

④确定初步方案。

这需要编制客车运行作业计划表和《客运单车运行作业计划表》(见表3-1、表3-2)。

客车运行作业计划表 表3-1

______车站(车队)

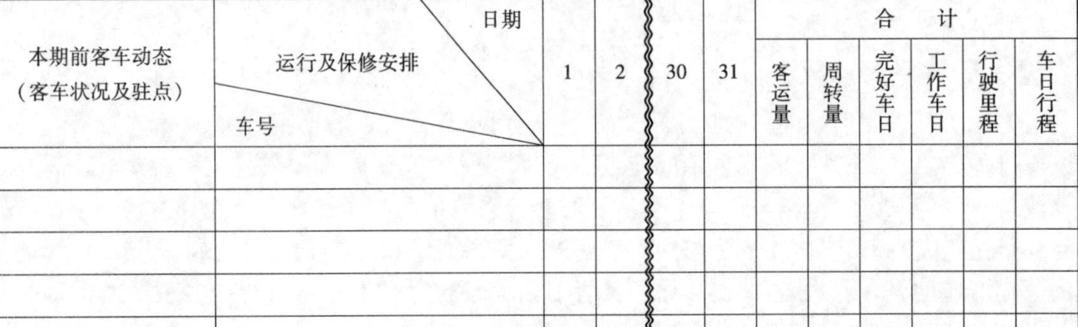

本期前客车动态(客车状况及驻点)	运行及保修安排 日期 车号	1	2	30	31	合计					
						客运量	周转量	完好车日	工作车日	行驶里程	车日行程

调度员: 编制日期: 年 月 日

客运单车运行作业计划表 表3-2

______车站(车队)

车号		车型		座位	驾驶员姓名		
日期	始发站名称	开车时间	到达站名称	到达时间	车次代号	运行里程	执行情况
1							
2							
30							
31							

调度员: 编制日期 年 月 日

需说明的是,由于客车班车运行是连续进行的,因此,不但要求每一循环代号内各班次必须首尾相连,而且各循环代号间也要首尾相连,以保证客车循环运行。同时,客车班次分布于各线,而客车不能长期在外行驶,必须按期回队保养、修理。从而要求各循环代号不但保证能连续运行,还要能够按期返回车队。客车运行周期表就是按一定要求将循环代号加以组合,保证按运行、保养、修理的运用周期组织客车合理运用的客车运行计划表,它具体规定了一定时间内客车的运行线路。客车的运行周期组织,可以采用上述的大循环、小循环和定线运行三种方式。

⑤征求意见与报批。

初步方案确定后,要征求车站、车队和保修单位有关人员的意见,并根据意见修改后报上级部门审批。

⑥公布执行。

对报批后的计划及时向驾驶员公布，使他们了解运行作业计划，并及早做好有关准备工作。

6. 客车运行作业计划的执行和检查

①客运总调度应将作业计划及时落实到车队，各级客运调度负责将运行安排及时通知有关班组和人员。

②各车队提供作业的车辆和人员，必须保证车辆审验合格，技术状况完好、各类证照齐全有效，随车用具配置齐全，车辆符合使用要求以及驾驶员按时当班。

③值班调度负责签发、回收行车路单，并严格执行行车路单交旧领新和一次循环期只签发一张路单的制度。

④各级始发、停靠站必须严格执行认真填写起讫站点、运行里程，对无故脱甩班或擅自改变运计划者应进行登记。

⑤各级值班调度对于客车临时发生故障、本营运范围内的抛锚、事故以及客流猛增等情况，要做好及时调车顶班、加班、救援等工作。

⑥维护场(队)要建立车辆回场(队)检验制度，回场车辆必须在驾驶员自检的基础上由专职检验人员进行检验，合格车辆发给合格完好证，凭证派车。

⑦在场(队)维修车的进度，应严格按照运行计划安排的进出场期限维修竣工，如不能按期完成维修任务时，场(队)调度员应安排其他车辆顶班。

企业调度部门在编制下达运行计划后，还要负责监督检查运行作业计划的执行情况，发现车辆运行中断障碍，及时采取措施加以消除，从而调节各环节协同作业，以保证运行作业计划的完整实现。同时，要定期填制运行作业计划执行情况检查表，并作出检查总结，针对存在问题，提出改进意见。

7. 车辆运行作业计划应急处理原则

坚持调度工作原则。车辆运行作业计划在执行过程中，难免会遇到一些事前预料不到的问题，通常要影响车辆运行作业计划的正常执行。如驾驶员无故缺勤、迟到、中途借故停车、擅自变更计划或行车肇事等；由于维修超时、返工，运行中发生非驾驶员责任的技术故障；由于调度工作作业计划编制不当，交代任务不清，信息反馈不灵，随意抽调线路车辆；由于道路条件发生变化等因素而打乱了行车计划时，调度员对于被打乱的车辆运行作业计划，应采取有效措施，加以调节。一般可依据下列的原则进行：

①宁打乱少数计划，不打乱多数计划；

②宁打乱局部计划，不打乱整个计划；

③宁打乱当日计划，不打乱日后计划；

④宁打乱次要环节，不打乱主要环节；

⑤宁打乱短途计划，不打乱长途计划；

⑥宁打乱缓运物资计划，不打乱急运物资计划；

⑦宁打乱小客位车计划，不打乱大客位车计划；

⑧宁打乱货车运行作业计划，不打乱客车运行作业计划；

⑨宁使本企业经济效益受影响，不使社会经济效益受影响。

在调整和校正运输计划时，应力求缩短运输生产中断时间，争取尽快恢复正常的计划运输。对于因计划被打乱后造成的损失，应尽力设法得到补偿。

模块二 根据客流情况,采取措施,提高车辆配载率和各项效益指标

客运站时刻面对学生客流、务工客流、探亲客流和旅游客流等,在某些时段可能会出现客流井喷高度集中现象,客运站应该果断采取有效措施,克服客流、车流积聚导致人手不足等困难,使客流压力得到有效的缓解,顺利完成客运疏运任务。要求做到:

(1)合理布局候乘位和发车卡位,确保站场秩序良好、候乘有序。

一方面,为方便旅客有序候乘及充分利用候乘区的空间,将候车位的凳子可以摆成"S"形,同时安排专职导乘人员指引旅客有序候乘,保持候乘通道的畅通;另一方面,合理调整卡位,使客流量大的专线班车有专门的候乘区、检票口和机动的发车位,从而确保客流量大的时候整个站场候乘秩序良好。

(2)合理组织运力,及时启用应急运力。

客运站根据往年客流情况和当前客流的特点,对每条线路及每天每小时的客流情况进行科学预测,对每条线路的加班车辆和加班时间进行确定,从而确保客流高峰时间段运力相对充足。为了应对突发客流高峰,除正常运力外,还要组织加班运力、应急运力和后备应急运力在车站待命,从而确保突发客流高峰部分运力的需要。

(3)严格把好车辆安检关,杜绝病车上路。

把好车辆安检关,保障旅客疏运安全。为确保已到站的加班运力能及时报班配客,车辆安检中心人员需准备进行现场抢修。

(4)加强现场人员疏导及车辆交通组织,确保安全畅通。

必要时启用应急候乘区和应急购票方案,组织应急小分队采取分段疏导的方式分流旅客。避免旅客交叉通行,化解人流高度集结,确保安全畅通。

在客运站外部出现交通阻塞,严重影响车辆进出车站时,为尽量降低外围交通堵塞对车站疏运工作的影响,车站应该马上与交警部门联系协助启用车站交通疏导应急方案,所有营运车辆由应急出入口出站,保证车站场内无堵塞,快速出站。

(5)加强宣传指引,引导旅客理性出行。

车站通过报纸、电视台等媒体和内部报刊、大型电子显示屏等宣传媒介,向广大群众宣传车站营运安全生产措施、客流情况及方向、提前预售票时间及方式、温馨服务措施等,使广大旅客对车站疏运工作安排有基本的了解。

模块三 编制中、长期客运网络和运力调度规划

1. 中、长期客运网络规划

全国综合运输大通道的建设,使我国公路主骨架基本成型,公路交通初步适应国民经济和社会发展对城市间快速旅客和货物运输的需求,满足全国统一开放社会主义市场体系的发展和对外开放的要求,并加快我国工业化和城市化的进程。国道主干线按照规划的标准要求建成后,随着交通量的增长,安全保障、通信信息和综合管理服务设施的逐步完善,车辆行驶速度可以比现有国道平均车速提高一倍以上。大中城市间、省际和区域间将形成现代化的快速公路运输网络。全国公路网的运营效率和效益将有很大的提高。这些为道路客运提供了施展优势的空间,客运站企业应当制定自身的客运网络发展规划,对未来一段时期内的客运发展提供指导。

道路运输业的发展,多半是由几条主干、多条分支交织在一起,形成相对独立的运输网络。

这一网络的生成、强化和发展，是同社会经济网的生成、强化和发展紧密相关的，它们是互为因果、互相促进推动、同步发展的。网络系统型策略，就是以社会经济网络为依托，通过改造和发展企业原有营运网络，加强同其他各种运输方式和运输单位的联结与协作，发展公铁分流、省际运输、区际联系和各种联运，加深本区交流，密切各城镇、各企业和县乡之间的经济联系，在运输功能上实现结构复杂化，从而形成广阔的道路运输市场面。

在发达国家中，对于道路客运的规划，广泛采用了网络化经营的客运组织方式，道路客运站已形成覆盖全国、连接邻国的网络体系，客运站系统有较完善配套和先进的营运、服务、运行和安全设施、设备，包括计算机和移动通讯控制的生产调度，内部管理及途中客车监控系统、旅客问讯系统、计算机售票系统、闭路电视等，此外还包括汽车维修、停车、加油、汽车服务以及食宿、购物、娱乐等配套服务设施。

汽车客运站是道路运输客运网络的结点。由于运输生产与销售是在同一过程中进行的特点，决定了客运站功能和任务具有双重性。首先，它是客运生产的现场，具有集散旅客、发售车票、组织车辆、按班运送旅客的作用，是客运生产经营计划的具体执行者。其次，它又是组织客源、接待乘客候车、乘车、提供服务的场所，客户的满意度直接关系着道路运输业的经营。因此，客运站集生产、经营和服务于一体，是道路运输业三大基层单位之一，有着十分重要的地位和作用。

中、长期客运网络规划包括对客运线路、客运运力、客运站点的规划等，客运站在制定客运网络规划时，必须注意以下内容：

(1)客运线路的开辟和站点配置

客运线路是指营运客车的运行路径，由始发站、中间站和终点站组成。客运线路的开辟和站点设置是否合理，不仅直接影响客运系统的运转机能，而且关系到人民群众乘车利益的满足。因此，开辟客运线路应以满足社会需要，提高企业经济效益为出发点，经过调查研究，周密设计，试行等过程的工作，最后确定线路。

(2)客运线路选定原则

①在市场调查和市场预测的基础上，以客流量及分布规律为依据，以有效地满足城乡人民出行需要为前提，以提高线路运行效率和经济效益为目标选定线路；

②努力实现城乡之间、干支线之间客运线路衔接与畅通的网络化；

③注意与其他运输方式的衔接配合，发挥中介集散作用；

④严格遵守客运线路审批程序，服从交通部门的调整和管理。

(3)客运线路管理的意义

①加强线路管理，全面掌握客运网络的经营动态，便于线路的协调和新线路的开辟，有利于满足人民生活、工作、旅行需要。

②加强线路管理，合理配备站点、班次，有利于发挥运输效率，降低运输成本，提高经济效益。

③加强线路管理，建立健全正常的运输秩序，有利于服务和保证旅客安全旅行。

(4)客运站点的设置

汽车客运站点是集散旅客、停放车辆，直接为旅客及客运经营者服务的场所，是客运网络中的“节点”，在道路客运市场的构成中起着“门市部”的作用，是旅客运输工作中的重要环节，它具有集散旅客、保障运行、传递信息、后勤补给的功能。汽车客运站按车站与运输经营者的关系划分为公用型车站、自用站、共用站、代办站和招呼站等五种类型。公用型客运站向社会开放，自主经营，不隶属于某一个运输企业，为社会各种营运客车提供服务；自用型客运站指隶属于运输企业，专门为自有和与本企业对开的客车办理客运业务的车站；共用站指运输企业之间采取合资等方式兴办的为双方客运车辆提供站点服务的车站；代办站指受公用站、自办站或企业委托办理客运业务的车站；招呼站也称停靠站，指由运管部门或客运企业在客运线路上设置的客运班车停靠站。客运站根据所在地的政治经济地位、地理位置及客运量状况又可分为一级站、二级站、三级站和四级站。不同等级的车站，虽然在建设规模、服务设施、人员配备、服务项目等方面均有不同的要求，但都应具有以下四部分基本设施。

① 客运业务设施：指为开展业务必需的基本设施。主要有与客流量相适应的售票厅、行包房、广播室、问讯处、调度室、票据室、计财室、小件寄存处以及计量和装卸设备、工具等；其次还包括班次时刻表、里程票价表、行包价目表、公告栏、旅客须知、禁运限运物品宣传图、交通示意图等。

② 旅客服务设施：指为方便旅客候车和上、下车的服务设施，主要有整洁适用的候车厅、邮筒（箱）、留言牌、果皮箱、痰盂、饮水、防寒、降温、医疗救护、阅报栏、意见簿等设施和设备。有条件的车站还可以开办旅客食宿，开展"一条龙"服务。

③ 车辆运行保障设施：指为保障参运车辆正常检修的维修车间、材料库房以及车辆清洗、加油等设施。

④ 安全设施：指保障进站旅客和车辆安全的设施。主要有消防灭火设备、查堵危险品的设备和设施，以及备有在紧急情况下能及时疏散旅客和车辆的安全门及通道等。客运站的管理工作：主要是做好站点的规划和设置工作；认真执行党和国家有关客运方针、政策和规章制度；加强安全宣传和检查工作，宣传安全乘车知识；防止危险品上车托运；搞好优质服务；加强客运站职工的思想政治工作和班组建设工作；采用微机售票等新技术，做好各类基础工作等。

2. *运力调度规划*

运力调度规划（运力规划）是客运网络规划的重要内容。

运输能力一般可定义为：某条线路上，某一方向一小时内所能运载的总旅客数。运输能力是道路客运系统最重要的参数。

1）运输能力分析适用于以下情形

①客运站新建及扩建项目的规划与运营分析；

②旅客运输线路的评价；

③环境影响研究。

2）运输能力的构成要素

①具有一定生产经验和劳动技能的人及其所采用的运输组织管理方法；

②固定的运输设备，如客运线路、客运枢纽等；

③活动的运输工具，如营运客车。

3）运输能力的区分

①通过能力。在一定运输线路、方向和区段上，在一定运输组织方法条件下，运输固定设备所拥有的能力。

②输送能力。在运输线路、方向和区段上，在配备一定职工条件下，运输活动工具所具有的能力。通过能力和输送能力均以单位时间内（通常是一昼夜或一年）所能通过的客车数或运输量来计量。

【案例 3-1】

某县客运线路和运力发展规划(2007—2010 年)

为促进某县公路旅客运输市场健康、有序、稳定发展,根据省运输管理局《关于做好客运线路发展及运力投放规划、公布和实施工作的通知》精神,结合某县客运市场的实际情况,特制定某县 2007—2010 年客运线路和运力发展规划。

1. 规划期为 2007—2010 年

2. 指导思想

以方便群众出行,服务社会为目的,以科学合理设置和大力发展某县客运市场为目标,进一步促进某县经济持续、稳定、协调发展。

3. 规划的目的

(1)完善某县客运线路布局,逐步形成快速、旅游和农村客运相互衔接的客运网络。

(2)提前进行预测和做好运输组织,做到公路通客运班车通。

(3)引导运输经营者合理投放车辆,调整和优化运力结构。

(4)解决跨市(州)、县(市、区)等重点热线增加班次运力难和运力投放不足等问题。

4. 规划内容

(1)拟新开客运线路。

(2)原有班线需要增加班次运力的客运线路。

(3)拟对客运线路上的所有车辆更新,增加座位的客运线路。

5. 某县班线、运力状况

某县共有班线 56 条。班线车辆共有 63 辆,1258 个座位。其中中型客车 28 辆,小型客车 35 辆,日发班次 113 个。

某县共有 15 个乡镇、159 个行政村全部通班车。班线 56 条,班车 63 台,113 个班次,基本满足农村旅客的出行要求。2005—2006 年农村班车已更新 15 台,为了更好地满足农村旅客出行需求,在规划期内某县现有车辆需要更新的有 9 台。

6. 规划方案

对拟新开线路,原有班线需要增加班次运力的客运线路,拟对客运线路上的所有车辆更新,增加座位的客运线路及客运市场供求状况进行调查,根据调查结果,做出准确的预测、分析。同时征求客运站、客运经营者及旅客的意见。确保在规划期内做出的增加运力方案科学、合理、适当。

根据某所的调查,在更新车辆增加座位方面,某县班线兴林至快大线在规划期内更新 2 台车辆,大泉至快大线更新 3 台车辆,富江至快大线更新 4 台车辆。

模块四　客运信息处理知识

见第二部分单元四课题六。

1. 如何处理被投诉车辆?

2. 运输班线安排应注意哪些问题?

3. 如何处理违规停放车辆？

4. 如何处理不按时发车？

5. 简述客运班线的类型。

6. 客车运行作业计划的编制依据是什么？

7. 简述车辆运行作业计划调度原则。

单元四　乘务服务

学习目标

本单元主要的学习内容包括途中异常情况处理、应急处理等。

知识要求

掌握旅客规劝方法和技巧；掌握客运紧急事态处理和救护方法。

技能要求

通过学习，能够劝导旅客遵守乘车秩序；能够进行简单救护；能够应对暴力、抢劫事件。

课题一　途中异常情况处理

模块一　对旅客吸烟、脱鞋等不良行为进行劝导，保持车内环境卫生

①发车前清理好车内卫生，达到"四净四无"（四净：门窗玻璃净，天棚地板净，座椅设施净，内外车皮净；四无：无尘土，无污物，无痰迹，无垃圾）。准备好票兜、客票、行包票、里程票价表、备用金、旅客意见簿、线路牌及车上服务设备等用品；

②驾驶员必须制止车上旅客吸烟，车上发现旅客吸烟，不予劝告、制止，驾驶员将受到处罚；

③乘务员维护好乘车秩序，爱护车内设施，保持车内卫生，杜绝乘客脱鞋、抽烟、乱吐痰的情况发生，行车中积极配合驾驶员做好安全工作。

模块二　安置醉酒旅客、车内玩闹儿童

①醉酒乘客乘车。可以动员乘客帮助照顾，了解下车地点，到站提醒下车。若醉酒乘客无理取闹，可以拒载；

②车内玩闹儿童，可以提醒随行大人注意照看，不得打扰他人休息。

模块三　平息和调节旅客之间争吵

司乘人员在任何情况下不能与旅客争吵。若旅客之间争吵，可耐心进行平息和调节，若失控，可拨打 110 报警。

模块四　运输服务纠纷处理技巧

①坚持双方在适用法规上的一律平等，保障当事人平等地行使权利的原则；

②坚持以事实为依据，以法规为准绳；

③坚持投诉的纠纷应是在法定时效内方予受理的原则。

课题二　应急处理

模块一　在意外交通事故中采取相应措施保护乘客人身和财产安全

发生行车事故，驾驶员及随车乘务员必须迅速报告当地公安交警部门，并报告本单位。应保护好事故现场，采取相应措施保护乘客人身和财产安全，同时积极抢救伤者，做好防火、防爆、防盗工作和维护好现场秩序。不得伪造和逃离现场。其他营运车辆的驾驶员在行车途中遇见行车事故，亦应积极协助抢救。

模块二　对意外受伤或生病旅客进行简单救护

对意外受伤或生病旅客，应劝其下车就近就医或应采取如下应急措施和救护措施：

1. 应急措施

①抢救。如迅速止血，处理休克等；

②密切注意周围环境，防止其他危险再度发生；

③保护现场，维护秩序。

2. 救护措施

①应由有医护知识或较熟练的人来进行；

②就近寻找合适的场地，临时安置伤员；

③包扎伤口；

④将有生命危险者迅速送往医院或移交给赶来现场的专职救护人员；

⑤其他帮助。

模块三　对发现传染或疑似传染病人及时送往前方车站

对发现传染或疑似传染病人及时送往前方车站，根据《突发公共卫生事件交通应急规定》进行有效预防、及时控制和消除突发公共卫生事件的危害，防止重大传染病疫情通过车辆及其乘运人员（乘运人员，是指车上的所有人员，包括车辆驾驶人员和乘务人员、旅客）、货物传播流行，保障旅客身体健康与生命安全。

这里所称突发公共卫生事件（以下简称突发事件），是指突然发生，造成或者可能造成社会公众健康严重损害的重大传染病疫情、群体性不明原因疾病、重大食物和职业中毒以及其他严重影响公众健康的事件。

客车应当按照国家有关规定，保持良好的卫生状况，消除客车的病媒昆虫和鼠类以及其他染疫动物的危害。

应当随车开展突发事件交通应急知识的宣传教育，增强司乘人员自身和旅客对突发事件的防范意识和应对能力。

若始发站当地重大传染病疫情发生后，道路旅客运输经营者应当组织对驾驶人员、乘务人员进行健康检查，发现有检疫症状的，不得安排上车。重大传染病疫情发生后，旅客购买车票，应当事先填写交通运输部会同有关部门统一制定的《旅客健康申报卡》。旅客填写确有困难的，由工作人员帮助填写。到达终点客运站后，驾驶员或者乘务员应当将《旅客健康申报卡》交终点客运站，由终点客运站保存。

车上发现检疫传染病病人或者疑似检疫传染病病人、可能感染检疫传染病病人以及国务院卫生行政主管部门规定需要采取应急控制措施的传染病病人、疑似传染病病人及其密切接触者时,驾驶员应当组织有关人员依法采取下列临时措施:

①以最快的方式通知前方停靠点,并向车船的所有人或者经营人和始发客运站报告;

②对检疫传染病病人、疑似检疫传染病病人、可能感染检疫传染病病人以及国务院卫生行政主管部门确定的其他重大传染病病人、疑似重大传染病病人、可能感染重大传染病病人及与其密切接触者实施紧急卫生处理和临时隔离;

③封闭已被污染或者可能被污染的区域,禁止向外排放污物;

④将车迅速驶向指定的停靠点,并将《旅客健康申报卡》、乘运人员名单移交当地县级以上地方人民政府交通行政主管部门;

⑤对承运过检疫传染病病人、疑似检疫传染病病人、可能感染检疫传染病病人以及国务院卫生行政主管部门确定的其他重大传染病病人、疑似重大传染病病人、可能感染重大传染病病人及与其密切接触者的车船和可能被污染的停靠场所实施卫生处理。

车船的前方停靠点、车的所有人或者经营人以及始发客运站接到有关报告后,应当立即向当地县级以上地方人民政府交通行政主管部门、卫生行政主管部门报告。

模块四 报警处理暴力、抢劫事件

在车辆行驶中发生车内暴力抢劫、伤人等紧急情况时,司乘人员应及时维护现场秩序和组织抢救,并第一时间与最近的交警、公安、消防、医院等单位取得联系,同时向公司领导汇报情况。要求公司派人或联系有关部门赶赴现场进行处理。车务部应根据事故严重程度,及时通知公司相关人员或联系有关部门(如保险公司)赶赴现场进行处理。

模块五 旅客运输应急处理程序

旅客运输过程中,在客运站、行车过程中可能会发生各种紧急事件,如突发性群体上访事件围堵客运站、道路中断、客车发生重、特大安全生产事故等,应采取相应措施:

1. 发生突发性群体上访事件的处理程序

①突发性群体上访事件发生后,应急领导小组成员要及时向当地政府及交通部门汇报,赶赴事发现场。要在政府的领导下,按照行业政策和法规做好解释工作,化解矛盾,运用各种措施、方法、手段防止事态扩大及恶化,使社会负面影响降至最低程度。重大突发性群体事件,要紧紧依靠当地政府及相关部门配合,做好现场的协调解决工作。

②发生导致国、省道干线公路和城市主要道路中断 2 小时以上或严重影响到交通秩序和社会稳定的重大突发性群体上访事件时,应急领导组成员要立即向当地政府及交通部门报告,并由相关领导立即组织人员成立事件调查组,前往事件现场进行调查,积极协调有关部门进行处理。重大突发性群体上访事件发生后,在事发后 15 分钟内,启动当地主管部门为主体的先期处置机制。30 分钟内有关人员赶赴现场开展警戒、疏散群众、控制现场等基础处置工作;对初步判定属于重大或特别重大级别的突发公共事件,应在事发 30 分钟内向当地交通部门报告。

交通部门领导组初步判断属于重大或特别重大级别的突发公共事件,应在 30 分钟内快速做出综合分析,按照分级响应权限向当地政府、省厅报告,并通知相关职能部门立即组织人员前往事发现场。

重大和特别重大突发公共事件应急处置指挥系统启动后，交通部门领导组应及时成立现场指挥部。现场指挥部可根据突发公共事件需要，由领导组组长、副组长亲自协调、指挥、调度。当发现群体性到当地政府或其他直机关上访的，参与处置工作的应急行动职能部门分管领导、分管政府领导在事发后 4 小时以内，统一领队赶到上访场所开展工作，将上访的人员遣回。

2. 营运客车发生重、特大安全生产事故的处理程序

①乘务员应迅速将事故情况报告单位或车主，积极组织疏散旅客，指导旅客开展救援，并向过往的车辆、行人以及附近的住户、单位求救。

②客车驾驶员应将客车熄火，切断车辆油电路，防止车辆起火爆炸，向公安交警部门报案，保护好事故现场，并协助乘务员做好救援和疏散旅客工作。

③所有营运车辆和运政管理人员如在途中发现营运客车重特大安全生产事故，应立即停车，协助做好救援及报告工作。

④应急领导组成员接到通知后，要立即向交通、运管应急领导组报告。同时，立即组织车辆技术及保障机构人员赶赴事故现场，了解事故情况、分析事故原因，调度指挥车辆输送旅客，协助公安交警、医疗救护、保险等有关部门做好善后处理工作。

3. 客运站、客运企业发生火灾、爆炸事故处理程序

①客运站、客运企业发生火灾、爆炸事故，应立即向消防部门报警，同时报告当地应急领导小组成员。现场工作人员应切断电源，组织人员灭火，打开站（场）内所有消防疏散通道，组织旅客、车辆有序撤离。

②事故发生地应急工作领导小组成员接到通知后，要立即组织人员赶赴现场，将客运车辆引导至安全区域，设立临时发车站点，输送滞留旅客。

4. 发生自然灾害处理程序

自然灾害发生后，应急工作领导小组成员应立即到位，及时向上级管理部门报告，服从县政府及有关部门调遣，及时调度车辆运送救灾物资和输送受灾群众，并按灾害破坏程度，及时调整客运线路和班次，避免客运车辆通过险桥、险路。做好道路运输与其他运输方式的衔接，及时解决现场发生的紧急情况，确保运输畅通和安全。

5. 发生重大传染病疫情的处理程序

①重大传染病疫情发生后，应急领导组成员要按照当地政府统一部署，迅速介入，积极配合医疗卫生部门做好疫情的处理和控制工作。

②客运站和营运客车要按照国家卫生防疫有关要求，做好消毒和通风，并储备应急防治药品、用具及消毒药品。

③营运车经营者及各客运站要按照国客流行病学调查的要求，在发车前和途中对乘车旅客逐一进行登记，以及体温测量等传染病症查验，及时发现传染病患者或疑似病人，并能够立即找到同车的密切接触者，迅速确定隔离范围。

④客运站要立即设立疑似病人隔离间，隔离间做到封闭良好，确保疑似病人站内滞留期间的安全。营运客车行驶中，如发现可疑病人，驾乘人员立即通知前方距离最近的医疗机构。

⑤要结合本地区病情分布及疫情发展程度，积极做好运输组织和调度工作，确保运输畅通。

6. 发生针对或利用营运车辆、客货站场进行的恐怖活动的处理程序

①已安装行车安全记录仪的营运车辆，驾驶员要及时启动报警按钮，同时尽量分散恐怖分

子注意力，拖延时间。

②应急领导组各成员单位要设定专人负责客运站监控图像，以便在第一时间内发现站内的恐怖事件。

③应急领导组成员得知恐怖事件发生后，要立即向上级有关部门报告，由有关领导带队立即奔赴事件发生地调查了解情况，并积极配合公安部门进行处理，协助做好相关工作。

1. 如何做好车内卫生?
2. 简述交通事故、传染病等的应对措施。

单元五　培训与指导

学习目标

本单元主要的学习内容包括汽车客运培训、培训技巧等。

知识要求

掌握向初中级人员业务培训方法；
掌握培训讲义的编写方法；
掌握对培训人员的指导方法。

技能要求

通过学习，能够编写培训讲义；编写培训计划；指导培训人员。

课题一　培　　训

模块一　对初、中级人员进行业务培训

对初、中级人员进行业务培训，通过培训，使初、中级人员掌握所需知识和技能。

培训内容主要包括：

①企业概况：客运站企业业务范围、创业历史、企业现状以及在行业中的地位、未来前景、经营理念与企业文化、组织机构及各部门的功能设置、人员结构、薪资福利政策、培训制度等；

②员工守则：企业规章制度、奖惩条例、道路旅客运输从业人员职业道德及服务规范等；

③财务制度：相关客运手续办理流程以及使用等；

④实地参观：参观企业各部门以及跟车服务等；

⑤上岗培训：站务管理人员岗位职责、业务知识与技能（道路客运站场管理规范等）、业务流程、部门业务周边关系等。

模块二　编写培训计划

具体来讲，一份完整的培训计划应包括以下几项内容：

1. 培训目的

培训目的主要是回答为什么要培训的问题。无论何种类型的培训，都必须围绕培训的目的来设计。明确的培训目的，可以将培训计划以及培训导向成功。

2. 培训目标

培训目标是指培训要达到什么样的标准，它是在培训目的的基础上确定的。培训目标的确定可以有效地指导受训者找到解决复杂问题的答案，进一步了解自己在组织中所起的作用，以及今后发展和努力的方向，为今后的工作制定切实可行的计划。

3. 培训对象及类型

培训对象及类型即确定谁接受培训和进行何种类型的培训。这项培训内容一般在培训需求分析中通过对工作任务的调查和综合分析便可确定。

4. 培训内容

培训内容与培训对象是相辅相成的,有什么样的培训对象,就有什么样的培训内容,它是根据培训对象的需求而确定的。

5. 培训的组织范围

培训的组织范围一般包括五个层次,即个人、部门、组织、行业、公共。

①个人:指企业中针对个人的岗位培训。

②部门:指针对企业中某一工作部门的培训。这个部门可能只有几个人,也可能有上千人。通常的技能培训是在这个层次上进行的。

③组织:指针对整个组织的全体员工的培训。通常的岗位操作、纪律、法规、安全和管理等需要让全体员工掌握的知识与技能属于这一层次的培训。

④行业:指针对某一行业人员进行的培训。这类培训一般都由政府职能部门或行业协会组织,其培训内容主要有行业管理培训、执法培训和开发培训。

⑤公共:指适用于所有公共领域及行业的培训。如文化基础知识培训、计算机技能培训、公共管理培训等都属于这类培训。

6. 培训规模

培训的规模受很多因素的影响,如人数、场所、培训的性质、费用。一般情况下,技术要求较为专业的培训,其规模都较小;名人讲座形式的培训,可扩大规模;采用讲授、讨论、个案研究、角色扮演等方式的,培训规模要控制在一个适度的水平上。如果培训只针对个人,则不需组成专门的教学班,只需提供培训设备、方法、程序、教材及其他教学条件和指导教师即可。如果接受培训的学员较多,且时间长,就要考虑培训场所、食宿、师资、教材、方法、程序,并制定出必要的考勤制度、作息时间表和组建临时的学员社团及组织管理机构等。

7. 培训时间

培训的时间安排受培训的内容、费用、生源等因素影响。如专题报告一般安排半天到一天即可;较为复杂的培训内容,一般要集中培训,其时间因培训内容而定。有些以提高岗位技能为特点的继续教育常常安排在双休日或分阶段进行。

8. 培训地点

培训地点一般是指学员接受培训的所在地和培训场所,如岗位技能培训,一般都安排在工作现场或车间;其他类型的培训可以安排在工作现场,也可以安排在特定的城市和培训机构的实验室、微机房、教室等地。

9. 培训的方式、方法

培训的方式、方法主要是指集中培训还是分散进行,是在职培训还是离职培训。采用何种培训方式、方法主要是由培训目的、目标、对象、内容、经费及其他条件决定。如独立的小型组织部门的培训常采用分散的、一个单位一个单位的方式进行;高层培训、管理培训、员工文化素质培训、某些技能培训等常采用集中的方式进行;专业技能培训主要采用边实践、边学习的方法。

10. 培训教师

通常,企业培训能否找到合适的教师,直接关系到培训效果的好坏。因此,制订培训计划一定要根据培训目的、目标、对象等选择教师。如果是个人自我发展训练,请有经验的同事或上级作为指导教师，其他培训一般要聘请专职教师或经验丰富的管理者、技师、相关专家作为教师。

11. 考评方式

每个培训计划实施后，均要对受训人员进行考评，这也是对培训效果的一个检验。考评方式一般分为笔试、面试、操作三种方式，笔试又分为开卷和闭卷等。

模块三 培训讲义的编写方法

1. 熟悉并了解现在客运企业生产管理培训讲义的编写现状

做好客运企业生产管理培训讲义的编辑工作，首先了解我国运输行业职业教育的状况以及教材建设现状。由于各种原因，自改革开放后，我国职业教育一直没有像学科教育那样被给予足够的重视。我国较短的职业教育实践历史也造成教材资源的不足，教材出版匆忙，教材质量有待提高。在教材编写方面，企业生产管理培训讲义的编写多采用学科教材的模式，教材内容多与客运行业需求与行业发展相隔甚远。从目前已出版的教材与整体使用情况来看，虽较过去的教材编写有了很大进步，但实际使用效果并不理想，但仍然缺乏及时反映世界前沿水平的新技术、新知识、新理念的教材。

2. 关注和把握客运企业培训讲义编写与职业人才培养目标之间的关系

要成为合格的客运企业生产管理培训讲义的编辑，除了要明了上述问题外，还要求作者组织教材编写时，必须关注和把握客运企业生产管理培训讲义编写与职业人才培养目标之间的关系。职业教育的人才培养目标与学科教育的目标是有着很大区别的。学科教育的人才培养目标强调的是研究性、综合性的方向，而客运职业教育的人才培养是以提供优质客运服务的高技能专门人才为目标的，更多地强调培养的人才要适应当前现代汽车站务管理的发展需求。作者在把握教材的编写时，要尽量减少理论阐述与推导，化解理论难点，在有用、够用、必需的基础上尽量降低教材难度。

模块四 培训基本技巧

培训讲师需掌握一定的培训技巧，这样才能达到目的。

1. 成人学习的特性

(1)明确的企图心；

(2)学而时“忘”之；

(3)过去的经验影响学习；

(4)现学现卖；

(5)耐久性差。

2. 授课的态度

1)态度大方、不采取否定的态度，以免破坏课程效果

①不要过分谦虚或自卑；

②忽视学员，或以反正你们听不懂的态度，会引起学员的不满，降低听课的意愿；

③对课程的主题或章节的主题本身持否定的态度是最糟的情形；

④ 培训员本身若抱着诚恳的热忱讲课，学员也一定为之感动、热心学习。

2)不畏惧失败

① 当你想到学员中有人比自己懂得更多，自己决不能讲错，不能失败时，你反而就会产生不必要的紧张。

② 任何人都会紧张。但为了减少你的紧张，最重要的就是事前充分的准备。事前准备的时间应为上课时间的 4 倍。

3）培训员的位置

① 坐着指导：可给学员稳重的感觉。

② 站着指导：可制造紧张的气氛，如此一来，培训员也须一直处在紧张的状态。因此让学员阅读教材时可坐着，也可借此检查进度及时间。

③ 培训员的移动：培训员有必要移动适当方位，以改变气氛。

4）姿势

①靠着桌子、弯着腰会给予人懒散的感觉，没有威严，最好保持自然、大方的姿态；

②应避免两手插在口袋，或摆在后面的姿势。

5）对学员的视线要平均，不落在特定的学员身上

人都有将视线落在特定方向的习惯，因此在无意中，会将视线朝向某些位置。

① 视线交会时，学员会点头；

② 学员会认为讲师关心自己；

③ 学员不会打瞌睡；

④ 手势尤其是手的动作的运用；

⑤ 不需要过度夸张的手势，摆的范围不宜超出自己身体的宽度，但为了配合讲话的内容，有效利用脸上的表情及手势是有必要的。

3. 开场白技巧

(1) 自我介绍(姓名、工作、部门、资历、经验)。

正式的人际关系由自我介绍开始。通过自己的说明，让别人了解自己。这就是自我介绍。

①礼貌性的问候。

各位早!

各位好!

②说出自己的姓名。

让别人记得自己的姓名；

文字说明。名字越难或越特殊就越容易推销自己；

如果有黑板，可在黑板上写上自己的名字。

③说明内容。

配合场合及聚会目的制作话题；

自己的学历、年龄、出生地、家人、嗜好等，使别人能够了解你这个人的话题；

简单的总结，但不过度夸张。

④再说出自己的姓名。

⑤结束之问候或感谢语。

自我介绍有上述 5 个阶段，你只要记得以③为中心，相互对称就行了。

自我介绍是为了让别人认识自己，同样的，如何去认识别人也极为重要。

别人在自我介绍时应认真地听，并记得他们的姓名，这有助于往后相互的交往。

(2)介绍课程名称、目标。

(3)询问学员期望。

(4)介绍上课方式。

(5)介绍教材使用方法。

4. 讲话技巧

1)培训员的讲话技巧

这里所指的讲话技巧指的讲课及讨论时的技巧,因此与一般讲话的技巧不同。

沟通的目的在于表达者将自己的观念向对方进行说明,而获得原来所预期的目标。

我们可以说所谓的讲课,这项沟通就是:

“一个说话的人(也就是培训讲师)向特定或不特定的多数对象(如学员),以语言为主要媒介,用较长的时间,来进行传输,以达到自己观念转移的一种行为。”

关于讲课,如从听众的立场来讲,听众有不听的自由,也有误解的权利;

语言不见得能够完全达到说话的人所要求的功能。

我们在日常沟通上所使用的方法除了语言以外,其他还有别的传达方法(如手势、动作、表情)。印象公式:身体表情×55% +语言表情×37% +语言内容×8%。

但是,更不用说同时听你说的对象极多。而且你希望获得同样反应的讲课状况了。因即使你使用这么多的方法,仍免不了沟通困难或误解、曲解。因此,你必须在讲话上下工夫。不要有“我说了人家就会懂”的心理,而且也不能全然不理会听众的吸收能力。

2)没什么效果的讲课

①催眠型

声音像蚊子一样,人家都听不懂你在说什么,好像内心在说“我根本不想说”,这一型的课很受不专心的人欢迎。

②远山含笑型

完全不看听众,他看着远处的墙壁说话,好像在憧憬着远方未知的世界。

③自首罪犯型

“本人才疏学浅,有机会在各位专家面前卖弄,实在感到惭愧,希望各位包涵……”。这一型的人讲话时不够自信。

④纸老虎型

虚有其表,整天战战兢兢,没什么元气,好像鼓起很多勇气才敢开口似的,写黑板的手会颤抖,翻教材的手也不断发抖。

⑤轻浮型

脸上堆满微笑,眼睛不断转动,一刻也静不下来,脚在地板上踩来踩去,或者经常更换位置,语气轻飘飘的,整体而言似乎缺乏稳重感。

有些人无论他在说什么,都会有下列的动作:

将笔记本或白纸又折又叠;

手边有什么就玩什么;

(粉笔拿在手中把玩,指挥棒拿来伸展,或收起,敲敲肩膀等)

双脚抖动。

⑥按时计费型

不时注意时钟,只要讲完一段就瞄一下墙上的钟。再讲一段就赶紧再瞄一下。希望在时间内将知识卖光。讲课不够热诚。

⑦逐次解说型

他会念教材,念他所分发的资料,再加以说明,解说时,他又要针对解说时的某些用语加以解说，所以会造成听众不易了解。这种人误以为解说就是讲课。

⑧套用型

这种人没有自己的哲学（看法、观点），自己也不深入研究。所以你感受不到他的学识（个性），他从头到尾都引用别人的话或理论。

⑨经验报告型

自始至终只报告自己的见解、观念和经验，此种人偏向自我主义。他的理论不是从事实推理出来的，而是凭直觉分析出来的。

以上为方便起见，我们分类出几种类型。实际上往往是一个人涵盖好几个类型。总而言之，以“自我为中心”的授课方式，是收不到预期的效果。

3）讲话的要素

①语调要有变化、要清楚

强调之处要加强语或重复，不是强调之处却不断重复时，会使人厌烦。强调之处要有顿挫及表情。语尾不要消失，往往重要的话在语尾部分，若消失了语尾，可能会使学员误会语意。

避免模棱两可的语气，要肯定。人们认为……人家说……这种语气，不晓得是谁这么说，这么想。

使用常用的言辞，使用日常的语言。简称或专门用语应换成日常用语，如果不得不使用时应事先说明再用。

肯定、否定语气要分明，在讲话中不要使用太多“但是”、“所以”等连接词。注意自己的口头禅，避免双重否定，否定的否定，结果是肯定，可是易造成听者的错觉。

②讲话的速度与间隔

为了使对方了解，差不多1分钟240个字，新闻报道的播音员1分钟360个字，所以我们要比播音员稍慢。

如果讲话速度不变，给学员的印象也会很差。所以有必要做笔记的部分可慢慢地说，而较简单的部分可轻轻带过。

如果对象是较年轻的人，可以稍微快一点（因为他们从电视上或收音机上已经习惯了播音员的快言快语）

讲话中适当的间隔可促进听者的理解，间隔标准大致如下：

10s——看看大家，让大家好好地想；

6s——给听者稍微想一下；

3s——文章的段落；

2s——语句间的段落。

间隔可使学员有机会思考，所以每个重点都应分段，尤其是强调之处及较困难的话题要开始之前都应有些间隔。

每句话的结语之后，应有适当的间隔。

培训员第一次上讲台时，更须注意说话的间隔。首先停顿6～7秒，再开始说话。如此可使学员注意自己，同时也可消除自己的紧张。即使你是新手，你认为你没有勇气看每一个人，也应该这么做，等你习惯之后，自然就会驾轻就熟。

③声音的抑扬

普通人讲话大多在7～11音阶的范围内，音调变化若低于7音阶就会变成平坦单调，如果变化超出一个八度，音调就极为活泼。

用自己本声的音域,用什么音调讲话,由什么音开始,由什么音结束也应列入考虑。

抑扬太少,会降低人们的印象,太多又予人以表演的感觉。

提高音调适用于提出疑问,及强调某些重点;降低音调适用于叙述某件事实,讨论某件很严肃的事,或指责学员。

音量应视学员人数、教室大小、授课时间及内容来控制。

可事前练习音量,但应注意空屋和室内坐满了人的音效、效果不同。

无论如何,原则上“语调适中,不急不缓”是不会错的。

4)表达技巧

(1)有效表达应注意的事项;

①有效表达的基本原则;

记住开场白和结论,不要看稿子;

站上讲台时要气定神闲、有权威感;

正式讲授之前暂停一会,目光在学员身上巡视一遍;

和学员保持良好的视线接触。必须看笔记本上的重点提示时,先暂停说话,低下头,看好之后抬头,再继续说话;

双手的高度保持在腰际,手势要自然,身体不要僵硬;

要面对学员,不要背对他们;

重要的地方,说话速度要放慢;

适度的暂停,好让学员消化听到的内容;

音调的高低要有变化,以突显重点;

句子要短,一口气说一句话;

做你自己,充分发挥自己的个性,呈现出特殊的个人风格;

结束时明确的让学员知道,然后稳步下台。

②非口语表达应有的正面信息

非口语表达可丰富表达内容,加强表达效果。

脸部——随时准备倾听;微笑;嘴部放松

眼睛——良好的视线接触(照顾全场)

头部——直立;上下点头

手势——自然展开;动作在腰部以上

身体姿态——自然放松;平衡站姿

声音——抑扬顿挫

(2)表达时应避免的事项

①僵硬的身体姿势,例如:

身体僵硬、双手紧握在前;

身体僵硬、双手紧握在腰后;

身体僵硬、双手紧握着讲台;

身体僵硬地斜靠着讲台。

②身体摇晃不已、单脚着地抖动或者双手插进口袋;

③无目的地移动双脚,走来走去;

④不由自主地敲击讲台;

⑤盯着稿子或天花板看；

⑥嘴唇紧绷，下巴肌肉紧缩；

⑦与学员缺乏视线接触或只做局部接触；

⑧手遮着嘴，玩弄指挥棒或者铅笔；

⑨声调平缓、单调、无强调感；

⑩常使用虚字词语，如"呃"、"喔"、"恩"等不必要的口头词。

课题二　对初、中级人员进行业务指导

除了在课堂教学，案例分析外，还需要和初、中级人员进行面对面沟通，解答其在处理业务过程中遇到的一些难题。

1. 如何编写培训计划？
2. 简述常见培训技巧。

参 考 文 献

[1]刘长利.现代汽车站务管理[M].北京:机械工业出版社,2004.
[2]陈周钦,陈鹏.道路运输经营学[M].北京:机械工业出版社,2004.
[3]杨韶刚.职业道德[M].南京:江苏人民出版社,2001.
[4]周三多.管理学[M].北京:高等教育出版社,2005.
[5]赵有生.现代企业管理[M].北京:清华大学出版社,2006.
[6]交通运输部.道路旅客运输及客运站管理规定[M].南京:中国法制出版社,2005.
[7]交通运输部.道路旅客运输安全指引[M].北京:人民交通出版社,2006.
[8]雷孟林.道路运输法学[M].北京:人民交通出版社,2008.
[9]交通运输部.道路运输管理工作规范[M].北京:人民交通出版社,2009.
[10]蔡芸.公路水路运输防火[M].北京:中国劳动社会保障出版社,2006.
[11]于春鹏,吴明.汽车服务企业设计[M].北京:北京理工大学出版社,2008.
[12]交通运输部.道路旅客运输安全指引[M].北京:人民交通出版社,2006.
[13] 国务院法制办公室.中华人民共和国新法规汇编[M].北京:清华大学出版社,2008.
[14]王耀斌.汽车运输企业设计[M].北京:机械工业出版社,2006.
[15]赵有生.现代企业管理[M].北京:清华大学出版社,2006.